高新浪潮

———— 杭州高新区三十年·我们的创业故事 ————

杭州高新区（滨江）《高新浪潮》编辑委员会　著

ZHEJIANG UNIVERSITY PRESS
浙江大学出版社

编委会名单

主　　编：王　敏　李志龙
副 主 编：张　玮　郑　迪　杨晓峰
编　　委：（姓氏笔画为序）

　　　　　丁昌钰　王连均　王建武　史　琼　冯建伟　汤　茵　孙灿平
　　　　　张志真　张炬刚　邵　臻　周　皓　郑　丽　胡也静　胡嘉欢
　　　　　袁海峰　柴志东　高　翔　郭吉龙　龚　栩　詹艳青　瞿　野

编　　审：马晓才
特约编辑：孙利伟　李　洁　楼燕红
主　　笔：姬晨曦　吴慧中　王柔仪　吕一迎　蔡　仪　李　慧

序

三十而立，奋力迈进高质量发展先行区

在杭州国家高新区成立30年之际，汇编此书，有着不同寻常的意义。这本书，将高新区可贵的敢当时代弄潮儿精神体现于80余个动人的创业故事，把几代高新人的创新创业历程串珠成链，展现了一个国家高新区发展的精彩图卷。字里行间涌出的创新力量，令人心潮澎湃、激动不已。

1978年，党的十一届三中全会胜利召开，开启了改革开放的伟大征程。同年，全国科学大会隆重召开，做出"科学技术是生产力"的重要论断。1988年，党中央、国务院批准实施"火炬计划"，建设国家高新区作为"火炬计划"的重要内容，高新技术产业化的大潮在全国涌起。国家高新区作为科技体制改革的产物，主要通过政策优势有效集聚技术、人才、资本等创新资源，开拓性地培育出我国第一批科技企业群体，加快了科技成果的产业化进程，推动形成了具有竞争力的中国高新技术产业。30余年来，国家高新区始终走在科技与经济结合的改革最前沿，奏出了中国改革开放故事的动人乐章。

杭州国家高新区建于1990年，是国务院批准的首批国家高新技术产业开发区之一。30年间，杭州国家高新区秉承"发展高科技、实现产业化"使命，构建了扁平高效的组织管理体制，强化对创新资源的统筹能力，积极培育"产业业态、城市形态、人才生态"，以区立法方式规定每年从财政支出中安排不低于15%的比例设立产业资金，与国内知名高校、院所合作建立技术创新平台，探索实施"企业创新积分制"等精准

施策工具，创新创业人才在这里实现梦想，海康威视、大华技术、阿里巴巴、网易、新华三等一大批科技领军企业在这里诞生、成长，并形成了具有全球竞争力的数字产业集群，走出了一条创新驱动、内生增长的发展之路。近五年来，杭州高新区固定资产投资平均增速仅0.5%，但GDP年均增长达到9.4%，研发投入强度超过13%，一般公共预算年均增长17.4%，实践了由投资驱动转向创新驱动的高质量发展内涵，成就了一个国家高新区的典范。

　　前不久，国务院印发了《关于促进国家高新技术产业开发区高质量发展的若干意见》，对新时期国家高新区高质量发展做出顶层设计和系统部署，提出了建成创新驱动发展示范区和高质量发展先行区的明确目标。三十而立，在高质量发展的新阶段，杭州国家高新区肩负新使命，要以习近平新时代中国特色社会主义思想为指导，主动适应以国内大循环为主体、国内国际双循环相互促进的新发展格局，进一步深化体制机制改革，坚持开放创新，着力提升自主创新能力，继续深耕数字技术与产业，围绕产业链部署创新链，围绕创新链布局产业链，培育出更多有国际竞争力的科技企业与创新型产业集群，将杭州国家高新区率先建设成为创新驱动发展和高质量发展的新标杆。

科技部火炬中心主任
二〇二〇年八月

CONTENTS

目　录

海康威视：
在创业热土上不懈耕耘

◎海康威视外景

　　2020年是杭州高新区成立30周年，30年，换了新颜，如今的高新区正朝打造世界一流高科技园区奋进。2020年也是海康威视数字技术股份有限公司（简称海康威视）成立的第20个年头，20年间，海康威视从创业伊始的28人到如今超过四万名员工，从压缩板卡起家到成长为业务覆盖全球150多个国家和地区的智能物联网解决方案和大数据服务提供商。

2001年，海康威视诞生于杭州马塍路；2011年，海康威视搬迁至滨江东流路；2018年，位于阡陌路的海康威视总部（含东区、西区）正式投入使用……伴着杭州高新区改革开放、乘风破浪的前进脚步，海康威视牢牢把握自身优势和行业机会，实现了快速增长。

扎根杭州高新区

作为土生土长的杭州企业，海康威视在杭州高新区（滨江）循序渐进地扩展版图，将根深深地扎在了这里。诚信、务实，这是海康威视和杭州高新区（滨江）共同的特质。

多年来，从技术创新、人才生态、产业发展，到城市基础设施、自然环境、文化环境等多方面，杭州高新区（滨江）在打造一流营商环境上做出了全方位努力和改革，充分激发市场活力，完善市场机制，持续推进创新创业，并为海康威视的发展提供了贴心的服务。

在初创期政府会给予企业更多关爱和指导。一旦企业上了轨道，政府就很少打扰，让企业在市场经济环境中自然生长，这是杭州高新区（滨江）的务实之处，滨江企业更多的是遵循市场规律自然生长。杭州高新区（滨江）在不偏不倚的政策之下，将创新创业做成水到渠成的事，自然孕育出好的产业环境。这恰恰也是海康威视需要的创业氛围。

目前，杭州高新区（滨江）在电子商务、人工智能、物联网、云计算、大数据、生命大健康等前沿技术领域诞生了一批国内乃至世界级领军企业，形成了千亿级数字经济产业。

抓住历史机遇，实现迸发

2001年，视频监控正处于由模拟向数字转型中，当时国内市场主要被外资品牌占有，面对机遇与挑战，中国电子科技集团公司旗下中电52所将核心业务瞄准了视频监控，在长期探索企业化运作的基础上，由彼时在中电52所已经干了15年的胡扬忠牵头，带领开发二部的27位同事以创业者的心态组建了海康威视。

海康威视从研发、生产数字监控产品压缩板卡起步。2003年将H.264算法引入视频监控领域，推出了自主知识产权的DS-4000H视音频压缩卡。2004年年中，从公司发展长远布局考虑，海康威视自建销售渠道，开启了安防行业全新的市场布局。2007年，公司推出首款摄像机产品。2010年5月，海康威视在深圳中小板上市，募集资金34亿元，这使得海康威视的治理结构更加规范和健康，成为一家公众公司。

2011年，海康威视跃居全球视频监控市占率第一位，也在同年，为了公司更好的发展，海康威视将总部迁到了滨江东流路。上市、搬迁、市场机会等带给了海康威视新一轮增长，自2010年上市以来至2019年，海康威视营收复合增长率达到36%。2019年度，公司营业总收入为576.58亿元，是2010年的36.05亿营收的16倍。

几年间，海康威视抓住行业的智能化浪潮，2016年海康威视推出全系列深度智能产品，2017年发布AI Cloud架构，2018年发布物信融合数据平台……目前海康威视将业务聚焦在了综合安防、大数据服务和智慧业务。

进入2020年，海康威视提出打造智慧城市"数智底座"，将多年来在人工智能和大数据领域的技术积累融汇为对智慧行业和智慧城市建设的统一技术底座。

海康威视的天时、地利、人和

根据Omdia报告，海康威视已经八年蝉联视频监控行业全球第一；连续四年蝉联《安全与自动化》"全球安防50强"榜单第一位。海康威视能够成为行业领跑者，可以简单地概括为：天时、地利、人和。

一是天时。海康威视牢牢抓住了技术和市场双重成熟的时机。公司起步于视频监控技术的范式转变，也就是模拟视频监控向数字视频监控的转化期。这是技术上的机会。同时市场方面也有很强的拉动。"9·11"事件后，国际上对视频监控行业正式放开，加上中国当时正在推行"平安中国"建设，这使得国内、国际两大市场成为持续存在的市场。随后，视频监控技术又陆续经历了网络化和智能化的发展阶段，每一次的技术发展，都进一步打开了市场空间，为公司持续发展创造了机会。

二是地利。公司诞生于杭州。海康全球总部所在的杭州高新区（滨江）是一座创新活力之城，优美宜居的自然环境、良好的创业氛围、全国领先的人才政策、周到便捷的政府服务，培育了大量优秀企业。海康威视2001年成立至今，杭州高新区（滨江）的领导一届届更换，但对于创新的支持从未改变。

三是人和。海康威视的28人创业团队绝大多数是工程师出身，整体素质较高，对"专业、厚实、诚信"的经营理念高度认同，又善于学习，在发展过程中不断克服来自技术、市场、管理方面的挑战。

经过30年的发展，今天的杭州高新区（滨江）具有产业结构优、创新能力强、人才吸引力大、体制机制灵活、工作居住环境优越等诸多优势，这里聚集了众多的优秀上市公司，是一座名副其实的高科技产业之城、数字经济高地。

作为以视频为核心的智能物联网解决方案和大数据服务提供商，海康威视将努力把握数字经济的历史机遇，发挥优势，赋能各行各业的数字化转型，成为数字经济发展浪潮中的重要参与者、引领者，为做大做强数字产业集群，推动杭州高新区（滨江）数字经济发展做出更大贡献。

丁磊：
从高新再出发

2020年是杭州高新区成立30周年。如此算来，入驻高新区已近15年的网易（杭州）网络有限公司（简称网易），正好陪伴高新区走过了半程的发展之路。

人们习惯用"风雨同舟"来描述这种长相伴。但当外界回过头来看网易和高新区的同行路，却看不到太

◎网易（杭州）网络有限公司董事长丁磊

多风雨波澜，似乎更适合用"顺风顺水"来形容。

这种"顺风顺水"，固然少了几分戏剧性，少一些故事张力，但正是这种顺风而上的关系，让外界得以更好看到高新区在企业服务、营商环境打造上的独到之处。

当网易决定来到杭州

在2020年7月的一次采访中，一名记者形容丁磊是"互联网的不倒翁"，但却未获得他的认同，丁磊说希望自己是"永远的先锋"。

丁磊当然当得起"先锋"这一称号。1997年，二十几岁的丁磊在中国互联网尚是一片荒芜之时，创办了网易。得益于时代发展和自己敏锐的市场洞察，网易在三年内快速上市。白手起家的技术男丁磊，也成为媒体、年轻人追捧的创业偶像。

但除了创始人是浙江人外，彼时的网易和浙江、杭州以及高新区，并无太大关系。让丁磊真正决定在杭州高新区（滨江）落户并开启网易新征途的，是在2006年。

当时，杭州举办了一场名为"春回燕归"的浙籍IT精英峰会，这场旨在吸引浙籍人才回杭的峰会，让丁磊开始动了心。但最终让他下决心来到在杭州的，是滨江区政府强烈的服务意识。

丁磊曾在接受央视《对话》节目采访时，讲述了当时的故事："我大概下午四点钟来到杭州，就去和滨江区政府谈。一小时之内，他们就把我们的需求听明白了，而且第二天就陪我们去选址，效率非常高。之后一个月里，陪我们看了七个地方。"

纵使走南闯北，丁磊也不禁为高新区的服务效率折服，"高新区真正把对创新型企业的服务做得特别踏实"。正是因为如此，网易很快就做出了决定：到杭州去，到高新区去。

当网易在高新区再出发

2011年7月19日，网易正式启用了位于杭州高新区（滨江）的新园区，网易的新征程就此开始。

企业的发展离不开政府的支持。对一些创新性企业来说，这种支持尤其重要。丁磊以自己亲身经历为高新区叫好，他说："杭州及高新区政府意识领先、政策领先、服务领先，在土地、租金、人才等方面，是真刀真枪、真情实感地支持企业。"

获得如此高的评价，离不开杭州高新区（滨江）在创新服务上的努力。一直以来，杭州高新区（滨江）致力于培育出世界级的数字经济产业集群，推动更高水平的开放与创新。在对企业的服务中，更做到了以创新性理念，服务创新性企业。

如果说，高新区和网易公司在对"创新"的理解上，有着心照不宣的默契，那么在对人才的看法上，二者更是不谋而合。丁磊始终认为，对科技产业而言，第一要素永远是人才。他曾说："创办企业最重要的是，可以聚到人才，找到人才。当初来到这里时，就想到了这一点。"

杭州高新区（滨江）也看到了人才对于高新产业的重要性，坚持把人才工作放在了经济工作的首要位置，千方百计为企业创造条件吸引人才、留住人才。仅在2018年，高新区就推出人才新政30条。配合相关的人才引进计划、人才安居改革及补贴退税等措施，为包括网易在内的高新技术产业，源源不断输入人才能量。可以说，杭州高新区（滨江）在杭州上一轮人才流入率第一名的佳绩中，起到了非常关键的作用。

网易与高新区：一场不必言说的互相成就

在政府服务意识、人才吸引力的加持下，网易入驻高新区后，在游戏、音乐、教育、互联网+农业、电商等方面全面出击，高速发展，目前已发展为全球领先的游戏开发与发行商，在互动娱乐、在线音乐、电子邮箱、品质电商、在线教育等领域占据行业领先地位。

而杭州高新区（滨江）也屡屡为大家奉上了令人惊赞的成绩：2018年，在科技部火炬中心公布的国家高新区评价结果中，杭州高新区（滨江）在全国157个高新区中综合排名全国第三。值得注意的是，全国排名前10的高新区中，杭州高新区（滨江）虽然面积最小，但发展势头却最猛，累计上市公司已达50多家、市值超8000亿元。

网易与高新区的15年，是长相伴的15年，也是互相成就的15年。两者之间不仅是不必言说的惺惺相惜，更是十几年的相濡以沫。而丁磊生于宁波、学于成都，创业在外、归来杭州，从高新区再出发的发展经历，也将成为高新区与企业之间良好互动、互相成就的最好注脚。

阿里巴巴：
一同点燃创业的万家灯火

◎阿里巴巴外景

杭州高新区（滨江）于阿里巴巴来说是什么？在马云看来，"这里是家，这里是根，这里是源泉"。

2009年的阿里巴巴，经历了10年的迅速成长，规模近万人，已是电子商务B2B的龙头企业，它需要更大的成长空间。彼时的杭州高新区（滨江）和阿里巴巴一样年轻，它敞开双臂，拥抱着四面八方来安家的人。

水到渠成，一拍即合。2009年9月9日，阿里巴巴在发源地湖畔花园举行搬迁仪式"阿牛过江"，马云举起了第一棒，带着6000多名阿里人，以长跑接力的形式移师杭州高新区（滨江）。

经过近三个小时、102棒的接力跑，"阿牛过江"的最后一棒，来到了杭州高新区（滨江）滨兴路和中河高架桥交会处的阿里巴巴（中国）基地。从此，阿里巴巴的滨江时代正式开启。

"新家"的温度

2005年，马云带着团队到杭州高新区（滨江）物色场地。回忆起初次到这里的场景，阿里巴巴集团首席人力官、菜鸟网络董事长童文红感慨道："当时大家是有点犹豫的，看着眼前一片荒凉的土地，不敢想象以后的发展会是怎样。2007年，我负责滨江阿里园区的建设，也是摸着石头过河……"在整个过程中，童文红对杭州高新区（滨江）的创业精神感受深刻，"建造这样一个园区，对我们来说是第一次。很多东西都不懂，但政府始终坚定不移地力挺阿里巴巴，非常难得"。

阿里巴巴搬迁，是一项庞大的工程。杭州高新区（滨江）政府从吃、住、行、学等多方面都做足了准备，为阿里巴巴准备了一本"滨江生活宝典"。这是一份专属于阿里巴巴的电子地图，地图上以阿里巴巴（中国）基地为中心，清楚地标注了周边区域内所有超市、餐饮、娱乐等设施。

出行上，杭州高新区（滨江）准备了公交专线，共九条线路，早上从城西、城东、城北出发，能满足约1300多人的上班出行。晚上在6点至9点时段，提供换乘车辆等一系列服务；居住上，杭州高新区（滨江）第二后勤公司提供了每月租金2500多元的单身公寓。此外，还有周边各大商业楼盘物业、农转居拆迁安置房等，以满足员工们的住房需求；在员工落户和员工子女入学问题上，杭州高新区（滨江）也是给足了政策支持。

阿里巴巴早在江北时期，就感受到了杭州高新区（滨江）政府满满的诚意。当时，杭州高新区（滨江）政府为阿里巴巴举行了专场招聘会。"印象中，这是政府首次为企业开专场，当时阿里的规模不算太大，但政府的服务已经离我们这么近了。"

这些年来，杭州高新区（滨江）的领导一届届更换，但始终没有改变鼓励创新、服务企业的初心。"企业成长需要依靠承载的环境，我觉得国家对高新开发区这个定位，是立意高远，具有前瞻性的。"童文红说。

远远望去，阿里巴巴（中国）基地像张撒开的巨网。与阿里巴巴的使命"让天下没有难做的生意"相呼应，此设计寓意着"网罗天下所有的生意"。整个基地占地59000平方米，是一座可同时容纳10000人办公的"电子商务城"。

在这座"城"里，原本分散在各处的员工聚集到了一起，有了一个家。在这个家里，梦想开始生根发芽，开花结果。

我与高新共成长

2017年年初，马云来到阿里巴巴（中国）基地时说："整个阿里的精气神在滨江这一块，没有滨江体系，就不可能有淘宝、支付宝、阿里云。"

阿里巴巴在杭州高新区（滨江）的成长壮大，是一个彼此吸引、彼此成就的过程。在很多地方，阿里巴巴与杭州高新区（滨江）很像：改革、创新、开放、融合，这些似乎都是两者"自带的基因"。童文红说，不断地创新、开放的文化、生生不息的创业、蓬勃发展的生机、做中小企业发展的平台等，都是阿里巴巴和杭州高新区（滨江）的共同之处。

阿里巴巴的到来，为杭州高新区（滨江）注入了前所未有的活力，将"高"与"新"的基因深植于这片欣欣向荣的土地上。这一点，从迁入杭州高新区（滨江）的6000余名阿里人身上就可以得到证明——杭州高新区（滨江）早期的一个楼盘，在一场团购后几乎被阿里人包了下来，成了阿里人在这里的第一个家。

改变不只于此。阿里巴巴带给杭州高新区（滨江）的，更是一个生态，一种引领，一次高新属性的再强化。在阿里巴巴的带动下，杭州高新区（滨江）产业聚集加速，持续培育、引入了一大批像阿里巴巴这样的领军企业，成为杭州高新区（滨江），乃至杭州发展的中流砥柱。

这些年，从阿里巴巴走出了大量的人才，在杭州高新区（滨江）创新创业，延续着阿里人的奋斗精魂，成为各自细分领域的佼佼者。这一点，恰恰是阿里巴巴喜闻乐见的。"我们应该培养更多的人才，共同改变世界。"童文红说。

而作为大孵化器的杭州高新区（滨江），同样带着包容与活力。"滨江和阿里都是一个创新创业的平台。在滨江这个平台上成长了很多的企业，当这些企业要走出滨江，走向国际的时候，滨江表现得很大气。成熟的企业走出去后，又不断孕育出新的企业，生生不息。"

如今，在杭州高新区（滨江）这片被誉为电商产业的发源地上，阿里巴巴的业务全面铺开，得益于杭州高新区（滨江）完善的信息经济产业链与创新环境，跨江之前的梦想早已被超出预期地完成。

如今的杭州高新区（滨江），作为改革的试验田、始发地，先行先试打造出无数的"滨江样本"，已形成一批可复制、可推广的经验，不断为杭州的发展探索求解。

阿里巴巴带给杭州高新区（滨江）的，也是杭州高新区（滨江）带给杭州、带给世界的。

2019年9月7日，阿里巴巴成立20周年。值此之际，全体阿里人给杭州写了一封信，信中写道："谢谢你，杭州，读懂我们最初的梦想。一样的基因、一样的坚持、一样的担当、一样的未来。你的湖山、你的烟雨、你的诗情、你的杭铁头……我们的淘宝、我们的蚂蚁、我们的菜鸟、我们的平头哥……远方之外，还有远方。"

于英涛：
掌舵新华三，领航数字时代

如果说"数字"是杭州高新区（滨江）的一张金名片，那新华三集团的成就与发展让这张名片焕发了更加亮丽的光彩。

成立四年多来，新华三集团的成绩有目共睹。企业年收入从200亿元出头增长至近330亿元，年复合增长率超过18%，净利润年复合

◎新华三技术集团总裁兼CEO于英涛

增长率超过20%，这些辉煌的背后离不开一个核心人物，他就是掌舵者——新华三集团总裁兼CEO于英涛。

华丽诞生

新华三集团研发的数字技术处于全球领先水平，其背后成立的故事始末也让人津津乐道。

新华三集团成立于2016年，是一家提供ICT基础设施产品与数字化解决方案的企业。作为中国ICT行业近年来罕有的新成立合资企业，新华三集团在成立之初就引起广泛关注。新华三集团是杭州高新区（滨江）的华三通信技术有限公司（简称新华三），与总部在北京的中国惠普企业集团合并后的产物。

在与中国惠普企业集团合并之前，杭州华三已是中国企业级网络市场当之无愧的领导者。惠普早在1985年就进入了国内市场，在国内服务器与存储市场一直拥有强大的竞争力。两者的合并，让新华三的服务器、存储、网络三大基础设施产品组合丰富完整，立刻成为中国ICT市场中不容忽视的重量级选手。

业内人士看来，两大市场巨鳄"孵化"下的新华三集团必定潜力无限。2015年，新华三集团筹备在即，这时杀出了一个"程咬金"，"筹谋已久"的紫光集团看准时机，一举从惠普手中收购了新华三51%的股份，成为新华三的最大股东。

在紫光集团看来，手上有了这张"王牌"还远远不够，还需要找到一个"会打牌"的高手，打出一手好牌。就在新华三集团宣告成立的同一天，新华三的掌门人也正式走向新的舞台，他就是当时的通信翘楚——于英涛。

转变赛道

从上任到如今四年多的时间里，于英涛以自己的敏锐眼光和铁腕管理，不仅稳住了新华三在大互联等领域的优势地盘，还在大数据、大安全、云计算、无线与物联网、服务器、存储以及服务等领域也都取得了重大进展，这让他足以担得起"数字化先生"的称号。

而接棒新华三之前，于英涛已在中国联通公司任职20年。先后担任过中国联通烟台分公司总经理、中国联通集团终端管理中心总经理、联通华盛通信技术有限公司总经理、中国联通集团销售部总经理、中国联通集团浙江省分公司总经理……他一步步登顶通信领域的制高点，在运营市场名声大起，成为通信行业的翘楚。

不是通信专业出身的他，首创双卡双网双待手机，这一重要发明让他收获"国家科技进步奖二等奖"。2010年，他对千元智能机的新定义开辟了国内智能手机的新纪元，中国智能手机的普及率一举处于全球领先地位，并带动了国内手机制造业的大发展。

战绩显赫，可以说，他是国内智能手机时代的大功臣。

如今，从未涉足ICT领域的他，在人生下半场转变赛道，纵身一跃，投入数字化海洋，在数字化潮流中乘风破浪。

专业维度不同，但是企业管理之道是相通的。在新华三筹备阶段，于英涛就进入了"战时状态"，对杭州华三与中国惠普进行深入考察与调研，充分了解市场、客户、销售、研发、平台支撑等各方信息，多年的管理经验让他在短时间内摸清了这个行业的"门路"，对于如何带领新企业突破重围，迎接新生，他胸有成竹。

领航者文化

很快，于英涛就迎来了"新官上任"后的第一个挑战——整合新华三团队。

杭州华三有着强烈的华为基因，中国惠普则传承了著名的"惠普之道"，双方在市场理念、文化、制度等方面有很大差异。按照于英涛的比喻，"就好似一个是爱喝咖啡的人，另一个则是爱喝茶的人，我要做的是让他们迅速彼此认同，团结合作"。他坚信，两个公司的业务和团队快速整合，尽可能减少整合初期的动荡，是新华三成功的第一步。

这一战，于英涛有备而来。

在整合过程中，于英涛的目标很清晰——抓对客户的覆盖，确保市场份额，为日后的发展奠定基础。2016年年底，公司仅用五个月时间，就彻底完成了两支队伍的合并，实现了"人财物"的统一。

在周密部署与果决推进下，到2017年第二季度，也就是新华三成立一年后，两个团队就已经进入较好的整合协同状态。2017年新华三的收入相较2016年同比增长11%，2018年更是同比增长26%，这对一家"中西结合"的合资企业，实属难能可贵，在世界上也属罕见。这次合并事件也因此成为经典的公司整合案例，进入了哈佛商学院的教材。

"那段时间是我在新华三最艰难的时候，"每当回顾这一段历史，于英涛都会感慨万千，"但我始终没有丧失信心，因为常识与逻辑支撑着我，我坚信自己是对的。"

经此一役，于英涛一战成名，越来越多的新华三员工也记住了他的口头禅——讲常识，合逻辑，尊重市场规律。

于英涛深谙企业管理之道的同时，也注重以人为本。他在不同场合，多次向一级主管们强调："企业最关键的要素就是人，企业间的竞争就是人与人、团队与团队间的竞争，我们要招好的人，培养好的人，用好的人，这样才能让企业持久健康地发展。"

傅利泉：
从水稻亩产一千元到亩产六个多亿

◎浙江大华技术股份有限公司董事长傅利泉

浙江大华技术股份有限公司（简称大华）发展至今，已经成为全球领先的以视频为核心的智慧物联解决方案提供商和运营服务商，跻身"全球安防50强"排行前二，2019年实现销售额261.49亿元。大华总部脚下的那片土地，是大华董事长傅利泉父辈当年种过水稻的农田。现在，这里从当年的水稻亩产一千元，升级到了"亩产六个多亿"。这也被傅利泉视为杭州高新区（滨江）这些年来巨大变化的缩影。

他感言，大华取得的辉煌战绩与杭州高新区（滨江）始终深耕于数字领域，为高新区企业创造的成熟的数字经济全产业链环境密不可分。

乘着改革开放的翅膀

改革开放的春风吹来前，傅利泉还没被卷入创业浪潮，仍在单位里勤勉工作。凭借努力，他在工作的头两年就买齐了"三大件"——电视机、电冰箱、洗衣机，这都是那个年代的奢侈品。1992年邓小平南方谈话以后，创业从"投机倒把"变成了一个香饽饽，很多人对下海经商充满了幻想，开始开公司、办企业，这股创业浪潮席卷全国。

1993年，傅利泉所在单位面临重新整合，他索性辞去稳定的工作，进入调度通信领域。这一年，他在杭州老城区直吉祥巷九号百岁坊小学的校办工厂内，租用了两间教室，注册成立大华电讯设备厂。

从创业开始，傅利泉始终把注意力聚焦在产品上。"当时，做进出口贸易是一件非常时髦的事情，但我们没有为贸易所惑，选择了另一条路子——搞自主研发。"从那时起，他就埋头聚焦于实业，聚焦于创新。

当家庭生活的梦想一个个变成了现实，傅利泉开始沉迷于技术创新，他说自己是公司里年纪最大的产品经理。"以前我对房子、车子感兴趣，后来我对自己的产品非常迷恋，做梦也想到产品。"2005年，傅利泉带领大华回到了曾经的自留地上，大华总部拔地而起。大华有了自己的办公园区，有了自己的家。

在这以后，大华在视频监控领域全力奔跑，从硬盘录像机跑进大安防领域，从钱塘江畔跑向全球各地。到今天，大华已成长为业界著名的技术创新型企业。"大华坚持每年把销售收入的10%左右，投入到研发创新领域。"对此，傅利泉引以为傲。同时，大华员工50%以上在从事技术研发工作。

2019年大华研发投入27.94亿元，同比增长22.35%，占营业收入10.69%。此外，还建立了先进技术、大数据、中央、网络安全、智慧城市五大研究院。截至2019年年底，申请专利超过2800项。这些专利都是为了解决问题而被研发出来，极具实用价值。

一百亿实现了，我们现在做一千亿的梦

"企业的发展并不是说实现了一个目标，我们就心安理得。当我们实现一个亿的时候，在做十个亿的梦；突破十个亿的时候，就在做一百亿的梦；一百亿实现了，我们现在做一千亿的梦。所以我们始终在路上，始终不渝地、坚持地、有韧劲地走下去。"傅利泉是个大实干家，在他的带领下，大华在视频安防领域步履不停，不断追梦，不断前行。

"1999年之前，我们做的是调度通信，如果没转型的话，就可能没有今天的大华。当时，整个调度通信在全国总共只有一个亿的市场份额，然而视频监控的横空出世让变电站的无人值守成为可能，我们就抓住了这个诉求。"

2001年，全球视频监控市场被海外巨头垄断。大华就是从这里开始，跟巨头开始一点一点缩小距离。历经19年，安防视频监控技术在全球遥遥领先。"是技术创新支持着大华跨过一个又一个的技术壁垒，是追求世界级品质为大华赢得了一个又一个发展的机遇。决定和成就大华如今行业地位的关键事件，正是在于我们一次次以客户为中心的重大创新。"抓机遇、重创新是傅利泉作为企业家精神的体现，也是大华企业文化的精髓所在。

一步领先、步步领先，大华站在了智慧物联的"风口"，如今已经成为全球领先的以视频为核心的智慧物联解决方案提供商和运营服务商。从2001年到2019年，大华保持每年高速的销售增幅。"大华发展到今天，离不开杭州高新区（滨江）这块创新热土的滋养。"傅利泉表示，得益于杭州高新区（滨江）区聚焦产业高端、产业集成、创新驱动的区位优势，借着高新技术产业发展的红利，带来了人才、技术、政策、信息、市场、品牌、配

套、平台等一系列资源，以及强大的信息技术产业链的支撑，保证了大华能始终坚持技术变革，在发展革新的道路上越走越稳。

领航者所迸发的力量，可以带动整个产业。近年来，大华聚焦技术创新，推进数字产业化，在视频物联领域各技术方向的持续创新投入带来的突破、落地和成果转化将加快杭州高新区（滨江）的数字产业化步伐；聚焦工业互联网，推进产业数字化，将技术和解决方案应用到物流、3C能源等各行各业，助力行业智能化转型升级，为行业赋能，助力杭州高新区（滨江）工业互联网建设；聚焦智慧城市，推进城市数字化，将引入智慧物联、大数据、AI等先进技术，以智慧科技协助滨江不断探索构建基层社会治理新体系，助力杭州高新区（滨江）提升城市治理现代化、智慧化、精细化水平。

"未来，大华会不断加强技术研发和行业赋智赋能，努力迈向千亿规模，同时将进一步孵化各类新兴业务子公司，在工业互联网、视讯协作、专业无人机等领域拓展新业务，打造新生态，展现'数字滨江'的鲜亮底色。"傅利泉说，"让社会更安全，让生活更智能"，这是大华的使命，也是大华创新的责任所在。

李书福：
"让中国汽车跑遍全世界"

2020年，是杭州高新区成立30周年，也是吉利进入汽车行业的第24个年头。

2020年上半年的短短六个月里，吉利的"版图"又扩大了一些。1月8日，吉利和梅赛德斯−奔驰股份公司正式成立smart品牌全球合资公司，在全球范围内联合运营和推动smart品牌转型

◎吉利控股集团有限公司董事长李书福

升级；2月10日，吉利和沃尔沃汽车集团宣布正在筹划将双方的业务进行整合，从而组建一个更加强大的全球企业集团……

从一穷二白的"小作坊"，到2019年财富世界500强第220位；从最初的单一品牌，到多个品牌、几十个整车产品；从仅三人组成的项目筹备组，到拥有来自40多个国家的12万名员工，实现制造、研发、采购、销售的全球布局，成为中国首个真正意义上的全球化车企……吉利控股集团董事长李书福的奋斗轨迹写满了辉煌。

造梦，追梦，圆梦

李书福的青年时代，恰逢改革开放初期，周围的创业氛围日渐浓厚，他也跃跃欲试。开照相馆、废金属提炼、造冰箱、造摩托车……等到真正决定要造汽车时，已是他第六次创业。彼时，李书福已经35岁。

回忆起初入汽车行业的想法，李书福说："随着改革开放的进一步深入，中国的现代化建设一定会持续推进，中国一定会成为世界上最大的汽车市场。吉利在这个时候进入汽车行业虽然面临很大挑战，但商业空间很大，商业机遇期也很长，有足够的时间打基础、练内功，有足够的时间培养、培训人才，也有足够的时间、空间允许我们犯一次或几次错误，这是用钱买不来的机会效益。"

因此，李书福抱着失败也是胜利的心态，坚定地踏上了造车之路。他说，选择这条路，既是天时地利的召唤，也是自我理想的引领，他很清楚，这是一条荆棘丛生的创业路。

2001年，中国加入世界贸易组织，吉利也终于正式拿到"准生证"，获准生产轿车，开始规范化生产，向正规化、机械化、自动化造车转型升级。2003年，吉利控股集团的管理总部、汽车销售公司迁入杭州高新区（滨江）。

李书福对创新突破的追求与杭州高新区（滨江）不谋而合。在他看来，吉利的发展史就是创新创业、大胆实践、不断转型升级的成长史，就是不断为用户带来获得感的奋斗史。

2007年，吉利正式开启了影响深远的战略转型，不打价格战，将企业的重心转向打技术战、品质战、品牌战、服务战和道德战，强化国际化合作战略，增强产品核心竞争力。在技术、品质、服务、制造、采购等方面，吉利都提出了新的要求。企业使命从"造老百姓买得起的好车"转向"造最安全、最环保、最节能的好车"；确立总体跟随，局部超越，重点突破，招贤纳士，合纵连横，后来居上的发展战略。

此后，吉利积极地参与全球市场竞争。2008年，全球金融危机爆发。世界汽车工业正在发生一场深刻的变化，中国面临百年难逢的发展机遇，中国汽车工业崛起的历史机遇就在眼前。在此背景下，2009年，吉利做出了在国际市场的新尝试，收购了澳大利亚DSI自动变速器公司。

2010年，在经过冗长的谈判过程后，吉利成功收购沃尔沃汽车，正式开启了吉利的全球化征程。这个做了八年的梦，李书福终于把它变成了现实。

近十年，吉利的全球化战略持续向纵深推进：连续九年进入"世界五百强俱乐部"；收购伦敦出租车；主导宝腾、路特斯、入股戴姆勒；布局"新四化"；打造"天地一体化"出行新蓝图……

再造梦，再追梦，再圆梦

吉利的发展之路，是一个造梦、追梦、圆梦，又不断地再造梦、再追梦、再圆梦的过程。而这一循环背后不竭的推动力，正是创新。

随着电气化、自动驾驶、智能网联、新商业等模式如潮水般袭来，汽车行业竞争呈现白热化状态。"为了主动抓住机遇，我们必须刷新思维方式，与朋友和伙伴联合，通过协同与分享来占领技术制高点。"李书福认为，中国汽车工业要做强、做大，必将进一步扩大开放，只有主动拥抱变革，欢迎更多的人参与到中国汽车工业发展中来，鼓励各种形式的创新与探索。

近年来，吉利牢牢把握"电动化、智能化、网联化、共享化"的四化发展方向，秉承"自主突破创新，融合全球智慧，掌握核心技术"的研发理念，不断深化实施"产品平台化、能源多元化、安全第一、智能化"的技术开发战略。

在新能源领域，吉利拥有核心专利技术超过300项，实现了100%自主研发的中国新能源技术体系和解决方案，完成了从技术追随到技术引领的新跨越；为更好建构立体出行生态，吉利在云计算、大数据、5G+V2X、边缘计算、车载芯片、操作系统、激光通讯和低轨卫星等前沿技术方面继续提升能力。此外，吉利还发布了技术品牌"iNTEC人性化智驾科技"、"GKUI"吉客智能生态系统，将汽车安全、健康生态、新能源、智能网联和自动驾驶列为核心技术战略的发展领域，一系列走在行业前列的技术成果问世。

一手造车，一手育人。吉利与杭州高新区（滨江）发展脉络相同的，还有对人才的重视。

对李书福来说，吉利办教育既是一种责任，也是一种情怀；既是对教育事业的忠诚与向往，也是因地制宜，为吉利汽车工业发展提供人才保障。

倾情教育23载，吉利不求经济回报，共创办九所非营利院校，从职高到研究生培养不同层次人才，累计为社会培养了15万人才，每年有近万名毕业生走上工作岗位。近年来，吉利汽车校园招聘员工中10%左右来自吉利控股集团旗下院校。

近年，杭州高新区（滨江）推出"5050"引才计划。借着人才政策的东风，吉利控股集团的人才也越来越国际化。目前，吉利控股集团旗下拥有12万名员工，来自全球40多个国家。

未来，吉利将把握全球新能源、自动驾驶的创新变革机遇，开放共赢、合纵连横，为"中国汽车跑遍全世界"的目标而顽强拼搏，与杭州高新区（滨江）共同迈向世界一流。

南存辉：
落子钱塘南岸，逐浪新蓝海

10多年前，钱塘江畔，数字经济、互联网技术那些奇迹的种子正悄然萌发，天空是"联结"思维的底色，空气中流淌着时代变革的气息。

从浙南一隅走出的正泰太阳能科技有限公司（简称正泰），胸怀制造业产业报国的理想，期待着一个加码

◎浙江正泰太阳能科技有限公司董事长南存辉

赛道的机遇。正泰集团董事长南存辉曾说："制造业，要拥抱新技术，为制造业发展打开一片新蓝海。"而正泰航向新蓝海的一个重要起点，就落子钱塘江南岸的杭州高新区（滨江），这片如今被誉为"国际滨"的创业创新沃土。

时间回溯到2005年前后，正泰已成为中国工业电器龙头企业，然而始终谋求全产业链深入发展的正泰，一直在思考如何布局前端的发电环节，补齐产业链条。

10多年前，光伏还只是一个生涩的科技词汇，更谈不上光伏技术的应用普及。时值国家"十一五"规划期间，国家大力倡导发展新能源。随着我国《可再生能源法》的正式实施，国家各种配套政策和规定相继出台，各种可再生能源产业迅猛发展。正泰敏锐地从中捕捉到加码赛道的重要机遇窗口。在组织海内外顶尖专家考察、论证，研判全球太阳能产业发展情况后，正泰开始着墨新能源产业发展的一纸蓝图。

那时候的杭州高新区（滨江），各类入驻企业已逾千家，成为杭州市乃至浙江省一处最具活力的科技成果培育和转化基地。南存辉回忆，第一次来到杭州高新区（滨江），最大的印象就是这里的"精、气、神"，充满了朝气和干劲，充满了勇于创新、开拓进取的精神。高新人勇于解放思想、创新思维，敢当探路者、敢做寻路人。当地政府秉持"小政府、大服务"的全新工作理念，闯出了一条链接全球高端创业创新资源的坦途。

2006年，在杭州高新区（滨江）政策扶持以及产业、创新要素集聚的感召下，在营商环境、配套服务的吸引下，正泰新能源基地在杭州高新区（滨江）正式成立，正泰"新能源之梦"也由此发端。

正泰初入的太阳能领域，被在国内市场的先行者视之为蓝海，纷纷看好。一时间，国内建立起了不少太阳能企业。但当时，中国太阳能产业规模在全球所占份额不大，技术水平也不算高。无论是市场，还是原材料，都十分依赖国外，形成了所谓"两头在外"的畸形现象。当务之急是实现跨越式发展，针对薄弱生产环节下功夫，提高我国太阳能产业竞争力。

对于从低压电器制造起家的正泰来说，由传统制造走向智能制造，由提供产品服务到提供智慧能源解决方案，一直是企业夯实全产业链战略布局的重要一环。为此，正泰秉承做产业不是做短期投机，既要大胆创新，又要稳步向前的发展原则。

2008年全球金融危机爆发，随后欧美国家又对国产光伏组件提起"双反"制裁，市场剧烈萎缩。当时很多新能源企业收缩"过冬"，而正泰反其道而行之，提出了"跨越"战略。趁着业内低谷期，正泰开展"人才抄底"策略，从世界一流高科技企业引进了一批太阳能技术专家、生产装备制造专家，并以这批海归高端人才为核心组建研发团队。

同时，充分发挥正泰全产业链系统集成优势，从下游需求入手，在国内外投资兴建太阳能光伏电站，摆脱单纯依赖组件销售的困境，形成了"建电站、收电费、卖服务"的盈利模式。电站的投资和建设，为正泰光伏产业开辟了一片"蓝海"，同时带动了正泰光伏组件以及集成系统中成套电气设备的销售。

2009年6月，正泰在宁夏投建第一个大型光伏地面电站，揭开了在全球兴建光伏电站的序幕。随后，由西部向东部，由地面向屋顶，由工商业向居民，由国内向国外一路挺进。迄今为止，正泰已在国内外兴建光伏电站500多座，总装机容量超4.5吉瓦（GW），服务全球55个国家和地区。目前，正泰已成为中国民营企业最具规模的光伏电站投资运营商之一，完成了从行业跟随者到领军者的跨越发展。

当前，走上高质量发展"专业跑道"的正泰新能源，充分运用区域人工智能、大数据、云计算、工业互联网、物联网等科创成果集聚的天然优势，着力运用新技术为制造业赋能。2016年，借鉴德国智能化、数字化、自动化工艺，正泰在杭州高新区（滨江）创建了"中德智能制造"示范基地。不但升级配备智能制造自动化生产线，以智能化和大数据为核心进行生产管理，而且与杭州本土企业阿里云强强联合，利用人工智能技术，实施质量管控，打造出正泰光伏组件的"德系品质"，引领行业发展。

杭州高新区（滨江）对企业智能制造领域技改项目投入提供了大力支持。区政府技改配套资金切实解决了企业创新发展的实际需求；此外，在区科技局的推荐下，正泰成功申报了国家863项目，获得了省、市重大科技专项，并得到资金配套支持。同时，正泰响应"一带一路"倡议，积极践行"走出去"战略，加大海外市场拓展及产业并购力度。区商务局对此提供大力支持，对企业外贸增长、"走出去"项目、境外展会等都给予了资金补贴。

如今的滨江，已成为杭州高新技术的创新源和中小科技型企业的大孵化器，也是浙江省最重要的科技成果产业化基地、技术创新示范基地、创新型人才培养基地和高新技术产品出口基地。诸多优秀企业加快创新驱动，促进互联网、大数据、人工智能与实体经济深度融合，形成了制造业与互联网融合发展的新业态、新模式。正泰正是在这样的政策与生态环境鼓励下不忘初心，坚持"实业发展、创新驱动"理念不动摇，持续推进科技创新、体制机制创新与商业模式创新，逐渐发展成为全球知名的智慧能源系统解决方案提供商。

正泰坚信，杭州高新区（滨江）创业史上的一个个精彩瞬间，仍将延续，并在一代代高新人的作为中得以新的诠释，进一步开创浙江经济发展新天地。

胡季强：
钱江之滨，踏浪而行

杭州高新区（滨江）江南大道，有一座白色蜂巢造型的大楼，这里是康恩贝制药股份有限公司（简称康恩贝）总部所在地——康恩贝中心大厦。六边形的"蜂巢"结构，蕴含着浙江康恩贝制药股份有限公司董事长胡季强的三层期待：不忘本来、吸收外来、面向未来。

◎浙江康恩贝制药股份有限公司董事长胡季强

1994年5月，康恩贝管理总部由兰溪迁至钱塘江畔的杭州，成为省内首个总部迁杭的企业，由此引发了浙江省企业总部迁移的风潮。2004年，位于杭州高新区（滨江）滨康路的康恩贝药物研究开发基地和新型制剂生产基地落成；2006年，位于江南大道288号的康恩贝大厦竣工；2017年12月，康恩贝产业园区内的康恩贝中心大厦正式启用。

走到今天，无论是康恩贝还是公司董事长胡季强，他们都是杭州高新区（滨江）快速发展的参与者和见证者。同时，滨江更是康恩贝发展的一片福地与沃土。

与时代共进

1969年，康恩贝发端于浙江兰溪的集体所有制养蜂场。经过50余年的发展，现已成长蜕变为一家集药物研发、生产、销售及药材种植、提取于一体，实施全产业链经营的大型医药企业……50余载的风雨洗礼，50余载的成长蜕变，康恩贝一路为生命护航，一路与时代同行，走出了一条高质量发展之路。

1985年，不到24岁的胡季强出任云山制药厂（康恩贝前身）的厂长。35年来，他带领康恩贝人一路风雨兼程，让云山制药厂走出桃花坞，拓步全国。1990年10月18日，兰溪云山制药厂更名为浙江康恩贝制药公司，从此，"康恩贝"品牌正式诞生。前列康、天保宁产品的先后上市，打响了全国市场，奠定了康恩贝在现代植物药领域的先发优势。2004年4月12日，康恩贝在上海证券交易所正式挂牌上市，股票代码600572，公司由此实现了产品市场和资本市场同步经营的新格局。

上市加快了康恩贝的发展步伐。随着企业规模越来越大，作为教授级高级工程师、享受国务院特殊津贴的胡季强在企业管理方面也一直探索创新、与时俱进。

自2016年10月开始，康恩贝陆续推出共创共享机制、员工持股计划、子公司管理层骨干股权激励计划等，着力建设康恩贝奋斗者命运共同体。2017年4月和2018年2月，康恩贝新长征1号——大品牌大品种工程以及2号——康恩贝科技创新驱动发展工程相继启动，翻开了公司促进内生增长、追求高质量发展的新篇章。

对健康事业的专注与坚守，铸就了康恩贝品牌大厦之基，也赢得了消费者广泛的赞誉与肯定，康恩贝牌肠炎宁片、前列康牌普乐安制剂、天保宁牌银杏叶制剂、金笛牌复方鱼腥草合剂、金奥康牌奥美拉唑制剂、珍视明牌护眼系列产品、金康牌汉防己甲素等均在市场上赢得了良好的美誉度，成为细分领域的优势品牌。

与责任同行

作为康恩贝这一品牌的创立者，胡季强坚持将产品质量作为品牌经营的第一基石。在产业链的最前端，积极建设药用植物和中药材种植基地，从源头上把控原材料品质；在研发上，以国家级企业技术中心、国家级博士后科研工作站等平台为依托，在新型制剂研发、植物提取物标准提升等方面不断探索；在生产环节，公司以完善的质量控制体系和接轨国际的质量标准来确保产品质量；在销售环节，康恩贝在线下建立了遍布全国的营销体系，线上则大力开拓电商渠道，加快融合互联网发展。

为消费者提供优质的产品和服务是胡季强及康恩贝所理解的使命。与此同时，当国家和社会遭遇灾难之时，一个负责任的企业家和一个负责任的企业，一定会从万千的爱心大军中凸现出来。在了解的人看来，这是康恩贝人必定会有的担当，因为，让民众健康有方幸福有道，这不仅是康恩贝人的使命所系，也已经深深地镌刻在企业的文化基因里。

多年以来，康恩贝通过流转、租用土地惠及贫困农户，为打赢精准脱贫攻坚战提供了康恩贝样板。同时，康恩贝自强奖学金、康恩贝慈善救助基金会、康恩贝员工困难救助基金等相继设立，面向心脑血管病人和尘肺病人等开展专项救助，以及对重大突发灾难性事件进行爱心援助等，均不胜枚举。"中华慈善奖""社会责任感优秀企业""浙江慈善奖"等各类荣誉也见证了康恩贝人的责任与情怀。

与未来相约

2020年4月，在胡季强董事长的积极推动下，康恩贝集团与浙江省国贸集团牵手，开始筹划强强联合，在做大做优康恩贝的理念下，携手共建浙江省中医药健康产业主平台。7月，以浙江康恩贝制药股份有限公司股东大会和十届一次董事会的成功召开，产生康恩贝新的董事会、监事会、高管团队为标志，浙江康恩贝制药股份有限公司正式进入了一个新的时代，也就是国有民营混合所有制企业的时代。这对整个康恩贝集团来说，同样是一件具有里程碑意义的大事。

新的征程，新的使命。未来，康恩贝将一如既往地坚守初心、勇于担当，以"让客户健康有方，让员工幸福有道"为使命，打造国有民营混合所有制的新型市场主体，努力建设浙江省中医药健康产业主平台，成为浙江万亿健康产业的龙头企业。

与此同时，康恩贝将继续对标业内标杆，争当中国中药健康产业的龙头企业之一，为传承创新发展中医药事业做出新的贡献。

钱江之滨，踏浪而行。康恩贝将以一种新的姿态与杭州高新区（滨江）共同奋进！

华为：
构建万物互联的智能世界

◎华为杭州研究所外景

"鱼米生沃土，昆仑运天工。朋聚钱塘畔，鸟瞰滨江春。"华为杭州研究所（简称华为）以海报形式送给正式落地杭州高新区（滨江）的浙江省鲲鹏生态创新中心的藏头诗，句首四字组合起来就是"鲲鹏"。

这只"神兽"于2005年飞入这片沃土——彼时，华为在杭州高新区（滨江）注册成立了华为杭州研究所。入驻多年，华为在通信网络、IT、智能终端和云服务等领域为全球170多个国家和地区提供产品、解决方案和服务，是全球领先的ICT基础设施和智能终端提供商。

合作，开放，创新

2005年，华为杭州研究所地处寸土寸金的上市公司和高新企业集聚区块。当时的华为园区绿树掩映，没有显眼的Logo，如果仅是路过，很难察觉到它的存在。

时光转眼逝去，2020年，是杭州高新区（滨江）的而立之年，其已然形成并确立了特有的品格、文化和产业格局。2020年，华为杭州研究所成立也满15年，其依然满怀激情地在这片创新的热土上努力奋斗着。依托强大的数字经济和制造业基础，以及优质的营商环境和创新创业氛围，华为杭州研究所不断发展壮大着自己：每年在技术研发上的投入超过50亿元，是华为公司全球计算研发中心，现有研发人员7000多人，主要进行芯片、操作系统、数据库、软件等关键技术研究，已在终端操作系统研发（鸿蒙）、自研AI计算框架MindSpore、EulerOS智能调度和智能自动优化技术等领域取得关键突破。

同时，华为杭州研究所还与浙江大学、浙江工业大学、杭州电子科技大学等高校进行广泛合作，年度合作金额超过五千万元，合作领域遍布移动通信、视频编解码、计算机视觉、网络安全等ICT相关领域。获得了"杭州市服务业龙头企业""杭州市最具影响力新型研发机构""杭州市纳税贡献突出企业"等荣誉称号……在前行的路上，载誉满满。

"链接全球智慧，用最优秀的人培养更优秀的人"——这是华为一直以来坚持的愿景和使命。

基于此，2019年，华为（杭州）全球培训中心正式投入使用。其位于杭州高新区（滨江）六和路310号的新园区占地总面积13.2万平方米，同时具备建筑美感和科技内核。正如华为负责人所言，"我们非常看好未来10年培训和教育行业在长三角发展的广阔前景，以及这里美丽的自然风光、丰富的历史人文和良好的人才环境。非常契合华为作为一个全球化公司的定位，以吸引更多的各国客户来中国进行培训、学习和文化体验"。

作为华为第一个直接面向客户界面的独立场地，华为（杭州）全球培训中心为全球170多个国家的高端人才提供ICT培训服务，不遗余力地推动全球数字化人才发展。培训中心深耕ICT人才能力发展，创新教学模式，共建ICT人才发展生态圈，持续为客户创造价值，并以学员为中心，打造有温度的学习（学习之旅、文化之旅、体验之旅、生活之旅），每年接待学员超过五万人次（其中两万人次海外学员）。培训中心先后举办南宋文化、七夕情人节、丝绸之路、中秋节等中国传统文化风俗的文化街活动，深受中、外学员的喜欢和认同；同时，培训中心每年举办以"汇聚共同智慧，应对全球ICT人才发展挑战"为宗旨的全球TDF（Talent Development Forum）论坛，倡导"开放、分享、贡献、行动"的理念，邀请全球电信运营商客户、政府部门、商学院等业界大咖和嘉宾莅临交流。

助力数字经济创新发展

为贯彻落实党中央、国务院关于建设网络强国、制造强国和数字中国等战略部署，推进华为公司在浙江业务的布局和发展，助力浙江数字经济创新发展，2019年11月11日，华为与浙江省政府签订深化战略合作协议。双方牢固树立创新、协调、绿色、开放、共享的发展理念，以务实高效、资源整合、优势互补、共同发展为原则，进一步加深浙江省政府、华为公司双方之间的合作关系，充分发挥华为公司的研发、技术、人才、渠道等优势和浙江的制造、市场、民资、机制等优势，加大资源投入，加强在数字经济产业生态构建、新兴产业发展、行业融合应用、信息人才培养、创新平台打造、新型设施完善等方面的合作，全面助力浙江数字经济创新发展。

未来，华为将会利用自身在5G、云计算、人工智能、物联网等方面的优势，不断促进杭州高新区（滨江）的数字经济产业发展：推进5G未来工厂建设，通过华为领先的5G和人工智能等先进技术，不断深化在在数字化车间和智能工厂建设中的应用，通过车间数字化和工厂智能化，不断推进杭州高新区（滨江）实现从劳动密集型的传统经济转向为以创新型为主要发展模式的创新型经济模式，实现经济产业模式上的转型；不断深化和推进企业上云进程，通过强化企业上云、5G边缘计算、工业互联网智能终端应用、网络安全保障，提升企业上云上平台的能力和水平，加速杭州高新区（滨江）数字产业经济发展；稳步推进智慧城市建设，通过对杭州高新区（滨江）规划和实施智慧城市建设，提升城市治理和服务能力。通过城市居民生活工作、企业经营发展、政府行政管理过程中的相关活动，进行智慧化的感知、分析与集成，从而为市民提供更美好的生活和工作服务、为企业创造更有利的商业发展环境、为政府赋能更高效的运营与管理机制，从而为整体的经济管理和转型服务。

30年的发展中，杭州高新区（滨江）一直在向为打造世界一流的高科技园区努力进取。同样，华为专注于行业数字化转型，携手各领域的合作伙伴，发挥新联接、新计算的优势，与更多行业客户、合作伙伴共同成长，为杭州高新区（滨江）高质量发展及数字经济实施贡献更多力量。

毛江森：
为消灭甲肝而奋斗

面对这位穿着朴素却精神矍铄的老人，人们或许很难想象，他为中国做出过不小的贡献——发明了甲肝减毒活疫苗，控制了国内甲肝的流行，造福了无数人。

他叫毛江森，是中国科学院院士，被誉为"甲肝的克星"。他带领的团队从事甲肝病毒的研究和疫苗的研

◎普康生物技术股份有限公司创始人毛江森

发已近30年。1991年，时任省医科院院长的毛江森带领一群科技人员创办了科技经济实体——普康生物，随后又开启国内技术入股先河，成为中国高额持股的科学家之一，为释放全社会科技人员积极性和创造力推波助澜。

从"体弱多病"到"甲肝克星"

毛江森又名维书，出生在浙江省江山市的一个小山村。他小时候常常生病，别人患麻疹十天半月就可痊愈，他却要40天，他的父母为此非常操心，母亲在他床边说的几句话，让他一辈子难忘："维书啊，你怎么还起不了床呢，病我帮你生吧，你快好起来吧。"毛江森当时躺在床上，眼睛睁不开，只听到母亲的眼泪"啪嗒"落在竹席上的响声。

毛江森后来考入全国闻名的浙江省立杭州高级中学。高中还没毕业，老师就建议他以同等学力考大学。父母叮嘱说："你从小体弱多病，把你带大实属不易，你还是念医吧。"毛江森便报考了国立上海医学院，即后来的上海医科大学。读了六年的医科，毛江森明白了一个道理：医学是一条奉献之路。

1956年毛江森从上海第一医学院医学系毕业。带着一份学医人的情怀，他被分到中国医学科学院，在当时的病毒系从事科研工作。

1978年后，毛江森和爱人一起回到了浙江，他开始全身心地投入控制甲肝流行的研究中。他花了约半年时间调查浙江的病毒性疾病，发现甲肝名列第一，农民深受其害。那年农村正是甲肝大流行的时期，杭州近郊的袁浦村甚至有41%的人患黄疸肝炎，有的一家五口全部被感染。

毛江森与和他一起工作的陈念良对甲肝患者进行一家一户地调查。那些收集粪便的岁月让他终生难忘：每天早晨，上班的第一件事就是到郊区农民家和医院收集黄疸肝炎患者的粪便，将其一小包一小包地装入塑料袋，带回实验室研究，希望从中能分离出甲肝病毒。当时收集的粪便足以装满两只大冰箱。但他没有放弃，"医学是一条奉献之路"，这句话毛江森谨记于心。

四年研究甲肝病毒、四年培育毒种、四年研究工艺，毛江森用12年时间，终于成功研制出了甲肝减毒活疫苗。更令人鼓舞的是，临床使用表明，毛江森主持研制的甲肝减毒活疫苗具有良好的安全性和免疫保护效果，获得卫生部批准，开始大规模生产和推广。该疫苗的问世，使我国甲肝发病率从使用前的10万分之200降至目前的10万分之1.5，甲肝疫情得到有效控制，毛江森也由此成为名副其实的"甲肝克星"，该疫苗也成为我国第一株出口的具有自主知识产权的疫苗。

科技成果产业化之路

1998年，浙江在全国率先颁布《浙江省鼓励技术要素参与收益分配的若干规定》，允许高校、院所科技人员办企业，转化职务成果，推行技术入股。两年后，省政府决定对浙江省医学科学院普康生物技术公司（简称普康）进行股份制改造，时任医科院院长的毛江森以甲肝疫苗研究成果作为技术入股，成为中国科技入股第一人。

经过多年的发展，浙江普康生物技术股份有限公司收获了累累硕果。其中，高新区（滨江）别具一格的"大众创新，万众创业"生态体系为普康创造了良好的发展环境。

"在我们看来，高新区（滨江）有比较明确的园区规划，重点突出，特色明显。物联网、互联网＋产业是未来经济发展的趋势所在，在园区规划中形成了比较大的产业园，并以亩产论英雄，形成竞争态势。此外，高新区（滨江）对于小微的企业的扶持力度很大，经过雏鹰企业、孵化器等的评定，搭建了小微企业的发展平台，同时在资金、人员等方面给予了很大支持。"

为了进一步提高公司的疫苗生产出口和创新能力，普康在高新区（滨江）总投资三亿多元建设高标准、与国际接轨的现代化新型疫苗生产、研发基地。建筑面积达五万平方米，包括甲肝疫苗生产车间、新冠疫苗生产车间（规划）、狂犬疫苗生产车间（规划）、出血热疫苗生产车间、检定中心、疫苗研发中心、综合楼及工程仓库等辅助楼，其中甲肝车间生产线于2010年正式启用。通过自主创新，进一步提高甲肝疫苗的质量和生产效率，公司在原有生产工艺上不断创新和研制，在高新区（滨江）新车间正式启用规模化、集约化新型细胞培养容器，在提高生产效益的同时，还提高了产品的质量。

搬至高新区（滨江）后，普康三次被认定为国家高新技术企业，三次获得杭州高新区瞪羚企业……但普康并未止步，不忘"为消灭甲肝而奋斗"的初心，积极研究、开发各类新型生物医药制品，立足国内，积极开拓国际市场，为人类的防病、治病做出自己的贡献。

褚健：
书写中国工业自动化的华章

◎浙大中控科技集团创始人褚健

2020年6月15日，对于中国工业自动化产业界来说，是一个值得纪念的日子：我国工业自动化领域的民族骄傲——浙江中控技术股份有限公司（简称中控）顺利通过上海证券交易所科创板上市委审核会议，即将登陆资本市场。

创建于20世纪90年代

的中控，在20多年的市场搏击中，依托深厚的科研积淀和强大的自主创新能力，逐渐成长为业界优秀的自动化、信息化和智能化技术、产品与解决方案供应商。

而其创始人褚健的创业之路并不平顺，充满着传奇色彩。

褚健的创业之路

褚健生于20世纪60年代，他觉得自己是被幸运之神眷顾着的。因为他的青年时代，正好迎来了改变中国及无数中国人命运的改革开放。

15岁，其他孩子才刚刚步入高中，褚健却已凭借优异的成绩考入了浙江大学化工系工业自动化专业。1984年，读完硕士之后，他留在了浙江大学继续攻读博士学位。一年半以后，褚健前往海外学习，并获博士学位。

到了海外，褚健才真正见识到了发达国家工业自动化的发展水平。这些差距都激励着褚健更加努力，让他在学业上更加勤谨。"我当时就只有一个想法，外国人能做到的，中国人也能做到，而且一定能比他们做得更好。"

带着这份使命感与责任感，1989年，褚健学成之后毅然回到浙大控制系任教，1993年成为浙江大学最年轻的正教授，后又成为博士生导师，并从此将助力中国工业自动化发展视为己任。还是在1993年，褚健靠筹到的20万元，创建了中控的前身——浙江大学工业自动化公司。

早在中控成立之前，国内所用的工业控制系统，基本上全都依靠进口。尽管中控成立之初面临的是"蚍蜉撼大树"的局面，但褚健还是坚信中国人一定能做出自己的"工业大脑"来。

"二三十年前，在国内工业自动化控制系统领域，清一色都是跨国公司。十几年前，在重大项目工程上，比如说千万吨炼油、百万吨乙烯装置，全部只能用国外的。"褚健说，过去10年，中控完成了重大突破，"仅中石化新建的18套千万吨级炼油装置，中控的产品就应用了其中九套，而在2019年新上的百万吨级乙烯项目中，绝大多数装置也都是采用中控的控制系统。"

20多年来，褚健带领中控团队在工业自动化领域不断探索开拓，先后获得"国家科技进步奖二等奖"两项，"国家技术发明奖二等奖一项"，并领衔制定EPA现场总线标准，成为我国工业自动化领域第一个也是唯一一个国际标准。在新中国成立70周年之际，褚健荣获由中共中央、国务院、中央军委颁发的"庆祝中华人民共和国成立70周年"纪念章。该纪念章颁发给新中国成立后对国家科技创新做出突出贡献的人员。

2020年3月，上交所正式受理中控的科创板上市申请。6月15日，上交所批准中控在科创板发行上市成功过会。褚健带领着中控即将叩响资本市场的大门。

与滨江共成长

如今的中控，已经构建了完整的工业自动化产品体系及行业整体解决方案，包括现场测量仪表、分析仪表、控制阀、控制系统（DCS、SIS、PLC、RTU、SCADA……）、先进控制（APC）、实时优化（RTO）、生产制造执行系统（MES）及智能工厂整体解决方案等，并累计在超过两万家工业用户现场，应用了三万多套自动化控制系统产品。

这一切的背后，都有高新区（滨江）的强力支持。

高新区（滨江）是中控成长的地方。2001年，钱塘江大桥边的中控科技园破土兴建。两年后，褚健率中控跨江而来，开始了中控的"滨江时代"。

"我们是比较早在高新区（滨江）'吃螃蟹'的人。当时中控之所以决定整体搬迁，是因为发展太快，那几年几乎每年都要搬一次办公室，太麻烦了。"

彼时的高新区（滨江）远不是如今寸土寸金的情形。刚搬到高新区（滨江）时，公司不得不投用了20多辆班车，以满足员工通勤需求。不仅仅是通勤，当时，大家去哪里吃饭也一样是个问题。

但是，搬过来之后，高新区（滨江）政府对企业的重视和关心，让全体中控人深受感动。高新区（滨江）政府非常重视高科技人才与高科技企业，是真正的服务型政府。"接下来的几年，对于中控来说，一定会迎来再上一层楼的机遇。我们要做的就是，专心致志地做研发，以真正有实力的产品和服务，去把握住这样的机遇。"褚健说道，"高新区（滨江）政府帮助企业成长，站在企业的角度想问题，又做好前瞻性的服务。鼓励企业自主创新，让企业潜心研发有实力的产品和服务。"

如今中控旗下中控科技园、中控软件园、中控信息大厦等园区物业都布局在高新区（滨江）。这些园区见证了高新区（滨江）的发展变化，也成就了智能制造、智慧城市在这里的发展壮大。

褚健表示，中控有责任、也有条件，承担起建设世界一流高科技园区的使命，赋能制造业发展。在未来，中控会一如既往扎根高新区（滨江），服务高新区（滨江），秉承积极探索的精神，响应客户与社会未来的需求，在工业自动化和智慧城市领域，运用大数据、云计算等技术为高新区（滨江）、杭州市创造更大的价值。

竺福江：
创新追逐百年梦

◎杭州民生医药控股集团有限公司董事长竺福江

2002年，前身是中国最早四大西药厂的杭州民生医药控股集团有限公司（简称民生医药）迁入杭州高新区（滨江），在这片充满生机的热土上，董事长竺福江和他的企业迎来新的发展契机，走向更宽广的国际舞台，追逐百年企业的梦想，写下了一个个创业创新的动人故事。

高新速度，民生奇迹

熟悉竺福江的人都知道，只要不出差，每天早晨七点半，他必定会准时出现在位于杭州高新区（滨江）的集团总部。而这，只是他奋进人生的一个微焦镜头。

2002年，杭州高新区与滨江区两区合并，开启全新征程，作为高新技术企业的民生医药，成为最早一批在杭州高新区（滨江）打拼的公司，竺福江将杭州高新区（滨江）形容为创新创业的福地。

回忆起这些年滨江的发展，竺福江感叹："高新速度就是中国速度。"亲历其中的他，熟悉杭州高新区（滨江）的每一次跨越。

他还记得，民生医药刚刚搬到杭州高新区（滨江）时，周围是荒芜的空地。这一阶段，滨江对产业结构进行调整，引进了一些优秀的企业，在经济上建立了基础。"第二阶段我认为是腾笼换鸟，滨江非常注重高新技术，设置了很多入园的门槛，区位优势越来越明显了。华为、赛诺菲等等企业，都是这个时候被引进的。第三阶段则是转型升级。"

在这过程中，民生医药也与杭州高新区（滨江）一道，在创新之路上持续奔跑——迁入滨江的最初几年，民生的上缴税收一直排在前三位。至2019年，民生医药的规模比刚迁入滨江时增长了七倍多，创造了一个不小的奇迹。

品牌创新，出奇制胜

跨入钱塘江时代的民生医药适时提出了"跳跃式发展战略"，目标是努力把民生办成中国医药行业最优秀的企业之一，把"21金维他"发展成全国同类产品中最优秀的品牌之一。

品牌战略，是高新区浓厚的创业创新氛围带给民生医药的一个重大转变。

"市场经济就是品牌经济。产品好与不好，要让市场认可，要让消费者认可。"竺福江说。

2002年8月，21金维他开始在中央电视台投放广告。借助央视的权威性和影响力，21金维他被介绍给了每个中国人，品牌宣传有了一个新的突破。这一年，21金维他的销售额首次超过一亿元。

经过连续几年的大规模宣传，再加上营销手段的独特与创新，到2004年，21金维他的销售额已近八亿元，创下了国内维生素类产品销售的奇迹，也因此获得了"中国医药十大营销案例"和"中国行业十大影响力品牌"等荣誉，以及"中国驰名商标"的称号。为了把21金维他这个品牌完完整整地保护下来，竺福江和他的团队走过了整整12年的维权之路。无数次的波折和艰辛的经历，现在提起来，依旧令竺福江难以忘怀。2018年，竺福江被评为"中国非处方药物行业发展30周年十大突出贡献企业家"。

新药研发，十年一剑

"决定企业未来的一定是产品"，在诸多创新工作中，竺福江认为新药开发是企业持续发展的原动力，根据市场需要，他积极培育高科技、高附加值产品。截至2020年6月底，企业累计已获得授权中国专利76项，欧美日专利八项。2016年，创建院士工作站，合作开展产品的深入研究。目前，一致性评价和在研新产品达50个左右，新产品研发投入占销售收入的5%以上，并将持续增加投入，力争将民生打造成为一家研发型的医药企业。

2008年，民生和美国一家科研机构合作开发了一种抗肿瘤一类新药NL-101，当时正处于研发早期，竺福江花了重金把中国的专利买下来。经过公司研发人员近10年的不懈努力，2017年6月终于获得国家临床批件开始进入临床阶段，整个研发和美欧同步。2018年5月，又引入战略投资，以加快临床研发的进度。2019年，完成I期临床，结果显示疗效喜人，目前，即将进入Ⅱ期临床，其上市后带来的经济收益和社会效益将十分巨大。

放眼全球，逐百年梦想

制剂药品实现国际化是中国制药人孜孜追求的共同梦想，"让美国人用中国人生产的药品！"这是竺福江经常说的一句话。事实上，早在2007年，民生便投资2.6亿元，在高新区新建民生滨江制药公司，这是一家符合中国GMP（药品生产质量管理规范）和美国CGMP（动态药品生产质量管理规范）标准的现代化固体制剂工厂，同步开发与生产多个达到美国标准的仿制药品种。

2011年民生第一个处方药通过美国FDA认证，2013年在美国成功销售，2017年高端制剂出口美国。到目前为止，已经有四种产品销售到美国，还有10个品种处在不同的申报阶段，制剂国际化已然圆梦。

竺福江的职业生涯有三个梦想。一是制剂药品实现国际化；二是在创新药上实现"零"的突破，获得一类新药批文；三是带领公司上市，让这家老字号药企再次焕发新生。第一个梦想已然成真，第二个梦想也近在咫尺，第三个梦想正顺利推进中。

在杭州高新区（滨江）这片欣欣向荣的土地上，竺福江期待着新的突破。"民生医药和滨江最契合的地方是创新发展。高新区持续发展就是要创新发展。"

距离民生成为百年企业只有不到六年时间，一幅新的发展蓝图跃然而生。2019年，民生提出"百年百亿"战略目标，到2026年公司创建100年时，规模实现100亿，并争取有两家子公司上市，研发投入达10%，形成药品、保健品、医疗器械和服务、动物保健品四大板块业务。

现在民生滨江总部正在打造一个"民生高科园区"，2019年，杭州民生高科技产业园有限公司与杭州科畅科技咨询有限公司（贝壳社）签约合作运营中澳生物医药产业科技园，引进优质的生命健康产业企业，努力成为滨江转型升级的又一个典范。"滨江的发展，重在创新和孵化。目前，已有10多家研发机构入驻园区。将来，生物医药、高端的健康服务、医疗器械、精密仪器、诊断机构，会是民生高科引进企业的大方向。"竺福江表示。

高新30年，回望来途，竺福江百感交集。站在新的历史起点上，他踌躇满志，梦想终将成真。

施继兴：
掌舵通信，乘风破浪

回忆起普天东方通信集团有限公司（简称东信）和杭州高新区（滨江）的交集，作为初创者和连任三届的掌门人施继兴，给笔者列举了太多第一。

第一批入驻杭州高新区（滨江）的高新技术企业，杭州高新区（滨江）第一家跨江发展的企业、第一家上市公

◎普天东方通信集团有限公司原董事长施继兴

司……这些"第一"都是施继兴——"中国移动通信产业第一人"带领东信实现的。

船行千里靠舵手，毫无疑问，施继兴就是驾驶着东信这艘新型航船、在通信海洋乘风破浪的掌舵人。

自1970年进入邮电部杭州通信厂（东信的前身）以来，施继兴历任工程师、研究所所长、党委书记、厂长，于1988年成为东信掌门人。施继兴在国企改革道路上大胆创新、锐意进取，在其执掌东信的15年间，东信产业规模从3000多万元扩张到超200亿元，企业国有资产增值150倍，是彼时国家通信制造行业的龙头企业。

如今，这位施老企业家已年逾古稀，退隐"山林"，当得知还有诸多人称其为"神话缔造者"，他笑了笑："我只是带领东信初创辉煌，东信与杭州高新区几乎同步共进，我们两者则是各显神通，携手共创辉煌。"

滨江"第一股"

钱塘江南岸，与六和塔隔江相望，临近的东信大道，也因一侧的东方通信科技园而得名。

作为第一批扎根高新区的高新技术企业，东信着意在滨江这张大白纸上大显身手，绘就最新最美的"跨江发展"蓝图。

构建一个类似美国休斯顿航天中心的新园区，是施继兴心头酝酿的新概念。"拟把杭州高新区（滨江）打造成为集高新产业与天堂旅游融为一体、吸引跨国大公司总部入驻的特色高新技术开发园区。这样有利于增加高新产业经济活力，更可打造杭州市的旅游新亮点，增加现代旅游新内涵。"

东信优选滨江建设新园区，进而带动UT斯达康、华为、信雅达、恒生电子等一批高新企业陆续进驻杭州高新区（滨江），共同掀起了杭州高新区（滨江）新一轮产业投资的热潮。

1996年8月及11月，东方通信股份有限公司在上海证券交易所先后发行B股和A股，东信转制上市，股市几度飘红，滨江区高新企业"第一股"由此诞生。

东信的成就始于坚持改革，锐意进取。改革开放初期，施继兴敏锐地洞察未来：中国移动通信领域将是一片方兴未艾的宽广蓝海。于是在20世纪90年代初叶，施继兴果断决策，不失时机引进美国摩托罗拉移动通信先进技术，构筑移动通信新兴产业。

东信成为我国移动通信领域第一家"吃螃蟹"者，并争分夺秒筹建中国第一条世界级"大哥大"生产线，填补了我国公用移动通信设备制造产业的空白。东信还致力消化和吸收引进技术，不断优化和提升管理水平。后来，"我们东信现代化生产线上制造的产品，其质量和效率已经赶超合资企业及摩托罗拉母公司独资企业水平"。青出于蓝而胜于蓝，提及东信产品，施继兴显得特别有底气。

"我们中国这样大的国家、这么多的民众，总不能吊死在一种移动通信技术体制上，有必要采用多种技术体制形成竞争局面，以促进移动产业大发展。"施继兴审时度势后，适时向国家提出引进和采用CDMA移动技术体制建议。多种移动通信技术体制被引入后，形成了有效竞争局面，促进了我国移动通信产业及其运营服务业的高速发展，并带动了包括美国高通公司等关联企业的雄起壮大。

东信前身企业借力杭州高新区（滨江）的区位优势和优惠政策，自主开发推广应用激光照排、程控交换和光通信设备等高新产业，有效支撑后续移动通信技术引进及移动产业启动。移动通信新兴产业的高速发展，又支撑东信实施"跨世纪超百亿元"产业规模的宏伟战略目标。

"人才是第一竞争力"

杭州高新区（滨江）早在成立之初，就特别重视人才的引进和培育，制定了一系列招揽人才的政策举措。正是受益于杭州高新区（滨江）有利人才引进的优良环境，东信也借此引进一批中高端适用人才。

在引进人才的同时，东信将自主培养人才更列为重中之重，被戏称为新时代的"黄埔军校"。

据施继兴大略估计，从东信流向各方高新技术产业的人才多达数千人，高新区内的UT斯达康、华为、阿里巴巴、大华、华数等大企业中，都有东信人的身影。

至1997年，东方通信产销的手机累计达150万部，当时有个形象的比喻：全国流通的每六台手机中，就有一台属于东信制造。1998年，中国第一台具有自主知识产权的东信手机正式问世，标志着外国手机产品完全垄断中国市场的局面开始被打破。当时的广告语"东信，中国人的自信！"给消费者留下深刻的印象。

为了加快学习先进技术和科学管理知识，施继兴将企业中高层技术和管理人才分批送往美国、英国、新加坡等地进行培训研修。这些人员回到公司后带来的先进理念和成熟经验，有效加快了引进技术的产业化和规模化。同时，施继兴勇于突破传统的人才体制壁垒，通过引进少数急需的海外适用人才，加快企业转型升级登上新台阶。

一直以来，东信对于人才的重视态度和优惠举措也从未改变，并且更加强化。东信设立博士后工作站、院士工作站，企业70%以上都是得心应手的中高端技术和管理英才。

"其实杭州高新区30年的发展如此迅速和辉煌，与高度重视人才的引进和培育密不可分。"作为高新区全程发展的特别见证人，施继兴对"国际滨"的美誉赞不绝口。目前，东信正在进行有关5G和物联网应用、人工智能和信息安全等诸多领域的精心布局，这些领域正是杭州高新区（滨江）新兴支柱产业的战略规划导向。

施继兴认为，东信进一步加强和优化与杭州高新区（滨江）的发展战略对接及融合，必将为杭州高新区（滨江）、杭州市和浙江省的数字经济和高新产业持续发展做出更多贡献。

周韶宁：
"我们和滨江一起长大"

◎百世集团董事长周韶宁

扎根杭州高新区（滨江），用了10年的时间，董事长周韶宁把百世集团做成了一家上市公司，跻身中国民营企业500强。他希望，在下一个10年，把百世集团打造成世界500强企业，"把公司带向新的高度，让企业的管理团队更专业、更强大"。

顺势而为

1996年，在海外留学工作多年后，周韶宁回国，来到杭州高新区（滨江），加盟UT斯达康，担任执行总裁。等待他的，将是UT斯达康未来近10年的荣光。这一年，UT斯达康获得叶永烈的无偿授权，拿到了一款名为"小灵通"的无线市话技术。

20世纪90年代中后期之后的10余年间，世界"风口"行业是数据通信，中国是世界众巨头纷纷觊觎的新兴市场。摩托罗拉、诺基亚、爱立信等当时几乎所有全球知名的通信企业，都入驻了中国。而国内也由此诞生了诸如TCL、科健、波导等一大批至今仍让人耳熟能详的国产通信企业。以手机为代表的中国通信市场，国产和世界品牌间的惨烈厮杀，到今天还历历在目。

那是中国和世界第一次，以市场经济的方式，正面交锋。在市场夹缝中，周韶宁所在的UT斯达康公司，以独辟蹊径的方式——基于固定电话，却实现了无线移动通话，因资费低廉，如星火燎原般占领了全国。在此期间，他研究和开发了"小灵通"无线通信系统、手机和有线接入网和光传输设备，缔造了年销售额25亿美元的中国通信企业销售奇迹，做到了在全球知名企业内"成功创业"。

2004年，UT斯达康跨江发展，迁入今天的海创基地。当年，这座亚洲最大规模的单体建筑，一度是钱塘江南岸最为醒目的一道风景。

2004年11月的一天，周韶宁出差返回杭州，被堵在了高速公路，许久不得通行。看着堵得长长的车队，周韶宁对中国的物流体系产生了好奇，萌生了用科技"改造"物流的愿景。

他回忆，那时，互联网已起步，电子商务巨大的发展前景已初露端倪，但与之配套的物流还处于"低小散，无技术的原始阶段"。

周韶宁感受到了"商业形态"变化之际的前兆，他说："消费是数字经济发展的重要方向。物流又是消费中非常重要的支撑点，基于行业判断，未来五到十年，我们认为供应链和物流服务非常重要。"

和创业伙伴就聊了一两次，就定下了百世的定位和发展战略。与杭州高新区（滨江）的因缘际会，让百世集团与中国电子商务、互联网经济核心城市杭州融为一体，抓住了中国互联网和电子商务高速发展的契机。

三年后，百世收购汇通。到2017年赴美上市时，百世集团已成为集合百世快递、百世快运、百世供应链、百世云、百世金融、百世国际、百世店加、百世优货八大事业部在内的综合供应链服务商，同时跻身中国快递物流第一军团，成为国内智慧物流的引领者。

用科技"改造"物流

技术出身的周韶宁对科技的重视到了痴迷的程度。他说："一个行业的变革，一定来自外部力量。"

改造汇通的第一步，是将省级加盟公司和重要节点城市的转运中心收归直营。周韶宁很清楚，这是必须要做好的一件事。当加盟商没有足够的资金来投入时，直营化改造可以更直接地增加投入，加快企业转型升级的步伐，也更有利于增强网络的稳定性和持续发展的后劲。

那段日子，周韶宁一直在路上，从春节开始一直到国庆前后，一周有五六天都在出差，和不同城市的加盟商沟通、做工作，争取他们的理解和支持。他们中有的人选择拿了钱离开，也有人选择留下来和周韶宁一起继续并肩战斗。

当同行们还在大量使用手写的三联单、五联单时，百世已经自主研发并在行业中率先使用了电子面单。

电子面单的出现和推广运用，在中国快递物流发展史上绝对具有里程碑意义。它的诞生，不仅让分拨中心里"写大头笔"这一工种彻底退出历史舞台，更重要的是，它将快件信息数据化，为今后的自动化分拣设备运用和智慧物流的发展奠定了基础。

2013年，百世自主研发的风暴自动分拣系统被陆续配置到全国各地的分拨中心。这套融合了大数据分析、云计算、智能终端、图像处理技术等多种技术的自动分拣系统将包裹分拣的准确率从人工分拣的80%提升到99.9%以上，分拣效能也提升了三倍。

如今，自动化分拣设备已经成为中国快递物流企业的标配。而百世在行业中较早提出的"云仓模式"，已然成为同行们在向综合物流供应商转型、打造智慧物流生态圈时不可或缺的一部分。

13年前，周韶宁就曾表示，创立百世的初衷是"以互联网信息技术及现代化的管理理念改变传统物流行业，通过对技术的前瞻性投入、产品和服务的持续创新，推动信息技术、人工智能、大数据在物流领域的应用，提高物流运营效率，为客户提供综合的智慧供应链服务"。13年后，周韶宁当年的畅想已落地成为现实，并成为整个行业的共识。

2017年9月20日，百世集团在纽交所正式上市，4.5亿美元的募资额，使其成为当年中概股最大规模的IPO（首次公开募股）项目。

百世的国际化步伐在最近两年明显加速。2019年，百世正式进入东南亚，先后在泰国和越南起网，仅用一年的时间，在上述两国的覆盖率分别达到100%和98.6%。不久前，百世集团再度宣布已在马来西亚、新加坡和柬埔寨全面启动快递业务，为当地提供智慧物流的中国方案。

这只是百世国际化布局的第一步。周韶宁说，下一步可能会是美洲，做扎实以后，还会进一步考虑非洲、欧洲等地。

周韶宁还有一句名言："伟大是熬出来的！"

当然，这个"熬"并不是"煎熬"，而是对事业的执着和坚持。实际上，百世的国际化战略在2015年就已经开始酝酿，直到2018年年底才加速落地。对于这个新进入的市场，周韶宁也计划用五到八年，甚至更长的时间去培育。

宋小春：
科技创新服务是转型之道

在杭州高新区（滨江）江北区块，坐落着占地近50万平方米的东部软件园（简称东软），这不仅是浙江省第一家企业化运作的高科技园区，还是新三板第一家上市国企。

2001年5月，为顺应国企改革发展浪潮，践行杭州市打造"天堂硅谷"的战略

◎原杭州信息科技有限公司董事长、东部软件园负责人宋小春

号召，东部软件园诞生在杭州高新区（滨江）这块高新热土上。

这里凝聚着上百家企业的创新力量和近万名创业与实践者的梦想和激情，带领东部软件园开创如是精彩的，便是原杭州信息科技有限公司董事长、东部软件园一把手——宋小春。

转型之路是不断摸索的过程。宋小春带队考察过很多高新区，在这个过程中，他深刻体会到，园区不仅是一个物业平台，更是一个创新生态环境。"做制造业的老国有企业，转化成了做现代服务业的创新平台企业，这是我们的转型之道。"

"我与企业共成长"

招商是园区成立后的首要之务。为吸引优质企业入驻，宋小春根据企业规模制定了针对性的服务方案：孵化小企业，培育中企业，支持大企业，围绕中小企业，打造创新创业生态环境。

"我们是做企业出身的，我们理解中小企业需要的是什么，它们希望有一个产业。"于是，围绕企业产业培育，东部软件园形成了三大主要服务：基础的物业服务，配套的投融资服务以及专业的增值服务，并设置了六个符合杭州发展的产业板块，包括集成电路、电子商务、物联网、服务外包等，形成了相关产业集群。

据了解，东部软件园的名字颇具内涵：东部是园区位置，软件是产业定位，园区是服务平台。"现在很多人搞园区没搞明白，最后搞成了房地产。"宋小春说，懂产业是发展园区的必要前提，真正的服务要围绕企业的成长。

"播种希望、收获成功"，是东部软件园2001年创办之初向创业者提出的承诺。"对于从事生产性服务业的科技园区来说，比的是谁为企业服务的好，谁提供的产业平台好，谁的创业氛围好。能为社会创造价值的企业，称得上价值型企业；能推动软件产业发展的园区，才称得上价值型园区。"

东部软件园成立不久，宋小春就提出、并一直倡导"我与东软共成长"的企业文化。"我"展示了主人翁精神，"共"表明企业利益与员工利益是共同体，"成长"表达了东软积极向上、面向未来的理想抱负。而"我们与入园企业共成长"的园区文化，作为东软企业文化的延伸，突出了"共建共享"和文化社区建设。

"为企业服务的平台企业"

"急企业所急，想企业所想"，宋小春一直强调东部软件园是一家"为企业服务的平台企业"。

东部软件园前身为中国磁记录设备公司，熟知信息产业市场运作特性，能够充分理解中小企业创业艰辛，深知企业生存发展真实需求。"入园企业看重的不仅是物业运营成本，更看重园区能否提供良好成长环境。好的发展环境能够为企业创造更多的市场机遇，能够促进企业更快成长，帮助企业争取到更多的人才，得到更多的社会资源。"

为此，东部软件园打造了一套科技创新服务体系，以"三科一合"（科技产业培育、科技股权投资、科技企业孵化、企业家合作网）为主要内容，和物业服务体系相互促进，对内激发企业科技创新活力，对外带动社会创新能力的提高。此外，园区下还设置了一个产业发展处，专门解决政府产业主管部门和企业之间的沟通问题。

高度的产业集群吸引了众多优秀的中小科技企业在东部软件园的创业发展，思科杭州研发中心、神州数码、中兴通讯等国内外知名高科技企业也云集于此。其中，阿里巴巴无疑是最成功的案例之一。

2007年的阿里巴巴早已登上了IPO的资本舞台，那一年的阿里集团总部还位于东部软件园创业大厦。至今，穿梭于文三路、万塘路附近的人们，还深刻记着那几幅傲然屹立于大厦楼顶外立面的巨幅Logo广告，那就是阿里巴巴和后来的淘宝网，它们相继在华星路99号东部软件园创业大厦度过了10

余个春秋。

为了鼓励阿里巴巴电子商务平台的发展，东部软件园将创业大厦6-10层上万平方米面积承租给当时年轻的阿里。为支持电子商务产业的发展，东部软件园领导多次陪同政府领导与行业机构考察阿里，在众多公开场合表达了对阿里的高度赞许。园区还加大对电子商务企业群的招商，努力打造电子商务产业链，为园区产业链合作与资源整合创造了有利条件。

从产品到服务，从制造业迈向现代服务业，在宋小春的带领下，东部软件园自建园以来，获得了一系列国家级荣誉奖项。"高新区的定位是科技信息产业，把社会资源和企业进行对接，我们东部软件园起到的就是高新区和企业间的桥梁作用。"

信息经济是世界经济的火车头，创新指引信息化前进方向，宋小春说："信息产业园区的发展永远在路上！"

吴建荣：
关于事业的两件事

◎浙江中南建设集团有限公司董事长吴建荣

在浙江中南控股集团党委书记、董事局主席吴建荣的个人履历上，"建筑"与"文化"作为两个关键词交替出现。他的事业总结起来无外乎两件事：一件是工程建设，一件是文化创意。看起来毫无关联的两个领域，吴建荣却把它们完美地统一进事业的版图中，各占半壁江山。

30年弹指一挥间。与杭州高新区（滨江）相伴走过的30年里，中南集团在建筑领域已形成了房屋建筑、幕墙装饰、钢结构、机电智能、市政园林等设计施工完整而紧凑的产业链格局，创获了"鲁班奖""国家优质工程奖"等300多项国家和省级大奖；在文化创意领域，成立17年的中南卡通也已成为国产动漫领域的佼佼者，旗下动漫IP正释放新的动能，推动产业进入新一轮转型升级。

谈建筑

吴建荣已经在建筑行业摸爬滚打了几十年。他对质量要求近乎苛求，对品牌价值高度追求，对完美设计和技术进步孜孜以求。而更重要的是，他对于市场风向保持着敏锐的嗅觉。

当众多的建筑企业在市场上攻城略地时，吴建荣意识到，中国经济的快速增长、城市化建设进程的加快和人们对建筑审美要求的提高，为幕墙、门窗及建筑五金提供了一个广阔的发展空间。特别是建筑幕墙，必将成为建筑现代化、建筑个性化、建筑艺术化的重要标志，其发展前景不可估量，而这样一个潜在的巨大市场，国内的建筑企业还很少有人注意到。于是，吴建荣决心发展建筑幕墙，将建筑幕墙作为中南建设集团的核心业务来培育、打造。

为了迅速改变中国幕墙设计生产起步晚、技术落后的状况，吴建荣从一开始就注重吸收和培养一支幕墙技术团队，并在2002年成立了中南幕墙设计研究院。设计研究院从成立时的八人迅速壮大到500多人，极大提高了中南幕墙的设计竞争力。

在经济新常态下，吴建荣始终要求企业要坚定发展信心，在转型升级中提升传统产业含金量，在自主创新中增强市场竞争力，在经营创新、管理创新、技术创新上下功夫，努力走在浙江省建筑企业的前列。在他的正确带领下，中南集团的自主创新工作硕果累累。中南幕墙与世界先进的门窗系统德国威克纳强强合作，打造了深圳双玺花园、柏林花园、杭州武林壹号、香港新世纪等多个高端精品工程。自主研发了国内先进、高规格、绿色节能、低碳环保的系统门窗品牌"耐特兹"。中南钢构与清华大学共同研发的"高层建筑波形钢板组合结构体系"科研项目顺利通过了由五位国内行业顶级工程院院士参加的评估，对促进钢结构住宅工业化生产、装配化建造、绿色施工以及环保节能起到了十分重要的推动作用。

近年来，中南集团抢抓国家"一带一路"倡议重大机遇，积极走建筑产业化之路，努力实现标准化设计、智能化生产、装配式施工、信息化管理，打造中国智能建筑领军行业。承建的杭州奥体中心（2022亚运会主场馆）、杭州萧山国际机场、亚投行、深圳会展中心等一大批地标性建筑，先后荣获国家建筑工程"鲁班奖""全国建筑工程装饰奖""中国建筑工程钢结构金奖""中国土木工程詹天佑奖"等300多个奖项。目前，中南幕墙的专业设计能力已位居全国第一，施工能力全国第二。

对于吴建荣而言，建筑远不是"谈"出来的，而是通过一砖一瓦的积累，才有了万丈高楼平地起的壮阔。

做动漫

"我从2003年开始做动漫，吸取了不少的经验和教训。我对这个行业充满信心，因为国内发展文化产业的好时机正在到来。"吴建荣说。

2003年，以建筑起家的浙江中南集团，早已跻身全国民企500强。但吴建荣的心里有一个打算，建筑行业的竞争日趋激烈，企业要成为百年老店，需要寻找机遇培育新的产业。而动漫产业将是继信息技术产业之后新的经济增长点。

中南集团进军动漫产业，在吴建荣看来，更是一种社会责任和爱国情怀。

在各级党委政府的关心支持下，中南卡通不忘初心，开拓创新，原创了《天眼》系列、《乐比悠悠》《郑和下西洋》等多部精品动画片，荣获了国家精神文明建设"五个一工程"奖等国内国际200余个奖项。企业14年蝉联"国家文化出口重点企业"、荣获动漫领域唯一的"全国十大最具影响力国家文化产业示范基地"荣誉称号，也是重点高新技术企业和重点动漫企业，成为中国动漫产业创新发展的一张"金名片"。

作为国内动漫产业的领军企业之一，中南卡通也为杭州高新区（滨江）的动漫产业赢得了无数的掌声和赞誉。在中南卡通等一大批动漫龙头骨干企业带动下，区内动漫企业原创动画能力始终保持浙江省第一，数量和质量都实现了质的飞跃。

2020年，突发新冠疫情之后，中南卡通投笔作战，在春节期间加班创作《天眼防疫小妙招》《乐比悠悠之抗病毒篇》《天眼的歌声》《我们是荆门》等防疫公益短视频，通过充满童趣的动画提醒人们生活中的防疫细节，赞美了中国人民同心战疫、共克时艰的坚定信心。这些动漫作品被人民网、学习强国、今日头条、凤凰网、中新网等国内主流媒体转载播出，获得极高的口碑与评价。中南卡通还将抗"疫"动画MV上传至Facebook（脸书）、Instagram（照片墙）、Linkedin（领英）等海外社交媒体平台，通过抗"疫"文艺宣传，展示中国战"疫"成果，为全球抗"疫"加油。

近年来，杭州高新区（滨江）着力打造数字经济最强区，通过数字赋能传统文创产业提振升级，打造文创产业发展新引擎。与此同时，中南集团也紧跟时代发展步伐，积极探索数字文化产业领域，通过数字科技赋能传统文化产业提振升级，为文化产业发展注入新的活力。

吴建荣说，中南集团将对原来的中南乐悠城重新规划，将人工智能融合进去，进行调整做样板，继而复制与授权，逐步打通以动漫为中心的产业链。与此同时，还将充分利用中南优质IP做好品牌授权，借助直播、短视频等新媒体手段，推动数字科技与文创产业的互动融合发展。

从物质领域的建筑行业走向文化领域的文创产业，在杭州高新区（滨江），吴建荣关于事业的这两件事，每件干得都很精彩。

赛诺菲：
将健康带给每一个人

◎赛诺菲外景

2013年，一家跨国药企在杭州高新区（滨江）落户，它就是赛诺菲。作为世界财富500强企业、全球知名药企，赛诺菲连续数年获得杭州市10大突出贡献工业企业及浙江省外商独资百强企业称号，在全国受到广泛认可。

"专注人类健康，帮助人们应对健康挑战"，是赛诺菲的使命。不管是对罹患罕见病的"小众"患者，还是长期受慢性病困扰的"大众"患者，一直以来，赛诺菲提供创新的治疗方案来减轻他们的病痛和困扰。

国内首个生产基地

1982年，赛诺菲进入中国，成为最早进入中国的跨国制药企业之一。38年来，赛诺菲始终秉承其"扎根中国，服务中国"的承诺，矢志为中国人民的健康造福。至今，赛诺菲已将40余种创新药物和疫苗"漂洋过海"带到中国。在中国前10大致死疾病中，赛诺菲的产品覆盖了七种。作为业内"加速度"最快的公司之一，赛诺菲目前在中国稳居跨国药企前10位。

赛诺菲与杭州的缘分源远流长。早在1995年，赛诺菲就与民生药业成立了中国首家中法合资制药企业——杭州赛诺菲民生制药有限公司。可以说，赛诺菲中国是从杭州起步的。这也是赛诺菲进入中国以来的第一个生产基地。

2013年4月，投资高达4.3亿元人民币的赛诺菲（杭州）制药有限公司新工厂正式投入运营。新厂选址杭州高新区（滨江），占地近4.5万平方米。集团将这重要一步棋落在杭州高新区（滨江），这里完备的产业链与蓬勃发展的生命健康产业无疑是其中重要的考量因素之一。2018年年初，赛诺菲杭州工厂顺利通过欧盟GMP认证，标志着杭州工厂生产的产品已经符合出口欧盟的标准。

在杭州高新区（滨江）发展壮大的企业，势必要与"数字"打交道，赛诺菲也不例外。一直以来，数字化创新便是赛诺菲多元化创新战略的重要组成部分。2016年，赛诺菲与阿里健康签订战略合作框架协议，整合双方在医药健康领域的技术和资源，探索线上、线下结合的O2O模式，搭建安全、专业、便捷的医药健康服务网络。

2017年，赛诺菲与阿里健康携手推出"指尖上的安心"安全用药与疾病管理项目。患者只需通过手机淘宝、支付宝或阿里健康App扫描药盒上的条形码，就可以轻松获得药品信息，掌握疾病和健康管理知识。由此，赛诺菲也成为首个登陆"码上放心"平台，并将产品溯源和健康管理整合于一体的跨国制药企业。

对于一家药企来说，没有什么比研发创新更重要的了。在赛诺菲看来，与国内顶尖高校、医院和科研院所合作，是提高研发创新能力和疾病管理水平的必经之路。2007年至今，赛诺菲中国研发中心已与浙江大学医学院附属第一医院、浙江大学医学院附属第二医院、浙江省肿瘤医院等省内多家知名医院开展合作，共开展14项临床试验和登记研究，其中不乏国际多中心的大型临床试验，涵盖肿瘤、糖尿病、心血管疾病等领域。

诠释企业社会责任

如果说研发是一家药企的生命，那么履行社会责任就是在无限延伸这个生命。

2020年年初，新冠疫情还在肆虐，基层和县域成了抗疫的前沿阵地，为群众筑起第一道"防疫墙"。为解决县域疫情防控难点，赛诺菲与其他社会力量共同建立起县域新型冠状病毒肺炎防控能力指导微信群，在群内每日整理发布"防疫微信群工作日报"，进一步完善基层防疫工作。

在基层，这场疫情催生出全新的诊疗协作模式。这场战役，在云端打响。

在抗击新冠疫情的关键时期，赛诺菲和县域医院院长联盟紧密协作，一起为抗疫行动尽一份力，这既是赛诺菲以患者为中心的价值体现，也是一份沉甸甸的社会责任。同时，赛诺菲也通过深耕县域多年的基层网络和专业能力，打造创新的数字化平台，实现慢病远程管理，积极支持县域一线医务工作者全力打赢基层防疫保卫战。在滨江区委区政府的大力支持下，赛诺菲（杭州）制药有限公司成为杭州市首批在疫情期间复工复产的企业之一。

一直以来，赛诺菲在心血管疾病、中枢神经系统疾病、内科疾病、糖尿病、肿瘤及血液疾病等重点领域搭建医学交流、培训平台，将国内外最先进的诊疗理念带到各地，是医药界当之无愧的"交流使者"。

除了关注医生，关怀患者，赛诺菲也时刻心系杭州的社区建设，为需要关爱的人群提供帮助，让更多人绽放生命的精彩。杭州高新区（滨江）的赛诺菲杭州工厂向聋哑青年敞开大门，通过"无声课堂"项目，为聋哑青年提供参观的机会，并组织形式丰富的模拟招聘训练，帮助他们更好地塑造自己，提升自身能力，融入社会。

追求更高产能，也落实可持续发展。赛诺菲杭州工厂按照赛诺菲集团全球最高标准建设，拥有全面完善的健康、安全、环境规章制度，以促进企业确保消除和减轻生产过程中存在的风险和危害，实现绿色生产。

张鹏国：
品质+创新的发展之路

◎浙江宇视科技有限公司总裁张鹏国

　　"这些年我们赶着时代的发展，乘着杭州高新区（滨江）的政策快车，恪守品质与创新，一路狂奔。2013年，我们的办公场地从东方通信大厦搬到万轮科技园，2014年我们的市场由中国走向世界，2019年我们的领域由视频安防走向AIoT。"作为土生土长的滨江企业，成立至今，宇视科技有限公司（简称宇视科技）已走向第九个年头。

"安防发展看杭州，杭州安防在滨江。"宇视科技总裁张鹏国表示将宇视科技落户杭州高新区（滨江）是件很幸运的事。

二次创业，在杭州高新区焕发新生

2011年12月的第一天，宇视科技自立门户，进军视频安防领域。那一年，500多人选择从一家已经发展成熟的通信公司出来"二次创业"，被很多人视作"挑了一个不被看好的方向"。"那次大胆的抉择，对大部分人来说，需要相当大的勇气。不过，现在想来，我们很自豪自己当时的选择。"

这些年来，宇视科技在安防行业交出了一张漂亮的答卷。创业九周年，实现了营收16的倍增长，跻身全球第四，全国前三。建设雪亮工程249个，平安工程741个，智能交通项目450余个，平安高校636所，38个城市的140余条地铁线路，机场70个，大型企业470余家，三甲医院230余家，高速公路300余条，地标性商业综合体建筑280个。在APEC、G20、上合、金砖、人大、两会等重大会议中崭露头角。同时，在杭州、深圳、西安、济南、天津、武汉等地设有研发机构，在杭州高新区（滨江）盖起了大楼——宇视科技全球总部基地。

能有今天的成绩，是张鹏国和他的团队在最初的日子里未曾想到的。

在视频监控市场，宇视科技一步一步从籍籍无名冲刺全球第一方阵行列，这背后是肉眼无法触及的坚持与奋进。一个企业的特性往往与企业家的特质密切相关，宇视科技的"铁军文化"正是张鹏国坚韧品质的映射。

"我告诉员工，你很强大，困难也没那么可怕，我们是和自己赛跑的人。"张鹏国希望员工能够多点野性，多点无畏的挑战精神。

杭州高新区（滨江）也为宇视科技的发展提供了肥沃的创业土壤。促进企业健康发展，创造良好营商环境，鼓励高端科技创新，在这些方面一直以来杭州高新区（滨江）都走在前列。

用好"创新"这招杀手锏

2019年，杭州高新区（滨江）入围浙江省创造力十强县（市、区），位居首位。全区专利授权量首次超过一万件，达到10341件，同比增长23.34%。企业发明专利申请量和授权量均位居全省第一。在浙江省发明专利授权量前十强企业中占据七席，其中宇视科技位列第三。截至2019年年底，宇视科技的专利申请总数已经超过2000件。

专利授权量排名第三，沉甸甸的成就彰显着宇视科技强大的自主研发创新能力。

"自研机芯、智能制造基地，这是我们长线的核心竞争力。"在东信办公时，宇视科技做的第一件事就是把日系的摄像机芯换成宇视科技自产的机芯，投入了4000多万元，对当时初出茅庐的宇视科技来说，这是笔极大的开支。后来，为了满足全球市场供货能力，宇视科技又花费了三个亿建成了全球智能制造基地。

"我们光解决摄像机内部起雾的问题，就花了三年的时间。"张鹏国表示做硬件是门技术活，"一个硬件做出来容易，做到稳定很难，做到在行业里有议价能力更难。"

宇视科技的团队继承了原来通信公司里科技创新和产品创新的基因，每年将超过10%的营收投入研发，建有国家级企业技术中心，同时建立了完善的知识产权体系，并专设知识产权部门，被国家知识产权局破格授予国家知识产权示范企业。

据悉，在宇视的硬件研发体系里，有个三权分立的研发架构。第一个团队负责产品规划，收集客户需求。第二个团队负责产品开发，实现客户需求。第三个团队负责鉴定、测试有没有做到第一个团队提出的需求。"源头在客户需求，技术能不能做好，是这家公司的基因，背后靠的是质量文化，是产品开发的文化，这是做硬件公司积累的知识和财富。"

"品质+创新"，让宇视科技走出了一条不从众的道路。公司现在已拥有面向大数据、人工智能、物联网端到端全系列自主知识产权的IP视频监控产品，包括IP摄像机、智能卡口电警、视频编解码器、监控网络等超5000款产品，陆续发布的以中国关山命名的人工智能产品序列"九山四关两湖"，均已规模部署于实战项目。

在四川米易，小朋友把写好的作业通过摄像头给在外打工的爸爸看；在杭州，25分钟就能找到走失的老人；疫情期间，"云疫宝""复学保"等App保障社会民生安全。在守护安全美好生活的道路上，宇视科技一路相伴。

2020年，杭州高新区（滨江）迎来了自己的30周年，宇视科技也将迈向10周年。未来，杭州高新区（滨江）将会成为一个具有全球影响力的创新创业中心，快乐创业幸福生活的世界一流高科技园区。宇视科技也将继续秉承创新发展、持续改进的创业理念，积极拥抱新赛道，成为一家全球领先的全景数智物联企业，打响"数字滨江"品牌，在国际上展现"数字滨江"的魅力。

蒋建圣：
持之以恒，生生不息

持之以恒，生生不息。"恒生"之名的源起，也昭示着蒋建圣等一众创始人的初心与希冀。

从八个年轻的创始人白手起家到拥有8000多人的团队，从50万元的启动资金到市值超过1000亿元，1995年起步的恒生电子只花了差不多15年的时间就成为中国

◎恒生电子股份有限公司创始人之一蒋建圣

唯一的全领域金融IT服务商，并在此后近10年中始终保持并持续扩大在各金融领域的高市场占有率和领先优势。

而恒生电子的发展，也与杭州高新区（滨江）密切相连。

千禧之初，钱江南岸

位于杭州市滨江区江南大道3588号的恒生大厦，即是现在恒生电子股份有限公司（简称恒生）的总部所在地。站在大楼向外望去，车水马龙的江南大道、火炬大道两侧高楼林立。

时间倒回到20年前，当恒生第一次受政府邀约来此看地之时，这里还是一片荒芜的滩涂。"恒生从一开始注册成立就算是高新企业，享受相关的政策，发展也很快。成立不久我们就从定安路搬到了解放路上的纺织服装大厦，先是租了两间办公室，后来是租了整整10层，但还是赶不上企业发展的速度。等企业发展到300多人规模的时候，我们决定去文三路昌地火炬大厦买三层半的办公楼，就买在当时高新区管委会的边上，但没想到一年半后拿到办公楼钥匙时，企业的员工已经近700人了，还是不够用。正好在这个时候，杭州提出了要跨江发展，在江对面划了一块地给高新区以做未来发展，管委会希望我们也跟着一块过江去。"当时正处在世纪之交，已经在中国证券业IT领域坐稳头把交椅的恒生又进军基金领域，同样也在市场上保持了绝对优势。

说服恒生电子"搬家"的理由似乎很充分。

"首先当然是响应政府跨江发展的战略，政府也给了我们很多支持政策，同时也是出于企业自身发展的考虑，在杭州老城区买楼的速度已经远远跟不上公司发展的速度。"更重要的是，当时的恒生已经在谋划上市，但作为一家软件企业，缺少固定资产的资产结构对于上市非常不利，置点地、自建大楼更符合企业长远发展的需求。

2003年，恒生电子在上海证券交易所主板上市，股票代码600570。两年后，总面积2.2万平方米的恒生大厦A楼交付使用。当年看起来"形状太奇怪"的圆拱形顶部的恒生大厦，很快就成了杭州高新区（滨江）的"地标"——这个"地标"，不仅是地理意义上的，更是产业意义上的。

在恒生大厦三公里外，恒生新的总部大楼2020年1月刚刚结顶，总体量26万平方米的两栋写字楼是为恒生未来发展到1.3万名员工的规模而准备的。

专注金融IT，创新不止

办公地点不断搬迁，员工人数持续增长，背后的推动力是25年来恒生电子业务板块的快速拓展。

如今的恒生电子已经成为国内领先的金融科技产品与服务的提供商，聚焦金融行业，主要面向证券、期货、公募、信托、保险、私募、银行与产业、交易所以及新兴行业等九大金融行业提供金融科技全面解决方案，同时积极开拓中前台、数据、风险管理等方面的创新解决方案。作为中国目前唯一的全领域金融IT服务商，恒生已连续12年入选Fintech100全球金融科技百强榜单，2019年排名第43位。

"从成立开始我们就是一家技术公司，25年来，恒生电子一直专注于技术，针对行业痛点，用技术去发现问题、解决问题、创造价值，不断发展、创新的技术是我们安身立命的根本，技术的前瞻性和行业的敏感性是我们的核心竞争力。在这个过程中，我们将技术的积累与对行业理解相结合，将技术的创新贯穿始终，也始终服务于业务的发展。"披露的2019年年报显示，恒生2019年的研发费用投入总计15.6亿元人民币，占营业收入的40.29%，研发人员数量为4867人，占公司总人数的66.15%。无论是研发人员数量还是研发费用投入均在业内处于领先水平。

在蒋建圣看来，恒生的发展经历了通过技术手段将需要人工的环节逐渐电子化、通过技术手段使得系统建设和业务的运营互联网化、基于数据积累与算法优化逐渐智能化这三个阶段，如今正处在为更多金融机构提供智能化服务的第三阶段。

如果你曾打开央视财经频道看证券节目，仔细留意会发现，那个坐在嘉宾席上与主持人侃侃而谈，进行行情分析的小机器人就来自恒生电子。"上岗"一年以来，这个智能机器人承担起了智能投资助手的角色。

而类似这样的人工智能产品，恒生已经发布了20余款，覆盖智能资讯、智能投资、智能投研、智能投顾、智能客服、智能算法交易等多个场景，已经有百余个落地案例。包括人工智能在内，恒生电子目前已经覆盖了区块链、高性能计算、云计算、大数据及金融工程等前沿技术领域。

"恒生一直有一个理念，就是站在客户的角度来设计产品，也就是站在金融产品用户的角度来做研发。新技术的被采纳、理解、应用，目的都是为了解决客户最头疼的问题，让用户有更好的金融体验，从而达成我们的使命——'让金融变简单'。"蒋建圣解释说。

2020年的新冠肺炎疫情，对于很多企业、行业来说，都堪称是一只破坏力巨大的"黑天鹅"。谈及疫情，蒋建圣认为，首当其冲的肯定是实体经济、外贸行业等，对于金融行业和恒生这样的金融科技企业，影响可能存在1～1.5年的递延周期。不过，影响可能是挑战，也可能是机会。一季度财报虽然受到了疫情的影响，但恒生2020年的校招都是正常的，招了660多个应届毕业生。

确实，金融科技创新需要更多年轻的力量，在他们身上，仿佛映照着20世纪90年代的集团创始人的精神，充满活力，怀揣着对明天的渴望、勇气与信念，一往无前。

苏泊尔：
创造健康为家的品质生活

◎苏泊尔外景

随着社会经济的发展，人们生活节奏的不断加快，生活水平得到了显著提升。随之而来的，是人们对厨具品种的多样需求。"厨房是家不可缺少的一部分，是美味之旅，是亲情萦绕的地方。"苏泊尔董事长苏显泽一句点睛。

从1994年生产出中国第一口安全压力锅开始，苏泊尔就专注内胆技术20余年，期间历经多次革命性创新。从攻克海外技术封锁成功打造国内第一台IH电饭煲，到还原柴火饭、开创国内电饭煲行业新起点的球釜饭煲，仅从电饭煲领域，就可看出苏泊尔不断自我苛求品质、不断引领行业创新的情愫与执着。

坚持品质 行业领先

苏泊尔于1994年由浙江台州人苏增福、苏显泽父子创办。当时，苏泊尔还未涉及小家电领域，以炊具产品起家。当年，炊具行业频频爆出压力锅安全事件。得益于压力锅安全标准的推出，苏泊尔在国家出台相关标准后率先执行，推出了国内第一口安全压力锅。一句"安全到家"的广告词让苏泊尔迅速打开了局面。

随后，1998年至2000年间，苏泊尔先后组建浙江苏泊尔炊具有限公司、浙江苏泊尔电器有限公司，逐步跨入厨房小家电领域，并将浙江苏泊尔炊具有限公司改制为股份制企业。2004年，苏泊尔集团主业——浙江苏泊尔炊具股份有限公司在深交所上市，成为炊具行业首家上市公司。这一年，苏泊尔在大中城市压力锅市场占有率达40%以上。后浙江苏泊尔股份有限公司发展成为中国炊具和小家电行业领跑者，总部设在杭州，在杭州、玉环、绍兴、武汉和越南胡志明市建立了五大研发制造基地，拥有10000多名员工。

2004年1月7日，作为浙江苏泊尔股份有限公司的全资子公司，浙江苏泊尔家电制造有限公司（苏泊尔杭州基地）在杭州高新区（滨江）正式成立，占地面积100亩，员工约2000人，现已成为杭州高新区（滨江）的领军企业，其产品包括电饭煲、煎烤机、电蒸锅、电炖锅、电火锅等厨房家用电器，技术水平处于国内领先地位。

中国的饮食文化博大精深，作为主食的米饭尤具代表。做出一锅香甜的好米饭，是苏泊尔做电饭煲的初心。十余年磨一剑，苏泊尔在内胆、火候、含水率、均匀性等方面持续研究，将大火力高温蒸汽用于米饭烹饪，实现了米饭弹性、饱满、锁水功能的提升。

目前，苏泊尔拥有明火炊具、厨房小家电、厨卫电器和高端厨房用具四大事业领域，丰富的产品线能够全面满足厨房生活需求。其旗下生产的炊具及生活家电产品销往全球41个国家和地区，压力锅、炒锅、煎锅、蒸锅连续多年国内市场占有率稳居第一；电饭煲、电压力锅、电磁炉、电水壶市场占有率也跃居行业第二的领先地位。

发展企业的同时，苏泊尔不忘回馈社会。秉承着"让偏远山区的乡村孩子得到公平的受教育机会"的公益助学宗旨，苏泊尔先后在中西部贫困偏远山区投入建设26所苏泊尔小学，累计投入2000多万元，有8000多名师生从中得到帮助。苏泊尔践行社会责任的务实公益行动，得到了社会认可。2013年，苏泊尔在中国公益节上荣获"最佳公益项目奖"和"公益品牌形象奖"的殊荣。

不断创新　引领发展

浙江苏泊尔家电制造有限公司成立10多年来，受到了杭州高新区（滨江）的高度关心和支持。这坚定了苏泊尔励精图治、深耕厨房的决心。在与杭州高新区（滨江）一起成长的道路上，苏泊尔不断取得新突破，实现跨越式发展：2019年实现工业产值314832万元，纳税16775万元，成为区内重点纳税企业。

目前，浙江苏泊尔家电制造有限公司旗下电饭煲产品已经成为国内最具知名度和竞争力的小家电品类，全年产量可达1800万台，销售额超过40多亿元。从2005年引领电饭煲内胆第一次革命的Y4陶晶内胆电饭煲，到2011年行业首台IH电饭煲，2013年首创球釜IH电饭煲，2015年国内首台蒸汽球釜IH电饭煲上市，都显示了苏泊尔不断创新的能力。2018年"煮饭器和用于煮饭器的盖体组件"专利获得"中国专利金奖"，成为自1989年中国专利奖创设29年以来国内电饭煲行业首个获得该奖项的品牌。苏泊尔负责人感慨："滨江一流的创新环境，对企业竞争力的提升有很大帮助！"数据显示，浙江苏泊尔家电制造有限公司在2019年浙江省企业专利授权量排名第五（689件）。

一直以来，苏泊尔着眼行业技术市场发展趋势，确定了以提升自主创新能力为主线，坚持自主创新，不断加大研发投入和创新保护力度，建立了完善的知识产权管理体系、管理制度、激励机制和风险防控机制，近年来专利数量、质量大幅提升。苏泊尔电饭煲已经成为不断引领行业发展、满足消费者对美好生活向往的标杆。

苏泊尔的不断努力，造就的不仅是国内炊具和电器行业的领先地位，其更以值得信赖的品质、智巧的设计与技术的创新，让全球消费者体验健康、舒适、愉悦的现代厨房生活。苏泊尔品牌已成为追求品质生活的消费者推崇和信赖的品牌。在2012年和2013年，苏泊尔连续获得Superbrands"中国消费者最喜爱品牌"大奖；2014年，以14亿元的品牌价值，荣登胡润中国品牌榜。

2020年恰逢杭州高新区（滨江）成立30周年，浙江苏泊尔家电制造有限公司也将迎来成立的第16个年头。百尺竿头，更进一步。未来，公司将为杭州高新区（滨江）全面迈进世界一流高科技园区贡献自己的一份力量。

博世电动：
驭风拼"博"，"世"行致远

◎博世外景

2020年7月召开的世界人工智能大会（WAIC）云端峰会公布了"卓越人工智能引领者奖"（Super AI Leader，简称SAIL）。博世电动工具有限公司（简称博世）凭借着对由博世医疗健康解决方案事业部开发的Vivalytic分子诊断设备的深度学习研究入围TOP30项目，代表着该项目在人工智能领域受到高度的认可和美誉，并具备提升人类福祉的重大意义。

博世是做什么的？其新广告片"啥是博世"告诉大众："从浩瀚宇宙到出彩生活，博世无处不在。"博世电动工具作为百年品牌，是全球领先的电动工具及附件生产商，能针对不同作业需求，提供专业高效的解决方案；以出众性能及创新技术，在实现工作任务的同时，保障施工人员安全。

一路高歌发展

1995年，博世在杭州高新区正式成立，当时名为杭州博世电动工具有限公司，是博世与杭州汽轮动力集团有限公司以及中国的销售合作伙伴美最时洋行（不来梅）的合资企业。2003年，博世购买了合资伙伴杭州汽轮动力集团在合资企业的股份，成为外商独资企业。同年12月，公司正式更名为博世电动工具（中国）有限公司。

为了进一步提高产能，新公司搬迁到了新址，新址位于风景秀丽的钱塘江南岸——杭州国家高新技术产业开发区滨康路567号。随后，博世一步一个脚印，逐步建立起了属于自己的销售、市场推广及售后服务团队。

如今，公司占地面积足有11万平方米，包括博世和附件工厂及中国区市场销售中心、新兴市场研发中心、新兴市场物流中心、新兴市场产品培训中心及全球采购中心、质量中心设在杭州的办公机构；现有员工2500多人，是博世集团在全球重要的电动工具分支机构；公司还拥有一个覆盖全国的博世授权金牌售后服务中心，旨在为博世客户提供全方位的服务。

年复一年，博世的业务范围也在日益扩大。其提供的全系列产品，包括锤钻、冲击钻、曲线锯、电镐、角磨机、电刨和砂磨机，适用于建筑、木工、制造和金属加工等；创新的锂电充电式工具也同样适用于家具厂商、装修行业人士和"自己动手"一族。迄今，博世在国内出售超过2000种博世电动工具附件产品。此外，博世大力推进工业4.0解决方案在杭州高新区（滨江）的落地。该解决方案在自动化、信息化、互联化和智能化等方面对制造及物流过程进行改造升级。据悉，工业4.0的投入实现了博世生产效率提高30%以上。

正如博世集团创始人罗伯特·博世老先生所言："我们宁可失去金钱，也不愿失去信誉。"博世把质量与信誉置于经营的首位，在诚信经营、技术革新、产品质量以及售后服务也获得业界高度认可，先后获得"全国质量信用先进企业""全国产品和服务质量诚信示范企业"和"全国质量诚信标杆企业"等荣誉称号。

且行且展望

2020年，是杭州高新区（滨江）成立30周年。作为国务院批准的首批国家级高新技术产业开发区之一，杭州高新区（滨江）与时俱进、勇于进取、加大创新，已发展成为"浙江资本第一区"、国家自主创新示范区和世界一流高科技园区。

2020年，同时也是博世成立的第25周年，意义重大。

自落户杭州高新区（滨江）以来，公司始终坚持自主创新之路，坚守产品品质之线，坚定严谨治理之道。在全体员工的共同努力下，从成立之初200多人发展为超过2000名员工，从年营业额两亿元发展成为近30亿元，年产400多万套电动工具及各类附件，并形成了强大完整的业务链，一跃成为浙江省重点外资企业和"龙头企业"。

近年来，博世持续加大研发创新投入，研发实验室获得CNAS中国合格评定国家认可委员会、DEKRA德国德凯认证和ILAC-MRA国际实验室认可标志，并于2013年评为"省级高新技术企业研究开发中心"。这说明，博世不仅有能力完成国家标准、国际标准的测试，还能完成具有更高要求博世企业标准的各项测试。

作为世界500强和"中国杰出雇主"，博世秉持尽责社会、通过智能解决方案推动各业务领域的可持续发展，通过互联的产品和服务来保护自然资源，通过增加员工的公益参与来践行社会责任。

2020年年初，新冠疫情突然爆发，对所有人而言都是一种极大挑战。在确保公司业务持续运营、员工健康安全的同时，博世充分履行社会责任，第一时间驰援武汉火神山医院的建设。1月25日，就在武汉火神山医院施工第二天，博世了解到，施工单位由于任务紧急，现有施工器具不足，急需角磨机、电钻、激光测距仪等工具。为此，博世在第一时间协调了仓储、物流等资源，克服了武汉市内交通管制等困难，在48小时内将捐赠工具送达一线工地现场。据统计，博世共向火神山医院建设单位捐赠了价值约20万元的电动工具和附件，为施工建设提供了有力保障。

"作为第一批驻扎在杭州高新区（滨江）的外商投资企业，我们看到越来越多的外企选择在杭州高新区（滨江）这块土地上不断发展壮大自己。这和区政府海纳百川、持续为企业发展创造沃土密不可分。"博世总经理赵红女士在接受采访时说道。

未来，博世将秉持"扎根本土服务本土"的信念，继续乘风破浪，越战越勇；驭风拼"博"，"世"行致远。

黄耀坤：
书写"兴耀"篇章

兴耀控股集团董事长黄耀坤说："一个我，是小的，轻的，微不足道的；和杭州高新区（滨江）加在一起，就大了，重了。"在滨江，黄耀坤一直坚守着"诚德稳实"的办企初心，牢记"回报社会"的职业使命，书写着"兴耀篇章"。

◎兴耀控股集团董事长黄耀坤

发轫

黄耀坤总是说："我是农民的儿子，我特别热爱我的土地，我的家乡。"

1950年，黄耀坤出生在滨江西兴街道（当时是萧山县西兴镇）的一个普通农村家庭。

1979年，改革开放初始，农村开始搞多种经营，村办企业出现，黄耀坤被选中跑供销。

在外奔波中，黄耀坤不断为自己累积经验和见识。1981年，他干了一件轰动一时的"大事"：他花了2000多元，在自家的九分自留地上，种下了一万多株龙柏和其他苗木。

第二年，这批花木卖了两万多元，他一下就成了罕有的"万元户"。

1983年，西兴镇成立花木公司，由年轻的黄耀坤出任副经理，后任经理。他带着西兴花木公司100多个集体农工，扩大基地，推广花木种植，这也是他第一次真正意义上管理一家公司。

1985年萧山花木产业的黄金期已接近尾声，黄耀坤审时度势地将花木厂转型成为五金厂，为一些大型厂家做配套加工。几台冲床，十几个工人，主打人工操作，西兴五金厂就这么做了起来。

1987年，西兴冲压五金厂升格成为杭州标准件总厂的一家分厂，也就是后来的滨江冷拉型钢公司。企业生产标准件，供出口外销；进行钢材初加工，这是总厂主要产品的原材料。到20世纪90年代，企业产值已经突破2000万元。

1990年，杭州国家高新技术产业园区设立之时，不惑之年的黄耀坤在改革开放的大浪中已摸爬滚打了十几个年头。不满足于现状的乡镇企业家"黄厂长"，瞄准了房地产开发，在西兴集镇上开发了第一批商品房，同行和朋友们都有些看不懂，认为小黄不务正业，而内心强大的他觉得自己的发展方向没有错。

造城

1998年7月，国务院发出《关于进一步深化城镇住房制度改革加快住房建设的通知》。"取消福利分房""市场化"成为住房建设的关键词，这让黄耀坤欣喜不已。

因为有开发经验，1998年他成功在西兴小学原址上开发了"铁岭小区"。

2001年黄耀坤又做了件轰动杭城的大事。这年7月10日，杭州市第一宗招拍挂土地出让，黄耀坤以每亩240万元土地价成功中标，而当时滨江的土地价只是每亩几十万元的行情。在百业待兴的滨江，他的举动一下子成为全区的焦点，大家都为他捏把汗。唯有黄耀坤心里明白，眼前的困难是暂时的，高起点规划的滨江新区和积极务实的各级领导干部，让他深信滨江一定会有美好的未来。

2001年年末，黄耀坤在中标土地上建造的23万平方米的"温馨人家"住宅小区在宽敞的江南大道南侧全面动工，虽然那时的江南大道两侧只有区政府大楼和武警医院，但这个项目的启动标志着黄耀坤正式按下了规模化房地产开发的"快进键"。这一年，他刚跨过50周岁。

2002年杭州高新区和滨江区"两区管理体制调整"，形成了"两块牌子、一套班子"的管理模式，开启了产业发展与城市建设深度融合的美好时代。一年多后，杭州高新区（滨江）的土地价格刷新为每亩480万元，房产建筑业迎来了飞速发展期。2004年，兴耀控股集团正式组建。

他的眼光总是独特，行动总能快人一步。大多数人都不看好滨江三产留用地开发，而黄耀坤却凭借一颗赤子之心，展现出兴耀的大情怀、大格局。2011年3月，兴耀集团以6.5亿元中标价获取星民村三产留用地的开发权，全力打造滨江商业地产的精品。三年后，面积16万平方米的"星耀城"闪耀登场，交付后的第二年，星民村这个项目的租金收入超过3000万。

这一轮造城成绩让他信心满满。但黄耀坤认为造城只是简单的行动，让

"国际滨"有活力、"产城人"有机融合才是他的追求。为让更多的高新人才能留在滨江生活、创业，对开发的每一个公建项目黄耀坤都认真做好市场调研，研究高新人才的创业和生活的需求，精心设计方案，提升商业配套的档次。

从2011年开始至今，在杭州高新区（滨江）已经耸立了五座各具特色的"星耀城"，总规模近70万平方米。2016年，他还招兵买马组建兴耀商业运营公司和酒店管理团队。当看到自己开发的项目人流如织，成为打卡胜地时，他脸上露出了特别满足的笑容。企业发展的同时，黄耀坤也不忘回报社会，截至2019年，兴耀慈善总会累计捐赠（钱和物）超1500万元。

2019年，兴耀控股集团迈上了营业收入50亿元的台阶，纳税超四亿元。黄耀坤很感慨，曾记得1990年企业的年产值不到2000万元，税收不到100万元，这30年变化太大了。

传统企业如何迎头赶上高新发展的浪潮？这是黄耀坤和他的团队一直思考和研究的重要问题。

"天下英才纷至沓来，源头活水驱动创新。"在"国际滨"的愿景逐渐变为现实的当下，兴耀集团正在投资开发的18万平方米的高科技产业园区将是企业下一轮发展的新引擎。

黄耀坤说："参与城市建设、社会治理是我们的强项，经过30年的发展，兴耀在滨江拥有了20多万平方米不动产的股实家底、拥有优秀的管理团队和不断升级的综合能力，我们要在做好原有产业的基础上，努力拥抱'高科技'。"

贺贤汉：
借水开花自一奇

1992年9月，秋高气爽，贺贤汉结束在日本早稻田大学的研究生生活，踌躇满志地踏上了归国之旅。

1992年是个非比寻常的年份，邓小平的南方谈话，为中国经济的腾飞注入了强心剂，直接催生了神州大地改革开放第二季。

学成归来的贺贤汉，

◎杭州大和热磁有限公司董事长贺贤汉

就是借着这股东风，开始了创业之路。而后近30年的时间里，钱塘江边的这个热磁小作坊，发展成拥有20多家企业的产业集群，谱写出一首创业创新的诗篇。

当追求卓越成为毕生理念

20世纪五六十年代出生的人，自出生之日起，便遇到了社会的激烈动荡。这其中，有些人在现实的反复击打中锻炼了自己的耐受力，培养了不甘平庸、追求卓越的人生理念。当机会来临，这些人便能找到命运的风口，一跃而起，一骑绝尘。

贺贤汉便如是。高考制度恢复后，贺贤汉凭借着自己的实力考入了上海财经大学，在毕业后更是凭借优异的成绩留校任教。

但是，贺贤汉并没有安于现状，他有更远大的目标要去追寻。任教两年后，一纸辞呈辞去了让人羡慕的高校教师的职位，去日本早稻田大学攻读硕士学位。时间到了1992年，当时中国的这块创业热土，经过了沉淀与反思，少了前一个年代全民经商的嘈杂和混乱，多了一份理性与定力。这种营商环境，正好适合具有创新精神的复合知识型人才施展抱负。

贺贤汉欣然接受日本磁性技术控股有限公司的委托，肩负开拓中国市场的重任回到了国内。贺贤汉返回杭州后，夜以继日地制定健全企业各项管理的制度，另一方面加快产品的试验投产，竭力着手产品的质量管控。经过一个多月的艰苦努力，第一批产品——热电半导体制冷器出样了。经送美国行业部门质量检验，完全符合国际标准。首次的成功，坚定了贺贤汉再次导入新项目的信心。翌年，总社获得世界唯一专利制造权的——磁性流体密封圈产品导入并小批量试生产。在贺贤汉的敬业拼搏精神及全体员工的一致努力下，产品质量均达到国际标准。鉴于贺贤汉的出色表现，1993年11月被正式任命为杭州大和热磁电子有限公司（简称大和热磁）总经理。

当创新成为企业发展的基因

一个国家，要跟上世界前进的步伐，就必须发展。发展的途径在哪里？在于改革。如何改革？其动力在创新。这是一个环环相扣的逻辑链。一个国家是这样，一个企业也是这样。

贺贤汉清晰地认识到，随着科技日新月异的发展，一个企业要永远保持稳健发展，企业产品要持续占领市场，必须要不断更新产品结构，创立独特的企业品牌。因此技术创新，开发新产品，是企业实现发展增长的必然途径。

在他的主导下，公司将自身的拳头产品热电半导体制冷器（新型冷源），作为新开发产品温度控制系统主要部件。同时，发挥本公司雄厚的技术力量以及吸收国外先进技术成果的双重优势，加快高新产品的布点扩散。再是加大研究与开发经费的投入，组建成立Ferrotec（中国）研发中心，以真空技术、半导体技术、电子技术、生命科学、石油化工领域检测仪器为研究开发的主体对象，积极与省、市有关高校科研院所合作，推进产、学、研结合，加快公司科技成果产业化、商品化。经研发成功的具有当今基因定量分析先进检测手段的PCR基因扩增仪产品已填补国内空白，并获得国家专利。

快速发展的背后是人才和智力的支撑。在大和热磁，有一套完整的人才进阶制度，在用人制度上量才录用，不分地区，不分亲疏，一视同仁。发现人才是一个方面，而培养人才同样重要。贺贤汉千方百计为员工创造各种不同类型的培训机会，提供发挥智能的舞台。每年投入大量教育资金，制订年度培训计划与目标，采用"请进来、送出去"的方式对员工进行相关知识的系统培训，建立出国研修培训制度，让员工学以致用，使其在各自岗位上尽责尽力，施展才华。

为使产品各项指标持续符合并超越国际标准，稳稳立足于国际市场，贺贤汉自就任伊始，即以世界一流先进技术为基础，借鉴日本企业精简严谨的管理模式，再结合中国实际制订方案。他要求每一位员工都进行严格的职业技术培训，使其全面了解并严格执行质量管理标准及操作程序。自1995年导入ISO9000国际质量标准体系以来，大和热磁在技术、管理、人才三要素方面环环紧扣，从而为磁性流体密封圈、热电半导体制冷器两大主业产品立足国际市场奠定了坚实基础，并得到世界各国同行的首肯。

当人生在奉献中升华

在我国，登记在案的企业有几千万家，经营这些企业的企业家中，既有国际视野与行业地位，又有强烈社会责任感的，我们把他们称为企业家，贺贤汉就是这样一位企业家。

历经28年的艰辛创业，大和热磁在贺贤汉的带领下，获得了"杭州市百强工业企业""浙江省行业最佳经济效益工业企业""上海市外商投资先进技术企业""全国外商投资双优先进企业"等称号。贺贤汉个人多次被授予"浙江省海外留学英才奖""全国留学回国人员先进个人暨成就奖""杭州市海外高层次人才引进计划特聘专家""杰出杭商"、上海市"领军人才"等荣誉称号。

在发展企业的同时，贺贤汉还热衷于社会公益事业，积极回报社会，每年均拿出10万元参加杭州市"春风行动"，为浙江省残疾人福利基金会爱心捐款，在浙江大学设立"Ferrotec奖教金""Ferrotec奖学金"，为浙江大学第一附属医院设立传染病研究"Ferrotec科研基金"，资助邵逸夫医院建立PCR基因检测实验室，设立上海财经大学"帮困兴教Ferrotec China奖助学金"，设立浙江机电职业技术学院"Ferrotec China奖学金"。同时，给中国儿童少年基金会捐款，资助贫困地区学生就学等，努力为推动社会文明进步贡献一份力量。

理想在创造中展现，人生境界在奉献中升华。创造企业效益、加快科技创新、推动社会进步，在贺贤汉脚下，这条要走的路还很长很长。

章方祥：
做百年名企，担社会责任

2020年是杭州高新区成立30周年。30年风雨兼程、30年沧桑巨变。东冠集团有限公司董事长章方祥回想起当初建区的情景，还历历在目，对杭州高新区走过的这30年，他颇有感触。他说，"不管企业有什么困难、有什么问题，只要与杭州高新区（滨江）政府沟通协商，

◎东冠集团有限公司董事长章方祥

都会得到回应，政府全力以赴地服务企业，这是杭州高新区建区30年的初心所在。"

蹒跚起步，艰难创业

20世纪70年代，东冠从浙江农村蹒跚起步；80年代，东冠在上海摸爬滚打；90年代，东冠不断发展、日益壮大；进入新世纪，东冠转换体制，坚持科学发展，谱写出了新的篇章。现今，一个颇具实力的东冠集团已傲然挺立在钱塘江南岸。

东冠集团最初是一家村办企业，隶属于原浙江省萧山县（今萧山区）浦沿公社冠三大队。冠三村的百姓每天面朝黄土背朝天地辛苦劳作，却连简单的温饱问题都解决不了。这时，有几个头脑精明的农民谋到一条生路——到上海铁路电务工程公司和杭州电务段打工。大队为此组织了60多个青壮年组成一个副业队，这个副业队，就是东冠集团最初的组织形态。当年，年仅18岁的章方祥也挑着土筐，带着铁锹加入了这支打工的队伍。他是队伍里年纪最小、个头最矮、力气最弱的成员，只能做些挑炉子、送横担之类的简单活计。这个小伙子，后来成长为东冠集团的领航人。

此后，经过多年的发展，章方祥领导的团队在强手如林的上海滩不但站稳了脚跟，还拥有一定的知名度和影响力。到1993年，施工队伍已达20支，人数达到800多人。施工区域扩展到江浙沪的30多个县市。1994年，东冠集团成立。

村企合一，共同富裕

如果说章方祥离开杭州去上海，是为了谋取生计，那么，到了90年代初，他回到杭州陆续创办了通信施工配套产品生产等多家企业，则是出于一种社会责任感。创业成功的他，把目光投向了故土。

1994年，经村里推选和上级党组织决定，冠三村党支部书记的重担压在了章方祥的肩上。之后，章方祥走了村企合一的富村之路，冠三村后来也改名为东冠村。

新班子上任，首先提出要建设高标准的社会主义现代化新农村，对东冠村庄进行整体规划，将东冠村分为工业区、居住区、公建设施区、农业区。尤其是对农民建房采取了"统一规划，统一设计，统一面积，统一标高，统一建设"的办法，有效地解决了"年年建新房，不见新村庄""室内现代化，室外脏乱差"的问题。五年后，新农村建成，全国各地的考察人员纷至沓来，东冠成为全国新农村建设的一面旗帜，大大提升了东冠的知名度和美誉度。

共富梦实现后，章方祥又向民营企业家的梦想进发。2002年2月8日，东冠集团改制。章方祥提出了"从零开始，奋斗五年，再创一个新东冠"的口号。

从2003年到2007年，企业历经了六年的沉淀，在走过改制的阵痛期后，东冠的面貌有了很大改观，通信业在上海得到了前所未有的大发展，房产业也开始产生明显的经济效益，成为集团的两大支柱产业。

2008年以后，东冠集团在原有通信服务业、建设工程业、房地产业、建筑建材业四大产业的基础上，顺应市场变化趋势，不断优化产业结构，有所为，有所不为，走可持续发展道路。

2016年1月，位于杭州高新区（滨江）的东冠大厦的交付使用，使东冠的整体形象再上了一个新的台阶。此后，东冠楼宇经济奋进式发展，东冠集团在杭州两大重点发展行政区——滨江、余杭均拥有自持物业，总计持有面积达35万平方米。2019年，上海东冠大厦顺利落成，东冠在上海拥有了总部大楼。

抓创新就是抓发展，谋创新就是谋未来。多年来，杭州高新区（滨江）坚持规划先行，以"高起点规划、高标准建设、高效能管理"的原则，走高新技术发展道路。东冠集团紧跟杭州高新区（滨江）的发展步伐，组建团队并投入资金，积极进行产业转型，培育高新产业。

如今，东冠已承接杭州G20国博中心、亚运"大莲花"奥体中心、厦门金砖会晤中心等项目的智能化建设业务，东冠通信品牌的知名度进一步提升。2019年，东冠通信被列入杭州市重点拟上市企业名单，一个崭新的时代即将到来。

承担责任，回馈社会

章方祥心中的中国梦是百姓实现共同富裕，正如他所倡导的企业核心价值观：共创、共赢、共享。多年来，东冠集团积极承担社会责任，真诚回报社会，其用于支持新农村建设、社会公益和慈善事业的款项达数千万元。例如，2005年章方祥卸任东冠村党委书记之后，没有卸去他对于东冠村父老乡亲的责任和情谊。每年岁末，章方祥都要拿出100万元捐助给村里，补助60岁以上的老人和经济相对困难的村民；2008年四川汶川大地震，东冠集团捐款50多万元，还出资400多万元援建过渡安置房；章方祥一直要求东冠要做负责任的企业，东冠要引导浦沿的企业为浦沿承担一定的社会责任。每一年浦沿商会要募集300万左右的资金，捐赠给浦沿慈善分会，用来关心困难户；2020年，新冠肺炎疫情爆发，东冠集团集全集团之力发起募捐，并向区慈善总会和浙二医院滨江院区捐款100万元，用于采购医疗保障物资。

岁月匆匆，东冠已经走过45年；前路漫漫，东冠稳步前行。在见证杭州高新区（滨江）成长的同时，东冠也在政府的引导下不断前进。章方祥说："能在杭州高新区（滨江）办企业是很有福气的事情。对于未来，我很有信心，希望东冠能成为百年名企！"历经了沧海桑田变迁的共同见证，东冠与杭州高新区（滨江）还将一起走向更远的未来，在商海大潮里劈波斩浪，奋勇前行。

李越伦：
领跑5G，通达未来

2020年以来，"新基建"一词已大热。"新基建"包含 5G 基建、特高压、城际高速铁路和城际轨道交通、新能源汽车充电桩、大数据中心、人工智能、工业互联网等七大领域。其中 5G 不仅居七大领域之首，更是大数据、人工智能、工业互联网等其他领

◎三维通信股份有限公司董事长李越伦

域不可或缺的关键技术。

26年来，三维通信凭借其雄厚实力与开拓创新的企业精神一步步发展成为国家重点高新技术企业、国家企业技术中心，是国内主流的移动通信网络建设供应商及移动互联网信息综合服务商，并在国内无线通信网络优化行业市场排名前三。向海内外客户提供专业的移动通信、安全通信、行业专网、工业物联网、卫星通信业务、互联网内容营销业务等领域的产品及运营服务，是三维通信的使命与愿景。

转变身份：从研究者到企业家

"从大环境来看，刚毕业那会儿正是改革开放的头几年，浙江这一带的创业氛围很浓厚，改革开放的政策培育了创业的土壤。"大学毕业后，三维通信董事长李越伦凭借对科研的满腔热血，进入了邮电研究所从事科研工作。与生俱来敢闯敢拼的性格让他向往更广大的发展空间，离开研究所后，他在一家服务科技型产品的民营企业从事通信研发，同时还负责销售和技术支持工作。

这段将近四年的一线工作经历，使他快速熟悉产品和市场，培养了敏锐的市场嗅觉和以客户为核心的思维方式，为后期创业奠定了基础。直到现在，无论是谈起行业趋势，还是企业管理的逻辑，李越伦都不忘客户需求："市场是客户需求带来的，企业管理和组织协调也应以服务客户为第一要义。"

1993年，凭借着专业敏感度，李越伦嗅到了无线网优领域的商机，随即创办了三维通信有限公司，并与法国萨基姆公司建立了合作关系，取得了其公司生产的直放站产品在中国的代理权。

做研究和做企业走的是完全不同的轨道，但这种身份转型的不适并没有出现在他的身上。或者说，在他的身上，"产学研"本就是一体的。

回顾企业发展历程，李越伦坦言："挑战和机遇是并存的。我一直认为，面临的挑战越大，也是机遇最大的时候。2020年的这场疫情对所有企业都是一场'大考'。此次疫情对我们的影响，最直接的就是全球供应链的中断，韩国和日本是通信产业零部件的主要来源，此次受疫情影响，无法正常供货。美国和欧洲疫情日益加重，预计未来的半年影响会凸显，所以疫情对我们而言既影响市场需求，又影响供应链的运作。接下来，我们必须突出自己的优势，坚定产业升级、提高竞争力、布局全球业务、拓展业务边界。"

立足国内，放眼海外

2004年，三维通信提出新的战略规划：三年内上市，产品线升级，从2G升级到3G并同时从模拟升级到数字技术。这期间最大的挑战是要摆脱对国外品牌的技术依赖，走自主创新、自主研发之路，满足客户需求。

走自主研发的道路自然离不开人才队伍的扩充，而对于人才引进，李越伦也是毫不吝啬，在自己月工资只有800元左右时，他就花费百万年薪从法国萨基姆公司引进了直放站研发团队，很快，高额的投资赢得了巨大的市场回报。此时也恰逢行业发展黄金时期，三维集团依靠自主创新的无线射频技术迅速占领了国内市场，并于2007年成功上市。

在杭州G20峰会期间，与会各国首脑车队都要放置信号屏蔽器以保证行车安全，而美国从本国带来的设备突发故障，机缘巧合之下，三维通信研发设计的信号屏蔽系统便临时上阵守护总统车队并借此机会大放异彩。"我们的信号屏蔽系统不仅能够做到覆盖无死角，而且还能够设置白名单，不影响覆盖范围内特定场景下的信号交流。"公司有关负责人介绍道，"正因适合的场景范围较广，功能强大，所以该款产品在国内外市场都大受欢迎。"

对于中国品牌在海外市场的相互竞争，李越伦直言："需求的多样性和客户的多样化，某种程度上决定了市场是没有上限的。而每家公司各自擅长、专注的领域也是不同的。因此在全球市场竞争中，我们也会坚持差异化竞争，分享属于我们的'蛋糕'。"

三维通信的专业化发展之路受到了海外市场的认可，其产品的海外知名度和影响力也与日俱增。

几年前，日本无线网络运营商UQ通信造访三维通信，从车间到员工宿舍，对产品线进行细致考察，对一些产品细节甚至拿着放大镜观察。在一年多的市场调研期间里，UQ通信将各个公司的产品进行逐一对比，最终与三维通信达成合作。与UQ通信的合作，为三维通信拓展海外市场打下了坚实基础。

为了在海外市场站稳脚跟，公司还坚定推行海外战略，组建独立的海外营销团队，为海外客户提供多运营商、多网络融合、多制式的室内覆盖产品及服务，实现国际上的行业应用领先。目前，相关产品及服务已应用于英国伦敦谷歌总部、英国伦敦高盛集团、新加坡地铁、日本东京JR地铁、澳大利亚Barangaroo中心等不同场景，实现了该业务在全球范围内的新一轮扩张。

加速走向跨界时代

加速向我们走来的5G时代是跨界的时代，通信行业和垂直行业的跨界融合是5G发展的关键。这意味着，通信运营商、电信设备制造商、垂直应用领域的企业不能再像以往那样单打独斗，需要加强沟通和协作，共同打造全新的5G生态系统。

作为一个大型集团，三维通信不仅提供产品、技术，也提供顶尖的服务团队。事实上，企业需要的不仅仅是一个产品，还需要解决方案、培训以及后续服务。技术之外，三维通信力求对企业尽责尽善，利用专业团队做好后期维护工作。

在跨界融合的趋势下，三维通信的愿景是培养出可以进行跨界沟通的人才，全方面了解市场，熟悉整个产业链上其他行业的商业模式，这不仅是对人才本身，也是对企业的挑战。

陈向东：
未来，要靠我们用"芯"去创造

"企业的发展得益于天时地利人和，士兰微电子股份有限公司（简称士兰微）有幸与高新区（滨江）一起成长，这是一场莫大的缘分，我们就像双胞胎兄弟一样一起孕育，一起发展，一起结出累累硕果。"在杭州士兰微电子股份有限公司董事长陈向东看来，杭州高

◎杭州士兰微电子股份有限公司董事长陈向东

新区（滨江）政府无微不至的服务为士兰微的发展创造了更加广阔的空间。

设计制造一体化模式初步走通

20多年前，陈向东从绍兴来杭创业，在1997年9月25日这一天，注册成立了杭州士兰电子有限公司（2000年改制为杭州士兰微电子股份有限公司）。如今士兰微已成为国内规模最大的集成电路芯片设计与制造一体化的（IDM）企业。

在国内IC（集成电路）界，士兰微一直是个特立独行者。IC曾被人形象地比喻为国家的"工业粮食"，是信息产业的核心。面对全球IC企业的竞争，陈向东表示，国内的芯片设计企业如何提高产品的附加值、向高精尖的产品发展、向工业应用领域拓展、向全球知名整机品牌推进，是考验未来中国芯片设计业成长的几个关键门槛。要突破这几个门槛，需要的是我们国家大市场的支撑、企业长期有耐心的研发资源投入，更需要的是时间。

"大陆半导体产业从20世纪90年代中后期开始发展，深受台湾半导体产业模式的影响，业界大都走产业垂直化分工模式。但士兰微是个例外，我觉得我们是一家志向高远的公司，整个发展方向和目标就是奔着国际顶尖的IDM大厂去，"陈向东进一步解释道，"况且中国市场如此之大，也需要多个模式来发展芯片产业。IDM企业可以有更宽泛的产品覆盖，成本上也能控制好，虽然重资产会有一定的风险，但认准了这条路就得走下去。"

于是，自成立起，公司就一直采取"设计制造一体化"模式，这种模式因其重资产、高投入，通常仅是英特尔、三星这类巨头的专属模式。

经过20多年的发展，士兰微依然坚持走"设计制造一体化"道路，在多个产品技术领域构建了核心竞争优势，尤其以IDM模式开发高压高功率的特殊集成电路、半导体功率器件与模块、MEMS传感器等为特色。

"我个人认为士兰微的设计制造一体化模式走到现在算是初步走通了。后面的关键要看我们会不会犯错误，在质量管控上，在持续的技术研发上能不能进一步取得突破，这个非常重要。"陈向东说。

随着半导体信息技术在节能环保、智能制造、云计算、物联网、大数据等领域的广泛应用，半导体行业面临更为广阔的市场空间。士兰微电子将依托IDM模式，加快对IGBT、智能功率模块、高压集成电路、MEMS传感器件、第三代功率半导体器件等新产品的开发，大力推进系统创新和技术整合，不断提升产品的附加值，在创造良好经济效益的同时，积极创造社会效益。

杭州高新区（滨江）与企业同舟共济

随着杭州高新区、滨江区两区合并为杭州高新区（滨江），创业创新之风自此回荡在钱塘江畔。士兰微乘风而上，在杭州高新区（滨江）建设测试工厂。2004年12月工厂建成投产，至此，士兰微电子逐步完成了芯片设计研发、芯片制造、芯片测试三个基地的建设，杭州高新区（滨江）也为士兰微的发展创造了更加广阔的空间。

2006年，正是士兰微经济效益最好之年。然而受2007年次贷危机的影响，士兰微效益下行。接踵而来的金融危机致使士兰微的芯片出货量呈断崖式下降。在士兰微发展最为胶着时，陈向东说，"那时候我们很着急，区里、市里和我们一起想办法、找出路，给予我们帮助和支持"。

杭州高新区（滨江）政府与企业同舟共济，大手帮一把，拉住了小手，这让士兰微的情况有所好转。仅在2009年第二季度时，企业的出货量开始反弹，顺利地渡过了难关。在这个过程中，陈向东也发现，受到政府帮扶的，不只是士兰微，"我们杭州高新区（滨江）对所有芯片企业的帮扶力度还是很大的。比如，每一次我们申请配套资金时，杭州高新区（滨江）总是不打折扣地给予帮助，政策上规范透明，落实到位"。

如今，杭州高新区（滨江）浓厚的创新创业氛围聚集了越来越多的人才，技术因而棒，产业因而强，为扎根杭州高新区（滨江）的企业提供了巨大的发展潜力和发展空间，企业发展后劲足。

对于杭州高新区（滨江）的未来发展，陈向东希望政府可以出台更多的相关政策，进一步加强产业人才的培育和引进。他说："对高新技术产业，人才的培育和引进是一项非常重要的指标，尤其是对半导体集成电路产业而言，目前高端专业人才仍然非常稀缺，这不仅影响到企业的创新研发能力，也影响到终端产品的信息安全。"

庞惠民:
坚信科技创新的力量

在浙江大立科技股份有限公司（简称大立科技）董事长庞惠民的带领下，短短十几年间，大立科技从一个员工不过40人，总资产才1000多万的研究所发展成资产超15亿且经营业绩稳定增长的上市公司。企业历年被评为"全球安防50强"，为我

◎浙江大立科技股份有限公司董事长庞惠民

省科研院所改革以及国内安防及红外产业发展做出了卓越贡献。

在2020年的疫情中，杭州高新区（滨江）凭借多年以来在数字产业的深厚积累，从眼前的危机和困难中创造机遇，赢得发展主动权。2020年上半年，在整个浙江的红外热成像产业中，杭州高新区（滨江）企业的产量达到了96.9%，其中就有大立科技加班加点赶进度、争产量的身影。

立足高新技术，争创一流企业，是大立科技的目标；务实而不虚妄，谦虚而不骄狂，坚定而不动摇，是大立人成就事业、回报社会的原则。"技术让用户放心，服务让用户满意"，正如庞惠民所言，大立科技将持续不断地探索引领未来的先进技术，让全球客户在大立的进步和发展中受益。

硕果累累，深耕热成像领域

不了解庞惠民过去的人，只以为他是个上市企业的董事长。事实上，在"成功企业家"的光环头衔下，他骨子里是个默默耕耘产业技术的科研工作者。

庞惠民曾是原浙江省测试技术研究所所长，任职期间攻克众多科研难题。他主持全所科研产业化工作以来，注重技术创新和科技产业化工作，成功地将红外热成像仪技术这项高新科技推广落地在民用领域，并主持完成DL系列多款红外热像仪的开发工作，组织承担了863计划、火炬计划和国家重点新产品等多项国家重大科研项目。

20世纪90年代，随着市场经济的深入发展，国有科研院所的各种弊端随之暴露，严重阻碍了研究所的发展。科研成果如何市场化是摆在每个研究所面前最迫切需要解决的问题。

不甘于落后市场化潮流的庞惠民寻求专业突破契机，终于带领团队成功研发了国内第一台一体化红外成像仪。2001年他带领浙江省测试技术研究所整体改制成为股份制公司，2008年在深圳证券交易所挂牌上市，成为国内红外和安防两个行业首家A股上市公司。

即使跻身企业家行业，带领着几百号员工，庞惠民始终没有停下科研的脚步。1999年，在他主持的浙江省重点课题《DL500型红外热成像探测仪》的开发项目上，其使用的斩波技术完成热释电管红外热成像设备成功实现了图像红外测温技术，从根本上解决了斩波调制、图像压缩、图像测温、图像实时动态伪彩色显示等多项技术问题，使我国的红外热像温度测量技术水平在测量精度与稳定性方面都达到了国际先进水平。该课题因此获得了"省科技进步奖二等奖"；其DL系列产品分别被列为2000年、2004年、2007年度国家级重点新产品。

学者思维，科技创新是企业发展之道

在庞惠民身上，你既能看到一个企业家对整个公司运筹帷幄的管理能力，又能深深被他一点一滴埋头苦干的学者精神所打动。作为上市公司的董事长，公司需要盈利，有市场化销售的压力，然而，作为一个科研工作者，他直言："科技创新是未来发展的潮流。"搞技术研发，始终是数字企业的立足之本。

在他的带领下，大立科技成功开发了红外热像仪的核心部分——非制冷型红外焦平面探测器，并获得专利。在过去，红外热成像技术一直被美国等发达国家把控，不对外开放，并通过限制功能参数、禁止出售等方式避免红外热成像技术外流，因此国内应用只能依赖美法等国的进口，价格高昂。

抗击非典时，大立科技生产的非制冷红外焦平面探测器还完全依靠进口，产能和产量都受制于人。"如果这一项目可以实现大规模的产业化生产，将对企业销售和降低成本起到很大的作用。"2010年年初，非制冷红外焦平面探测器投入小批量试生产，这一则消息使其成为行业内瞩目的对象。红外探测器问世后，由于性价比高、质量稳定可靠，在国内得到广泛的认可，生产线满负荷运转。其研发的热成像整机产品采用自主研发的探测器，性能已达到欧美发达国家质量标准，受到国内外客户的高度认可。

这项专利技术的突破不仅仅是公司发展过程中的飞跃进步，更是国有品牌攻克核心技术，打破国外垄断的里程碑式成就。

如今，大立科技已完全自主掌握了该器件的研制和生产，产品性能达到国际先进水平，在非制冷红外焦平面探测器批产、红外图像处理、红外光学设计和红外测温技术等领域拥有大量专利和科研成果，进一步提升了公司在红外行业的核心竞争力，各类型产品在国内外市场竞争中逐渐显示出技术品牌优势。

与新冠肺炎赛跑的过程中，庞惠民的防疫经验为抗疫再次赢得先机。

疫情发生前，大立科技的红外测温仪日产量不到100台，在新大楼应急扩充部分产线后，产能提升，加上满负荷运转，日产量达到300台。这些红外测温仪陆续被部署到武汉、湖北疫区，全国31个省区市及港澳台地区和海外的机场、火车站、海关、医院等人员密集场所，成为很多地市疫情防控的第一道关口。

如今，每年增长的研发投入费用是大立科技重视创新科研的决心。庞惠民将大量资金投入到科研与产能中去，并先后攻克非均匀性校正、图像测温、高低温工作稳定性等诸多难题，对接市场落地，产品被广泛应用于电力故障诊断、石油化工、钢铁、科研、建筑检测、消防等领域。

银江股份：
发展数字经济，引领智慧产业

◎银江股份有限公司外景

时间是伟大的记录者，镌刻下辉煌的奋斗征程。

1990年，潮起钱塘，梦启滨江。创新的火炬在这里点燃，星星之火，迅速燎原。银江股份有限公司（简称银江）作为智慧产业的领军企业，成为杭州高新区（滨江）30年奋斗史诗的参与者与见证者。

逐梦之旅，从高新走向中国

历史的车轮滚滚而来，改革的春风席卷江岸。1992年年初，邓小平的南方谈话后，经济体制改革的浪潮开始从南方席卷全国。时代营造机会，机会成就英雄。见证了如此巨变，刚毕业不久的王辉，放弃安逸的银行工作，怀揣着梦想与抱负，选择下海加入银江，开启全新的创业生涯。作为银江电子初创时期的首批员工之一，王辉在银江电子的第一份工作岗位只是普通的技术员，但扎根基层的工作积累锻造了他勤勉、激情、严谨的工作风范，为其以后的职业发展打下了良好的基础。

彼时，所有人包括王辉自己可能都没想到，技术员出身的他日后会把这家合资小公司做成中国智慧行业的龙头企业，并成为中国第一批创业板上市企业之一。

时代的洪流奔涌向前，但大多数企业的发展却跌跌撞撞。银江也不例外，囿于产品与技术等问题，公司的发展陷入了低谷期与困惑期。为了突破困境，释放发展活力，在王辉的带领下，公司几个主要管理层着手进行改制。2003年，银江电子终于完成从中外合资企业到内资民营企业的华丽转身，全身心投入建筑智能化和交通智能化领域；2005年，银江开启智能医疗业务，进军数字医疗市场；2007年，银江开始进行全国化布局。

银江的转型发展离不开王辉的胆气和魄力，同样也受益于杭州高新区（滨江）良好的创业氛围和政策扶持。2009年10月，银江股份成功登陆创业板，成为浙江省第一批创业板上市企业之一。上市以后的银江股份在技术积累和市场开拓方面获得了长足的发展，将先进的智慧城市理念和模式推广到全国各地。

凌云壮志，书写新篇章

功以才成，业由才广。在人才竞争日益激烈的时代，杭州高新区（滨江）坚持把人才这一"战略资源"摆在优先发展的位置，不断升级招才引才政策，厚植人才创新沃土，健全人才服务机制，为银江的发展提供了有力的人才保障和产业平台。

逆水行舟，不进则退，银江在智慧城市领域一路高歌猛进，积极推进"产业生态战略"，形成了以产业为基础，以资本为加速器，全系统、全方位、全覆盖的智慧产业生态圈，构建了"系统交付、软件交付、运营服务"的整体运营服务体系，产业生态初具规模，公司成员企业近300家。

经过多年的积累与布局，目前银江业务已覆盖全国多地，并与全国70多个城市共同合作发展，全国化城市业务总包或细分领域业务总包模式已实现，通过本地化营销、实施和服务，在顶层规划、解决方案、建设运营三大方面推动智慧城市建设从局部走向整体，从领域走向产业，从愿景转变为现实。

随着银江的发展壮大，公司拥有了国家级企业技术中心、国际级博士后科研工作站等高水准技术创新平台，建立了完整的技术支持和服务团队，获得了"浙江省科技进步一等奖""中国智能交通协会科学技术奖一等奖"等众多奖项。

同心聚力，迈向新征程

沧海横流，方显英雄本色。2020年新冠肺炎肆虐，在这场没有硝烟的战"疫"中，为顺利推进企业高效、有序复工，杭州高新区（滨江）在企业的复工申请、政策扶持等方面做了大量工作，给予了银江极大的帮助及指导。

疫情期间，银江人用爱心汇聚合力，用行动诠释担当，积极响应国家号召，科技防疫，尽显担当。疫情发生之初，公司率先成立抗疫工作领导小组，全力支援武汉亚心总医院、黄冈"小汤山"等战"疫"最前线医院数字化、信息化系统建设，守护医护人员和群众健康安全。同时，充分发挥城市大脑产业优势和技术优势，快速响应并推出智慧交通、智慧医疗健康、智慧司法等多款智慧抗疫解决方案及产品，为疫情防控工作提供强力科技力量与数据支撑，展现了银江的智慧与格局。

随着疫情渐缓，国家政策持续加码新基建，银江积极响应国家战略部署，加快相关领域战略布局，加强与百度、安恒信息、亿邦国际等企业展开相关领域的合作，紧抓"数字经济"新机遇。银江进一步发挥在大数据、云计算等领域的技术优势，投入更多的研发力量，加速数字化转型发展，逐步将新基建战略布局落实为产业行动，推动产业互联网向纵深发展，打造具有竞争力的生产体系和商业体系，释放更多创新因子，助力产业升级发展，开启银江成长新周期。

时光荏苒，岁月如歌。杭州高新区（滨江）见证了银江从诞生到而立，从萌芽到繁荣的蜕变过程。对于银江来说，与杭州高新区（滨江）共同成长的28年，是最为珍贵的时光。28年间，一幕幕动人心魄的发展画面，一部部呕心沥血的建设诗篇，一张张凝聚汗水的坚毅脸庞……共同交织成银江成长发展的华美史诗。未来，银江将继续发挥行业示范引领作用，积极履行责任担当，扛起银江责任，为杭州高新区（滨江）的发展贡献一份力量。

朱国锭：
走在成功的路上

2010年3月5日，无论是对朱国锭个人，还是对杭州中恒电气股份有限公司而言，都是具有历史性意义的一天。这一天，时值惊蛰，伴随着第一声春雷，中恒电气在深圳证券交易所上市了。

经历了早春的懵懂，大自然开始焕发生机。而

◎杭州中恒电气股份有限公司董事长朱国锭

上市，也为中恒电气注入了全新的活力。那天，身为董事长的朱国锭有几分紧张，只穿了一套薄衣单裤的他居然出了一身的汗。他说，中恒电气就像是自己的孩子，数年辛苦养育，看着他一点点长大，真到放手让他去社会上历练的那一刻，内心无比感慨。

作为杭州高新区（滨江）土生土长的企业，中恒电气的血脉里流淌着对"高"与"新"的追求。在朱国锭的带领下，中恒电气始终专注于"电专业"，一根筋一条路，20多年坚持聚焦于电力电子行业，拒绝多元化诱惑，保持高度的战略定力，坚持技术驱动，持续创新。现在的中恒电气，是国内电力电子行业龙头企业之一，拥有众多明星产品，通信电源、新能源电动汽车充电桩等产品市场占有率处于行业第一梯队。

从江北一隅走向世界

1996年，朱国锭在杭州文二路税务大厦租了98平方米的办公场地，开启了创业之路。他把新成立的公司命名为"中恒电讯"，取"纵横"之谐音，含不偏不倚不张扬之"中"和长远持久之"恒"。

"当时就好比是个皮包公司，没有钱、没有资源，所有的业务要靠双腿跑出来，说是公司，实际就只有四五个人，除了想尽办法去获得业务，还要承受来自竞争对手的各种打压。"朱国锭回忆道。

但朱国锭最擅长的，就是吃苦。"别人不愿意做的脏活累活，我们来做，而且要做得好！"从代理海外通信电源产品开始，中恒电气凭借着创始团队的坚毅与努力，仅用了两年的时间，便跻身华东地区通信市场，成为中国电信、中国移动通信电源系统供应商。1998年，30多人的团队创造了一亿元以上的销售额，人均利税居浙江省企业排名第一。

"那时候虽然开始赚钱了，而且利润也很可观，但是皮包公司的感受一直在，想拥有自己的制造工厂和品牌的愿望越来越强烈。"创业短短两年，朱国锭对企业已经做出了宏观背景下的长远布局。

2001年，中恒电气完成公司股份制改造，设立"杭州中恒电气股份有限公司"。2002年，中恒电气跨越钱塘江，总部从江北搬迁至江南，并建成了科研生产基地。跨江后，中恒电气开始了真正的大跨步发展。

2008年，中恒电气被认定为国家级高新技术企业；

2010年，在深圳证券交易所正式挂牌上市；

2012年，并购重组北京中恒博瑞数字电力科技有限公司，形成软件研发服务与电力电子制造双引擎发展模式；

2015年，成立杭州中恒云能源互联网技术有限公司；

2016年，定向增发募集10亿元，全面布局能源互联网产业生态；牵头起草高压直流(HVDC)国家标准。中恒电气在电力电子和电力信息化行业奠定了地位，并进军能源互联网产业，迈上企业发展新台阶。

如今，中恒电气是国家电网、南方电网、中国移动、中国电信、中国铁塔、腾讯、阿里巴巴、百度、戴尔等知名客户的核心供应商，产品畅销于亚洲、非洲、欧美、大洋洲等30多个国家和地区。

让能源更智慧

朱国锭表示，中恒电气从创始到发展，整个成长过程都离不开杭州高新区（滨江）肥沃的土壤。"在我们需要帮助的时候，区历届领导班子总会在第一时间给予大力支持。"

随着"数字滨江"建设的不断推进，中恒电气也驶上了"数字航道"。自2011年起，中恒电气以每年研发投入保持10%以上的马力"换道超车"，致力于让能源更智慧。

2017年，中恒电气紧握5G风口，着手做针对5G的通信电源研发。在接下来的两年内，中恒电气分别与腾讯、阿里巴巴强强携手，全资组建联合实验室，整合资源、发挥优势，进一步推进各项研发工作。2019年，中恒电气自主研发的"巴拿马"系统极大简化了数据中心供配电方案，成为中国内地首家研发成功的企业。

目前，中恒电气的能源互联网主要有三大落地模式：能源管理、储能微网，以及智慧运维。

能源管理指的是通过先进的物联网技术对水、电、气、热等能源数据进行实时采集和全方位远程监控，帮助大型工业企业、高校、酒店等客户实时掌握不同区域、不同类别能源的消耗情况与设备运行状态，并提供专业科学的能源优化方案，帮助用户实现节能降耗、安全运行、精细化管理的目标。

储能微网涵盖了数据采集与控制终端、能量管理系统、储能云平台，可为储能及微电网客户提供电站能量调度、电站安全管理、自动化运维与智能化运营，以及面向电力市场的运行优化与智能调控等全生命周期管理服务。通过储能微网的覆盖，一个工业园区、一个小岛都可实现能源的自给自足以及智能化管理。

智慧运维指的是通过先进的物联网技术及大数据，实现用户用电信息的采集、处理及远程实时监控，帮助运维商全面掌握用户用电设备运行情况，通过标准的运维服务流程，转变传统被动响应的运维方式，建立面向用户的集中、主动的运维管理模式。

谈及中恒电气目前的成绩和对未来的展望，朱国锭很是自信。但当话题回到自己，他谦虚地表示："我只是在做企业，还不能说是企业家。我谈不上成功，只能说是走在通往成功的路上。"

姚纳新：
助力高端分析仪器"中国梦"

2002年1月，"海归"姚纳新、王健博士归国，两人放弃在海外已有的高起点发展，回国从零开始创业，在杭州高新区（滨江）创立了聚光科技（杭州）股份有限公司（简称聚光）。

经过近20年的艰苦奋斗，如今的聚光科技已成为国内高端分析仪器仪表领军

◎聚光科技（杭州）股份有限公司创始人姚纳新

企业。而姚纳新本人，也成为高新区（滨江）创新精神的代表者之一。

归国联合创业

北大生物系毕业的姚纳新，出国留学后并没有继续攻读生物专业。"我没有埋头研究生物，最后还放弃了硕博连读，先跑去创业，又改行读工商管理了。"商界才是姚纳新的舞台，他似乎天生具有创业精神。

"出来后，我渐渐发现自己的志趣是做企业。"姚纳新说，"有一天突然觉得我的性格不适合做科学研究，没有激情，便无法成为一个一流的科学家。既然如此，那我就应该去做我最喜欢做的事——做企业。"那时正是互联网时代的开端，创业的机会如同潮水一样层出不穷。姚纳新尝试过开网络公司，也炒过股票，最后，在一个浙江老乡的聚会上，他碰见了现在聚光的合伙人王健。他们选择了用半导体激光吸收光谱分析技术（即利用激光能量被气体分子"选频"吸收形成吸收光谱的原理来测量气体浓度，简称DLAS）研发光电测量分析产品。姚纳新给自己的公司命名为"聚光科技"。

后来两人选择回国到杭州高新区（滨江）继续他们的创业历程，除却姚纳新和王健都是浙江人的回归情结，还有一个很重要的因素：他们看中了杭州高新区（滨江）的营商环境、政府的服务意识和市场的领先性。

"当时，滨江区和高新区刚刚合并，海归回来的创业归口就在高新区，落户高新区（滨江）也算是缘分。杭州高新区（滨江）的领导、体系和文化是非常好的孵化器，培养了一批海归创业者和海归企业，政府和企业的感情很深，就像朋友一样。"

守住自主创新的核心命门

创立之初，聚光科技选择进入的领域是工业过程分析产品技术。当时，国内市场被西门子这样的国外公司完全垄断，严重依赖进口。看到中国工业大发展下必有蓝海，姚纳新和团队集中一切投入，希望在本土撬开"铁板"，带领聚光团队打深"第一口井"，担当起填补国内高端分析仪器空白的使命。

公司成立的头两年，资金几乎全部用于产品研发，没有任何销售收入。谈起这段经历，姚纳新非常淡然："人只要跟着自己的心走，做自己喜欢做的事并坚持下去，创业就是水到渠成的事。"整整两年时间，公司一直在做产品研发。2003年，聚光科技在国内首次研制出激光在线气体分析系统，可以通过即时监测分析工业生产过程中产生的各类气体，随时掌握生产状态。在此之前，掌握这一核心技术的仅有世界上极少数几个国家，聚光科技打破了这些国家一统天下的格局。姚纳新坦言："如果我们没有自己的技术、没有自己的专利，我们就不能在竞争日益激烈的市场上立足。知识改变命运，知识也改变国运。"

聚光科技在工业过程优化领域颠覆性的技术革命，引起了西门子公司的关注，2005年，西门子大中华总裁主动提出收购聚光科技的计划，源于打造高端仪器民族品牌的初心，姚纳新和王健一致婉拒了此次收购邀请。之后，聚光科技进入了发展快车道。

在进入工业过程分析领域后，仅用了三年，聚光科技就实现了行业领先的目标，激光产品市场占有率持续保持全球首位。2006年公司布局环境监测领域和高端实验室分析领域。在环境监测与管理领域，从"产品到解决方案+顶层设计"的业务精进，从2010年实现并至今保持行业领先地位；在高端实验室分析领域，磨剑15载，承担并成功产业化了24款国家重大科学仪器专项成果，2015年实现实验室平台综合能力行业领先。2018年各领域紧契人工智能和信息化大环境，实现了仪器物联网和智慧化部署。

现在的聚光科技已成为国家高端分析仪器重要创新平台与产品化基地。聚光FPI品牌成为业内"高端智造、自主研发"的代言，这与其高水平的研发队伍和持续的研发投入密不可分。姚纳新介绍，聚光科技自2004年起，就一直保持高素质研究型人才的持续引入，以充实研发团队，为行业带来更多技术发展和创新成果。

"创新不仅仅是一个技术突破、一次发明，更是一种理念和思想意识的突破，要守住自主创新的核心命门。自主研发虽费时费力，但只有这样才能建立起核心竞争优势，建立门槛。聚光科技从一开始就一直是两条腿走路，一方面坚持自主创新，另一方面通过兼并收购，整合行业优势资源，为客户提供更好的服务。"姚纳新说道。

聚光科技填补了国内行业空白，制定了国际标准和国家标准，技术和产品与世界先进公司平分秋色。"聚光科技要聚创新之光，做世界级的公司。"

打造仪器物联网

如今这一个变革的时代，是一个极为开放共享的时代，这些变革式的变化，源自信息技术大发展，让数据协同连成了"数字大脑"。滨江物联网小镇是走向世界进入物联网时代的一个标志，聚光科技也有幸成为滨江物联网小镇"仪器物联网"的代表。

2018年，聚光科技拥抱新趋势，战略方面由产品+解决方案型上到了新台阶——为客户提供顶层决策规划和信息化管理平台，以此形成现场底层仪器的感知（物理传感）——形成网络（数据采集）——多系统协同的"仪器物联网"。自此，聚光科技借助物联网技术，实现了分析仪器的智能化、微型化和网络化的跃迁，也正式与工业互联网、产业数字化进行业务领域的深度融合，打开了更大的业务领域触角。

在姚纳新看来，企业和个人将梦想融入中华民族伟大复兴事业之中，成为中国建设与发展中不可或缺的一支重要力量，是一份荣誉，更是一项使命。

这位创业冒险家将继续前行！

华桂潮：
"在这里，我们敢于做梦"

◎英飞特电子（杭州）股份有限公司董事长华桂潮

2020年，是华桂潮在杭州高新区（滨江）创新创业的第21个年头，他创新的热情依旧如初。

2016年，他所创办的英飞特电子（杭州）股份有限公司（简称英飞特）搬进了属于自己的新园区，并在创业板成功上市。在抵达里程碑之后，他酝酿起了新的目标。

"英飞特的管理日趋完善，逐渐向'无为而治'转变。2018年，我再次创业，成立了四维植业，主要研究植物照明，开发垂直工厂种植有机蔬菜、水果，为民众提供安全、健康的食品。"

一路走来，华桂潮扎根在杭州高新区（滨江），用科技耕耘实业。

科学家的回归

华桂潮身材高大，戴一副眼镜，目光炯然坚定，常常面带微笑，有着江浙文人的斯文与睿智。这恰恰符合他科学家的本质。

在杭州高新区（滨江）创业20余年，先后成立了三家高科技企业，但在同事们的眼中，华桂潮首先是一位科学家——亲自上阵，组建了国际化的研发团队，带领英飞特成为LED驱动电源全球领航者。

将科学家的专注精神投射到创业之中，他在杭州高新区（滨江）先后走过了不平凡的历程。

1999年，他回国创业，辗转、考察国内各大城市，当考察到杭州时，被杭州高新区的真诚、高效与热情深深地打动了。同一年，伊博电源（杭州）有限公司便在杭州高新区应运而生。

单枪匹马回来，40万美元的启动资金，这就是华桂潮的"二次创业"之初。当时，伊博成为杭州高新区留学人员创业园首家批准入驻创业园一期工程园区的企业，获得了17万元的政府孵化基金。"在天堂软件园，顶楼第三层，是当时这里最高的楼宇了。"现在回想起来，他笑着说，"这样的起点不算'低'。"

作为优秀的海外华侨代表，他始终怀着产业报国的情怀，致力于中国开关电源领域的发展和进步。还是在高新区（滨江），2007年，华桂潮创立了英飞特电子（杭州）股份有限公司，起征"三次创业"。

从东方通信产业园到海创基地，再到江虹路上的英飞特产业园，这些年，英飞特在高新区（滨江）搬了几次"家"，但始终都没有走出这片创新高地，并成为引领产业发展的杰出代表。

其中有不少让华桂潮难忘的细节。2010年，在英飞特销售规模只有几千万元之时，滨江区便批复了土地让英飞特建设自己的园区。原因在于，华桂潮掌握着全球领先的创新技术，LED属于节能环保产业，发展空间不可限量。"在高新区（滨江），只要你埋头做事、埋头创业，政府的领导都会主动上门来关心企业的发展，主动送政策、送服务。这样的环境、这样的氛围，确实非常适合我们归国留学生创业。"滨江对引进人才的一贯重视，让他感动不已。

2012年，英飞特成为第一家迁入海创基地的企业，也是当时面积最大的企业。"公司在海创有8000平方米，当时我们把生产放在了华业园区，最开始生产只有200平方米面积，区领导很有远见，帮我们在华业预留了空间，很快产线'嗖嗖嗖'地铺开，销售额每年都在快速增长。"在那之后的几年，随着LED产业的推进发展，英飞特走上了成长的快车道。

2016年4月，公司入驻英飞特科技园，近年来，不断有高新企业入驻园区，园区已经为四五十家企业和机构提供研发和经营场地，比如浙江省照明电器协会、网易、紫光集团等。英飞特科技园以"助推产业升级，聚集区域产业氛围，打造区域核心精品项目"为目标，成为杭州高新区（滨江）实施"产业引领，创新驱动"战略、发展智慧产业的示范园区。

在华桂潮看来，杭州高新区（滨江）与英飞特有着一脉相承的创新基因。华桂潮说，现在回过头去看，他的选择是非常明智的，越来越多的人才愿意来滨江创业，因为这里的创新创业环境对创业者非常有利，政府会在创业的各个阶段为企业"撑腰"和"加油"。"政产学研金服用"已形成了完整的产业链，彼此相互作用，相互促进。

激情满怀"四次创业"

2016年12月28日，英飞特在深圳证券交易所创业板成功上市。英飞特从杭州高新区（滨江）开始，从无到有，从小到大，快速成长为顶尖企业。华桂潮带领英飞特，在自主创新这条路上深入探索，代表着中国参与国际竞争，成为改革开放过程中滨江创新创业的一个样本。

英飞特电子在美国、欧洲、墨西哥、印度等地成立了子公司，并在韩国、日本、深圳等地设立办事处，建立了覆盖全球的营销网络，打通了全球供销链。凭借先进的科研实力和高性能的产品，稳居半导体照明产业——LED驱动电源细分领域行业龙头地位。公司产品销往北美、欧洲、日韩、南美、东南亚、中东等全球80多个国家和地区，被应用于2016年G20峰会杭州西湖的LED景观亮化、世界最长跨海大桥港珠澳大桥照明工程、美国自由女神像、美国总统公园、北京天安门等国内外知名工程。

截至2019年年底，公司及子公司共拥有授权专利240项，其中包括23项美国发明专利、一项欧洲发明专利和108项中国发明专利，发明专利占比高达55%。同时公司牵头起草了国家半导体照明工程研发及产业联盟制订的国内第一部LED驱动联盟标准《照明用LED驱动电源通用规范》，并参与修订相关行业标准10余项。

2018年年初，华桂潮成立了四维生态科技（杭州）有限公司，面向全球推广新型农业种植一体化解决方案。"我们引进并汇聚一大批农业种植和系统环境控制等相关领域的知名专家，目前已建成杭州最先进的'植物工厂'，设有种植实验室、机械实验室、电气实验室、光学实验室和营养液实验室。植物工厂拥有产量高、生长周期短、无农药及重金属残留、可移动、模块化等重大优势。"

"这是我的第四次创业，裂变创新的滨江龙头企业已经越来越多，滨江已经变成了一个'大孵化器'，大有'千树万树梨花开'之势。这是我满怀激情，持续不断在滨江创新创业的最大原因。"

华桂潮说，"创新"是一个爬山找新路的过程，只要想爬山，就会有路。每一次的创业，都是站在新起点上"再出发"。作为企业家，在深耕传统业务的同时，更应该在一些新兴领域积极布局，这种裂变式的创新正是数字经济时代必须具备的。"在这里，我们敢于做梦。"

泰格医药：
服务创新，共筑健康

◎泰格医药在香港主板上市

2020年8月7日上午，杭州泰格医药科技股份有限公司（简称泰格医药）正式在香港联交所主板挂牌上市。这家位于杭州高新区（滨江）的企业不仅成为又一家"A+H"上市的浙江企业，也是继药明康德、康龙化成之后的第三家"A+H"上市的CRO公司，刷新了2020年以来亚洲生物医药公司IPO规模的纪录。

　　但对于很多人而言，CRO 这个词显得陌生。究竟什么是 CRO？作为国内首家CRO 领域的上市公司，泰格医药又有怎样的前景呢？

做领域先行者

　　CRO是合同研究组织的简称，这类公司国外早已有之。曹晓春是这家坐落于杭州高新区（滨江）、国内首家登陆深圳证券交易所创业板的CRO公司——泰格医药的创始人之一。据她介绍，CRO，通俗地讲，主要是为国内外医药及健康相关产品的研究开发提供专业临床研究服务。

　　17年前，曹晓春找到就职于罗氏制药的叶小平博士，谈及在CRO领域创业的想法。泰格医药前身杭州泰格医药科技有限公司随后在杭州高新区（滨江）注册成立。

　　曹晓春认为，尽管中国的CRO行业刚刚起步，但伴随新药临床研发成本的提升，以及国内CRO行业具备的成本优势和效率优势，跨国企业倾向于将研发中心转移至中国，国内CRO企业将迎来巨大的发展机遇期。"CRO 的价值在于，降低医药研发成本、缩短药品研发周期、减少药品研发风险。比起药厂自己研发，CRO 的效率至少提高了30%。缩短了30%的研发周期，相应的研发成本也随之降低。"

　　面对日益严峻的市场竞争以及客户对药物研发质量和效率的高要求，泰格医药不断延伸、拓展和完善上下游产业链，逐步打造创新药物和医疗器械的一体化、全方位研发服务平台。比如2011年，泰格医药成立全资子公司杭州思默，提供临床试验现场管理和患者招募服务；2013年成立了益坦医药，提供药物警戒服务；2017年收购捷通，将业务拓展到医疗器械咨询服务领域。

　　2012年8月17日，泰格医药登陆深圳证券交易所创业板，成为国内资本市场首家CRO公司，为自身发展注入强劲资本动力，在奠定国内龙头CRO企业地位的同时，为进军国际市场打下基础。

　　2015年之后，中国创新药开始发展起来，泰格医药看准时机，承接了大量本土创新药项目。曹晓春说，在叶小平博士的决策下，他们在中国制药行业几个大的转折点出现时都把握住了机遇，没有走弯路。泰格医药从中国走向亚洲，走向国际，从一家本土CRO发展到区域性CRO，再到欧美市场争得一席之地。

经过17年的发展，泰格目前在全球设有60多家子公司及100多个办事处、实验室和研发基地。其中包括12个海外国家及地区的17个运营和服务网点。拥有近5000人的国际化专业团队，可提供临床试验技术服务、临床试验相关服务及实验室服务，范围主要涵盖药物和医疗器械的临床前研究至上市后研究。泰格医药近期发布的2019年年度报告显示，公司实现收入28.03亿元，同比增长21.9%。从2012年上市以来，泰格医药的营收一路从2.5亿元一路增长到2019年的超过28亿元，增长近11倍，年复合增长率超过40%。作为专注于为新药研发提供临床试验服务的CRO，其前进的脚步一直没有停止。

通过提供符合全球标准的高质量服务，泰格医药与多家全球性的生物制药公司建立了长期合作关系。根据弗若斯特沙利文的报告，2019年泰格医药为全球收入排名前20的所有制药公司及中国收入排名前10的制药公司都提供了服务。按照2019年收入及截至2019年年底正在进行的临床试验数量计算，泰格医药是中国最大的临床CRO，也位列全球临床CRO前十强。在国际化拓展方面，泰格医药积极通过并购和自建团队的方式，加速全球化布局。

2020年8月7日，泰格医药正式在香港联交所主板挂牌上市，实现了"A+H"股的战略布局，将进一步为公司未来全球化经营和业务拓展提供强有力的资本支持，加快国际化战略的推进步伐。

在创新中成长

以"服务创新，共筑健康"为使命的泰格医药，在杭州高新区（滨江）这块沃土上汲取着养分，不断发展。

泰格医药参与了数百项国内创新药的临床试验，被业界誉为"创新型临床CRO"。近五年来，泰格医药参与了在中国获批的60%以上的1类创新药的研发，助力了包括首个国产三代EGFR-TKI创新药阿美替尼、FDA首次批准的中国原研抗癌新药泽布替尼、中国内地首次获批上市的肿瘤电场治疗产品"爱普盾"、首个国产人工心脏"永仁心"、首个国产生物类似药"汉利康"等重磅创新产品的研发上市工作。

如何持续创新，保证企业竞争力？泰格医药给出了三个方面的答案：一是坚持以客户需求为导向，站在客户角度思考问题，为客户提供最优质的服务，通过这些年的发展，目前，泰格医药能够提供临床试验全产业链一体化服务；二是赋能管理，近些年，企业进行了一系列的组织架构调整，促进业务的整合和发展，同时通过泰格大学对员工进行培训；三是加大研发投入，注重创新研发。自从2015年来，泰格医药的研发投入平均每年增长48.10%，确保持续提升自身专业服务能力。

大健康产业正在成为新的经济增长点。随着药品和医疗器械审批审评改革、药品和医疗器械上市许可人制度，以及新版《中华人民共和国药品管理法》的落地实施，加之政府对新药研发给予的极大支持，各种资本积极推动，新药研发已经进入黄金时期。而新药研发的繁荣带来了CRO市场的急速发展。同时，企业也面临如何将新技术赋能现有业务，确保提升管理，控制专业人才流失的挑战。身处机遇与挑战并存的时代，泰格医药表示，公司有实力也有信心。

游步东：
打造世界级的半导体企业

创新，是企业高质量发展的关键。

位于杭州高新区（滨江）的矽力杰半导体技术（杭州）有限公司（简称矽力杰）自成立以来，非常重视知识产权的建设工作，设立知识产权部门，在国内外积极申报专利、注册商标。一直以来，公司总经理游步

◎矽力杰半导体技术（杭州）有限公司总经理游步东

东都有一个心愿：将矽力杰打造成世界级的半导体企业。

为了实现这个心愿，他与研发团队一起潜心钻研核心技术10余年，逐渐走出一条强"芯"之路，为企业带来丰厚利润的同时，也保护公司技术不受其他企业侵犯。截至目前，矽力杰已累计申请国内外专利1500余件，授权1100余件。

多年学成终回还，报效祖国正当时

游步东曾言，半导体的下半场一定在中国。在海外学习和工作多年，对行业的发展趋势十分敏感的游步东，早就已经深深地意识到：美国的芯片技术发展过了黄金时期，而产业链明显东移，亚洲市场的前景十分广阔。于是，他回国并将公司主体落地在了杭州。事实证明，中国成了全球最大的模拟芯片市场。

杭州高新区（滨江）是创新创业高地，这里吸引了一大批高科技人才落地结果，一座座高新技术企业大楼拔地而起，矽力杰半导体技术（杭州）有限公司就是其中之一。

矽力杰成立于2008年，2008年至2012年，游步东作为公司CTO&COO（首席技术官和运营官），一边要加班加点研发矽力杰的自主知识产权技术，同时要让芯片产品尽快量产，抢占国际大厂的市场份额，不可谓不辛苦。他带着团队夜以继日地投身工作，一干就是三年。这三年，矽力杰没有工厂，却自主开发出核心的BC2D工艺技术，与大块p型衬底上主流Retrograde CMOS工艺兼容，无须增加特殊设备和工艺模块。该技术领先世界同业，确保了矽力杰芯片的"小型化""高效率""高功率密度"等产品性能及特点，荣获国家级专利优秀奖。单个项目仅2012—2014年两年间就为公司创造累计销量5.5亿颗芯片，累计销售额近三亿元人民币，工艺封装项目产品实现毛利润约1.5亿元，累计出口创汇约1.5亿元。三年间，矽力杰2009年首发业界首颗6V/2A/1Mhz同步降压芯片，SOT23封装；业界首颗6V/3.5A/1MHz同步降压芯片，DFN3X3

封装；2010年首发业界最小双路6A智慧开关芯片，DFN2x2封装；业界首颗30V/2A/1MHz升降压MR16LED照明驱动芯片。

选择滨江，成就未来

2019年6月，矽力杰在杭州高新区（滨江）拥有了自己的新家，位于物联网小镇的全球总部矽力杰大厦正式启用，这意味矽力杰向追赶全球领先高新技术的旅程又迈进了一大步。

为什么选择杭州高新区（滨江）？除了创始人对杭州的熟悉与喜爱之外，原因还在于杭州高新区（滨江）对人才和企业的重视。绝大多数来杭州高新区（滨江）的创业者都表示，杭州高新区（滨江）不但创业创新环境好，连生活和居住环境也很不错，落地在这里有浙大和上海诸多高校的支持，不用担心人才引进的问题。这对创业者来说，有着巨大的吸引力。此外，杭州市政府十分重视发展民营经济的理念，提供了公司得以健康发展的土壤。

"在公司的初创期，政府给予了极大力度的扶持。"矽力杰大厦的落成恰好可以证明杭州高新区（滨江）的诚意。

创业难，守业更难。2020年年初，新冠疫情肆虐，游步东顶着国内疫情压力，春节后马上回国，与一线研发人员全面复工复产，满负荷生产出可用于防疫测温等设备的专用芯片，迅速支援了抗疫一线。

如今，游步东已成为年销售额几十亿的矽力杰集团的联合CEO。回忆起创业初期的点点滴滴，他忍不住感慨万千："矽力杰一步步走来，经历过市场拼杀的硝烟，我们从未改变初心——立足中国，打造世界级的半导体企业。"

如今的矽力杰已成长为亚洲最大的模拟芯片设计企业，是国家布局内重点集成电路设计企业。矽力杰从规模不大的核心团队，到成为上市企业，公司发展迅速，无疑成了许多海外资本和投行眼中的传奇。面对这样的成就，游步东表示，"与世界级芯片知名企业还有着较大的差距，矽力杰仍需努力"。

目前，矽力杰在全球共设有11个研发中心，包括美国、韩国，中国台湾、杭州、南京、西安和成都等地。"矽力杰有健全的员工培训体制，可以扩展员工专业方面的知识，提升创新技能，进一步提高企业的创新水平和持续发展能力。"矽力杰相关负责人表示。

希望在不久的未来，游步东和矽力杰人最终实现他们当年回国的创业梦想——立志要用自己的学识报效祖国，打造世界级的半导体企业，促使中国的半导体最终走向世界巅峰。

葛航：
医疗信息化大有可为

◎创业慧康科技股份有限公司董事长葛航

在医疗信息化这一领域，葛航已经做了近25年。如今，葛航带领创业慧康科技股份有限公司在医疗信息化的道路上取得了阶段性的成功。创业慧康扎根杭州高新区（滨江），受益于杭州高新区（滨江）良好的创新创业氛围，目前，它已处于医疗卫生信息化行业第一梯队，专注于医疗卫生领域的信息化服务与创新。

敢闯敢拼，点亮创业梦想

1984年，葛航从浙江大学电机工程学系工业自动控制专业毕业后，心中始终有一股子劲，想去拼出一番自己的事业。27岁那年，葛航决定创业。

他的第一个创业项目是卖电脑。90年代初期，计算机刚刚在中国市场面世，品牌电脑动辄数万元，而组装电脑只要一万元甚至更低，葛航觉得这是一个机会。他通过卖组装电脑赚了第一桶金，尝到了甜头，这种稳赚又不忙的日子持续了好几年。可又总觉得哪里不对，这离他理想中的工作和生活还是有点距离。直到有一天，机会再一次来了。听说浙江医科大学附属二院要做一个收费系统把12个收费窗口整合起来，在一个窗口进行收费统计，这个系统需要价值20万元的硬件。凭借着多年卖电脑的经验和对硬件市场的了解，他便拉着一个同学一起扎进这个项目。

但是葛航很快发现，不做好收费软件，硬件压根是卖不出去的。葛航于是请来工程师做了套软件，功夫不负有心人，他们做的软、硬件都被医院顺利采购，项目的成功甚至引发很多医院仿效推广。一口气做了十几家医院后，他决定开始专业做软件。

1997年12月10日，杭州创业软件有限公司成立。其主要业务是为全市医院做医保接口——当时杭州是全国第一个建设医保系统的省会城市。杭州要把各个医院的数据统一整合，从而使得病患报销时会有清晰的清单。创业软件接手了这个数据后台项目，让杭州成为"试点"。项目成功后，这份专业的案例在全国推广，创业软件也由此正式走向全国。

2006年，上海闵行区相关领导找到葛航，想为闵行区做"个人健康档案"。这与他想做的"健康管理"方向不谋而合，葛航立即将公司研发团队30多人都派驻到该项目中，在闵行区干了整整两年。

葛航说："这个产品的成功是特别困难的，前后换了四个卫生院合作，到第四个卫生院才做成功。因为这个管理模式是从来没有过的，其间需要医生的规范、院长的支持与配合，很多的事情都是慢慢摸索后成功的。"

项目执行阶段，葛航便筹划着模式复制。葛航回忆道："这个项目是与政府合作的，很多公司都不愿去做政府项目，因为政府是没有钱的，只有我们公司愿意去做，因为我们看中的是健康管理未来在中国的发展潜力，希望通过这个项目，把未来健康管理的根基做扎实，同时也想摸索一个日后可以推广复制的模式。"

2007年，闵行区的医疗信息化初步完成，入库了50万居民电子个人健康档案，以信息化为基础的"闵行模式"引起了有关部门的关注，成为当时国家的双重示范基地。

"社区健康档案业务当时是没人做的，上海闵行第一次把政府的公共卫生数据和医院的电子病历数据汇合在一起，存放在每个人的健康档案里。每个人看了都说，真好。"那种事业将起的兴奋感与成就感，葛航记忆犹新。

在葛航的带领下，公司发展得越来越好。2015年，创业软件股份有限公司正式在深圳创业板上市，企业发展上了一个新台阶。随着5G、万物互联时代的到来，公司用更广阔的胸怀去迎接变化，2019年做了战略新布局，随之，创业软件更名为创业慧康科技股份有限公司（简称创业慧康）。

"最多付一次"，打造基层就医"滨江体验"

近年来，创业慧康致力于助力滨江智慧医疗发展，打造出优质的基层就医的"滨江体验"，让居民在家门口就能享受优质的医疗服务。

据悉，创业慧康自2015年开始相继承接并参与了滨江区智慧医疗一期、二期、综合管理平台、舒心就医、云药房、刷脸支付等建设项目。目前，滨江三个街道社区卫生服务中心与浙大儿院、浙大二院、市三医院等省市医院建立了医联体。医联体模式，充分发挥了"把方便让给患者，把时间还给患者"的效能，为患者保驾护航。例如，开通"舒心就医"服务的居民，如果去医院时忘带市民卡和现金，只要在智慧医疗自助机前"刷脸"，一样能就医挂号、缴费结算；在个人信用额度范围内，整个就诊过程不需要再去排队结算，可在就诊结束48小时内通过自助机、手机支付，真正做到"最多付一次"，可极大改善就医体验。同时，创业慧康如今还可实现心电、影像远程疑难会诊，实现移动终端图文报告和影像报告的调阅服务。

如今，创业慧康在智慧医疗和大健康领域已经走过了近25个年头，对健康管理生态链的搭建还将继续，这是葛航坚守了20多年的梦想。放眼未来，中国大健康产业的发展已经是大势所趋。葛航说，我们要勇立潮头，做大健康产业的弄潮人。即便目前，创业慧康在全国医疗信息化的市场份额已居首位，但他始终坚信，"健康档案"事业依然有更多发力空间："因为，它代表未来。"健康城市是"健康中国"的实现，生态链的建成是"健康中国"的未来。健康产业的春风越来越近，葛航坚持的信念也越来越执着。

等风，乘风，领风。在葛航眼里，风正劲，战欲酣。

迪普科技：
用产品和服务说话

◎2019年4月，杭州迪普科技有限公司在深圳创业板挂牌上市

　　2019年4月，迪普科技有限公司（简称迪普科技）在深圳创业板挂牌上市，这家一贯行事作风低调的企业走到了大众面前。10余年来，迪普科技坚持用产品和服务"说话"，默默耕耘在网络安全及应用交付领域，凭借专业赢得市场青睐，成为网络安全的基石。

30年来，从电子信息技术到网络信息技术，再到数字技术，杭州高新区（滨江）深耕数字领域，在"互联网+""物联网+"打造了多个千亿级规模的产业集群，培育起了一大批像迪普科技这样的数字经济力量，走在全国前列、全球前列。

从高端市场破局

迪普科技创业团队都曾在网络安全领域深耕10余年，对网络安全市场现状及前沿发展有着清晰的认识。对行业理解得越深，创业成功的可能性就越大，2008年，他们选择在熟悉的赛道开始一段崭新的创业旅程。

当时，国内的网络安全市场群雄逐鹿，然而运营商、电力、金融等行业客户所需的高可靠安全设备仍需依赖进口。创业团队以此为突破口，通过运营商集采在高端价值客户市场打开局面，填补市场空白。逐渐地，迪普科技在竞争激烈的网络安全市场开始有了立足之地。

创业起步阶段，他们没有选择从低端产品入手，而是直接进军高端市场，强大实力撑起了这份自信。迪普科技日后的发展也证明了创业团队的战略眼光。在攻占高端市场这座山头后，迪普科技又在电子政务、金融、能源等市场规模大、用户要求高的价值行业取得突破，将落地产品用户拓展到各行各业。

创新不是闭门造车

创新是迪普科技的内在基因，也与迪普的日常经营融为一体。对迪普来说，创新不是闭门造车式埋头苦干，不是阳春白雪式曲高和寡，而是建立在以客户为中心基础之上的理解问题、解决问题。

迪普科技视频专网安全解决方案，就是起源于一次给某市交警做的渗透测试。在测试过程中，迪普科技工程师发现交警的视频内网有网络安全隐患，即刻联动产品部、研发部等多部门迅速排除隐患。该解决方案推出后被应用于杭州G20、青岛上合峰会、大连达沃斯论坛、厦门金砖五国峰会、武汉军运会、海军70周年庆等重大会议的安保项目中，并已在省市、公安、交警、高速、机场、地铁等用户的视频专网中规模部署。

创新研发是迪普科技的立身之本，即便在公司创业最艰难的时候，公司也从未放弃过在研发上的高投入。公司建立了一支专业的软件开发及硬件逻辑开发团队，研发人员高占公司总人数的41.86%。团队自主研发了高性能分布式转发硬件架构和L2~7融合式操作系统，并在此基础上融合攻防研究、漏洞挖掘、威胁情报分析、安全事件响应等技术积累，开发了具有自主知识产权的安全大数据处理引擎与AI智能分析引擎，构建了包括自安全网络、安全检测、安全分析、安全防护、安全服务、应用交付在内的产品体系。

那些打不败你的，终将让你更强大

在创业过程中，每个创业公司都会面临各种各样的挑战。如何取得客户信任是摆在迪普科技面前的第一个难题。从高端价值市场进入行业的企业，要想赢得客户信任显得更为艰难。对团队来说，"俘获"每一个高端价值客户的"芳心"都是一次"极限挑战"。

众所周知，金融业对产品的可靠性要求是最高的。2014年，国内还没有一家银行的核心系统敢用国产的负载均衡——因为这个设备和应用联系太紧密了，一旦出问题会直接导致核心业务瘫痪。在迪普人艰苦卓绝的努力下，终于有一家银行愿意第一个吃螃蟹，该行也成为国内第一家在核心系统里使用国产负载均衡的银行。最终，迪普科技的负载均衡产品也没有让人失望。

2018年年底，中国工商银行对负载均衡产品进行集采测试，作为中国第一大银行，工行对负载均衡产品的要求极为严苛，其中有三条门槛最高，分别是N+M集群、可编程脚本和框式架构。工行测试也极为谨慎，历时长达数月，最终国产厂商中只有迪普科技一家经受住了工行的考验。公司秉持宁愿少做客户，也要把每一个客户服务好的精神，脚踏实地，稳扎稳打，最终打动了客户。

创业公司都是在竞争对手的"欺负"中长大的，同时也是在这个过程中学习提升的。有一次，迪普科技与某个大客户达成合作，而与该客户合作的厂商中，当时的迪普科技是其中最小的一家。客户方一旦出现问题，总会第一个致电公司的售后，质疑迪普科技的产品质量。公司团队却也从不辩驳，只是安排工程师到现场排查定位。事实证明，迪普科技的产品非常可靠，最终赢得了客户的认可与信任。

那些打不败你的，最终都将让你变得更加强大，迪普科技用自己的成长印证了这点。

对于创业公司来说，在哪里创业不仅仅是一个办公地点，它更是公司成长的沃土。杭州高新区（滨江）的投资环境和科技创新发展优势，给予了创业公司所需的方方面面的资源支持，也最终成就了迪普科技。同时，迪普科技也以傲人的成绩反哺这片区域的数字经济发展。

范渊：
安于责任，恒于创新

"安于责任，恒于创新"这八个字伴随着安恒信息技术股份有限公司（简称安恒信息）一路走来。作为安恒信息的总舵手，杭州安恒信息技术股份有限公司董事长范渊表示技术突破其实就是一种国家安全责任。"不论是以何种形态创新，安恒信息最终的使命和目的

◎杭州安恒信息技术股份有限公司董事长范渊

都不会改变，那就是为了保障网络安全，助力安全中国。"

一战成名，为国内安全事业添砖加瓦

范渊与互联网的渊源颇深。

在南京邮电大学计算机系的四年大学生涯里，范渊接触到许多互联网技术与新兴概念，这为他打开了新世界的大门。工作后的机缘巧合下，他收到一封来自猎头的邮件，邀请他去美国参加工作。当时已是Java（计算机编程语言）认证工程师的他果断辞职，来到美国硅谷从事网络安全领域相关的工作和研究，并继续深造学业。在那里，他围绕Web安全主题展开深入研究，学习怎样攻防，怎样精准发现问题，以及怎样进行更智能的防护。

2005年，Black Hat 大会（全球顶级信息安全大会）在拉斯维加斯举行。Black Hat大会是网络安全领域的顶级盛会，在这之前，大部分参加的都是外国人，中国人参加 Black Hat 大会并做演讲的是凤毛麟角。而范渊却连续参加了2005、2006年两届Black Hat大会，成为第一位登上 Black Hat大会进行演讲的中国人，并发表了"关于互联网异常入侵检测"的主题演讲，引起了很大的轰动。

这彻底改变了他的人生轨迹。

会议结束后，范渊的研究成果得到了在场专业人士的赞赏，许多人提出了购买意向。他马上意识到，自己研发的技术成果具有一定的创新性和前沿性，涵盖防范技术、发现技术、检测技术等方面，拥有很大的市场需求与广阔前景。恰逢互联网浪潮席卷国内诸多城市，而互联技术的更新迭代加剧了网络安全风险，国内网络安全领域出现巨大市场缺口，国内网络生态陷于危机。"如果能把所学技术带回中国，一方面能够填补国内网络安全市场空缺，另一方面也可以实现自己产业报国的理想。"范渊说。

然而那个年代，企业和普通网民对网络安全的理解还停留在PC端杀毒软件阶段，网络安全市场好比襁褓中的婴儿，尚未成熟，民创企业要在消费端

的安全市场站稳脚跟，困难重重。

2007年，一战成名的范渊果断放弃了美国一家知名安全公司的高管职位，放下既有成就，选择回国发展，尽管他知道"白手起家"并不会一帆风顺。回到杭州后，他合伙同事朋友，组建了一支10人左右的创业团队，成立杭州安恒信息技术有限公司，落户杭州高新区（滨江）。

杭州高新区（滨江）是爱才之地。2020年五届九次全体（扩大）会议提出，杭州高新区（滨江）要利用好产业政策对不同发展阶段的企业予以支持，帮助初创企业快速成长，及时帮助它们解决"成长的烦恼"，核心是要为初创企业搭平台、降成本、找资源。

作为高层次海外归国人才，范渊在这里感受到了关怀与温暖。

2009 年，是安恒信息最艰难的一年，公司筹集的资金所剩无几，公司账面上的资金还不到 100 万元，仅够维持一个月左右的运营。杭州高新区（滨江）组织部人才办听说了安恒信息的窘境，主动帮公司和投资方牵线搭桥，使安恒信息获得了宝贵的创投资金。此外，杭州高新区（滨江）还为安恒信息提供杭州中财大厦一整层三年的免费使用权，助企业渡过难关，这让范渊颇为感动。

融合创新，投身数字安全新蓝海

北京奥运会、G20杭州峰会……在这些国际赛事、国家领导人会议上总是能看到安恒信息的身影。安恒信息，已成为国内网络安全的一张金名片。

2018 年，安恒信息形成了以物联网"安全心"为核心优势的物联网安全解决方案。过去摄像头作为物联网最典型的设备，都是"被动挨打"的亚终端，而该产品不仅成为安全感知的前沿，也在改变整个防护体系。目前杭州某核心区域已经全面部署了该产品，并取得了非常好的效果。

这一年，安恒信息发布了全球网络空间的快速测绘，真正具备了对全球所有资产的认定能力、发现能力、掌控能力，被称为"全球网络空间安全雷达"。它可以快速掌握网络空间的地图，在勒索病毒爆发时，也可以快速感知其趋势和变化，并能够为相关决策、判断提供非常好的依据。因此，从能力的提升来讲，此时安恒信息把很多未知逐步变成了已知。

扎根杭州高新区（滨江）的企业，骨子里就流动着"数字"的高新血液。在公司发展传统网络安全产品的同时，范渊早已意识到网络安全在物联网生态下的新形态已悄然改变，在数字经济时代下，数据安全问题会成为数字经济发展和转型的关键。

网络安全如何与数字强强联合，打好"融合"牌？如何走好数字产业化与产业数字化两条路，焕发数字新生命？围绕核心安全、隐私保护，安恒信息为大众的数字消费保驾护航。

例如，安恒密盾是为钉钉用户量身打造的第三方加密解决方案，解决钉钉用户对于平台数据安全和信任问题，结合安恒信息专业的网络安全经验，采用国密标准，自主研发实现独立第三方安全加密模块，让用户能够更安心地享受数据分享。

范渊主笔编写的《智慧城市和信息安全》一书里描写了许多产业数字化与安全的融合、新技术与安全的融合等场景，这将会成为推动杭州高新区（滨江）数字经济时代的巨大引擎，并助力杭州高新区（滨江）打响"数字滨江"品牌，在"重要窗口"展现"数字滨江"魅力。

"在过去，安全、性能、业务无法实现三足鼎立。但在新数字经济时代，随着安全技术和数字经济的综合发展，曾经不可能的'三足'有可能会实现新的融合。安全作为其中一足，将大大推动国内数字经济快速发展。"范渊表示，网络安全关系到国家信息安全和社会民生，做网络安全工作越久，越明白网络安全是一种责任。

訾振军：
硬科技创造价值

启明医疗器械股份有限公司（简称启明医疗）是訾振军第三次创业成功的企业。前两次创业地点分别在上海和深圳，第三次选择杭州高新区（滨江），他说是"无心插柳"的结果。

如今，訾振军领导的医疗器械领域早已"柳成荫"，牢牢扎根在了杭州高

◎杭州启明医疗器械股份有限公司董事长訾振军

新区（滨江）这片沃土。

2009年启明医疗创立，2019年年底在香港主板成功上市，成为港交所生物科技板块首个医疗器械上市企业，股票代码为02500。

訾振军说："中国人都爱把250叫傻子，但这个数字象征执着的阿甘式精神，我们还得继续像过去一样奋斗。前面一个0代表着从头开始，后面再加一个0，表明我们还要实现一个0至1的飞跃。"

种子在滨江

杭州高新区（滨江）税友大厦700平方米的办公室，便是訾振军创业梦开始的地方，在这里，启明医疗低调落户。

转折发生在2014年。启明医疗获得了"第三届中国创新创业大赛"生物医药行业总冠军。

这次大赛让更多人开始关注启明医疗，政府层面也更加重视启明的医疗器械技术。而訾振军一如既往低调做事，不张扬冒进，一心专注研发。

"启明医疗从不缺乏资本"，其中更有启明创投、德诺资本、红杉资本中国基金、高盛等大腕的助力。

据统计，由訾振军一手打造、孵化启明医疗的德诺体系，至今已为高新区（滨江）带来约6.5亿美金的外资投资。

"发自内心给你解决问题"，是訾振军对杭州高新区（滨江）政府的高度评价。訾振军用"深入广泛的合作"来形容启明医疗和高新区（滨江）之间的关系。经过长期的磨合，彼此已建立起了深度的信任。"我最大的感触是他们的服务意识，今天给我们的这块地，是区政府的领导主动跟我谈的。"

訾振军称启明医疗是杭州高新区（滨江）的自家企业，代表了杭州、浙江，甚至是中国面向国际。

"我们海外虽然有几百号研发人员，但我们的产业在滨江，总部在滨江，我们骨子里互相认定双方。"

用硬科技解决救命问题

"我觉得科技，特别是硬科技，能够充分体现价值。"訾振军一遍遍强调发展硬科技的必要性和重要性。

他说，自己的定位目标比较单一，就是救命，什么东西都不如生命来的重要。德诺体系围绕着心、肺、脑三个核心的、致死率高的器官，已展开深度的创新研究。

启明医疗的研发生产的 VenusA-valve产品，是中国首个获得NMPA（国家药监局）批准上市的经导管人工瓣膜置换产品。随着中国经皮介入主动脉瓣植入术的商业化开展，重度主动脉瓣狭窄患者，特别是不能耐受开胸手术的患者，从此多了一份生的希望。

另一款创新产品VenusP-valve，是全球第一款自膨式经导管肺动脉瓣膜产品，已完成国内临床试验和欧洲CE临床研究，目前已在全球成功完成数千例植入，获得了国内外专家的认可和肯定。

启明医疗达到如今成就的背后，德诺生态体系发挥着举足轻重的滋养作用。德诺医疗是一个具备孵化国际前沿最新医疗技术项目的创新平台，也由訾振军在杭州高新区（滨江）创立。

目前，除了成功孵化了启明医疗，德诺医疗还拥有肺癌早期诊断和治疗器械（Broncus）、外周血管介入器械（唯强医疗）、结构性心脏病介入器械（诺茂医疗）、心脏瓣膜修复器械（德晋医疗）等多个项目。

下一步，訾振军将致力于布局德诺旗下企业的上市之路，壮大做优德诺生态体系。他的梦想则是成立一家"国际化医疗硬科技平台"。

中国无，世界新

关乎硬科技，訾振军看得更深更远。他立志要做"中国无，世界新"的东西，这与杭州高新区（滨江）坚定建设世界一流高科技园区的目标不谋而合。

启明医疗一步步扎实走来，对国外先进技术实现了追赶到超越的突破。这家从杭州走出的医疗器械公司，如今已成为斯坦福商学院的研究案例，用户通过学校官网付费下载可获取28页的研究报告。

在中美全球高科技竞争的话题中，启明医疗被选取作为研究对象，说明其价值被认可，其创新和硬技术具备国际竞争力。

生命健康产业是新经济发展的重要内容，也是高新区（滨江）重点发展的产业。在高新区（滨江）布局大健康产业的战略图上，医疗器械是关键的一环。

对产业未来的布局，对产业整体的理解，对企业优劣的判断，对资源整合的配置，高新区（滨江）这个"大孵化器"面对上述问题的表现，都让訾振军感到满意。

不经意间选择了高新区（滨江），也庆幸选择了高新区（滨江）。谈及在这里的创业历程，訾振军说："做着自己感兴趣的事，很舒心，不委屈，不别扭。"

未来，启明医疗打算与高新区（滨江）继续保持"深入广泛的合作"，结合高新区（滨江）数字化科技上的布局，推动数字化、智能化医疗器械的升级。

"我们觉得这在将来是大有可为的一件事，我们跟区里双方高度认同，共同努力，去推进智能化医疗器械产业往新高地发展。"

叶大林：
为人类健康事业贡献"泰林力量"

2020年1月14日，泰林生物技术股份有限公司（简称泰林生物）成功登陆A股市场，正式在深交所挂牌交易。庆典结束的第二天，泰林生物的管理团队和骨干员工就开始为抗击疫情忙碌开了。董事长叶大林感慨道："今年对大部分的企业来说都是不平凡的，'危和机'

◎浙江泰林生物技术股份有限公司董事长叶大林

突然摆在面前，令人百感交集。整个春节期间，公司没有按过暂停键，一直在克服困难，组织生产，保障疫情应急物资的供应。"

自2002年成立以来，泰林生物专注于生物技术、生命科学、分析仪器等领域的技术创新和产品研发，取得了一系列的创新成果，打造了完整的微生物检测和控制技术系统，并打破国际垄断，替代进口，实现了关键技术国产化，成为微生物检测和控制领域的行业领军企业。

能力越大，责任越大。作为国家高新企业，"创新"是泰林生物企业文化的灵魂，"服务人类健康，造福天下苍生"是泰林生物为之奋斗的企业使命。

巨变

"泰林生物见证了杭州高新区（滨江）从田野到国家自主创新示范区的神奇巨变。"

在叶大林看来，巨变的产生，离不开杭州高新区（滨江）对"高和新"的追求。

2002年，杭州高新区（滨江）管委会正式批准泰林生物研发生产基地建设项目。两年后，泰林生物首台生物隔离舱问世，并被国家科学技术部列入国家级火炬计划。

2006年，泰林生物的"HTY生物隔离舱"被评为"浙江省科学技术奖二等奖"。同年，首台超低浓度薄膜电导率总有机碳分析仪（TOC）成功上市，并荣获"杭州市科技进步奖二等奖"。首台汽化过氧化氢（VHPS）灭菌器问世，在国内首次提出了在可密闭环境下用汽化过氧化氢高效灭菌的新方法，建立了汽化过氧化氢灭菌系统，填补了国内空白。

随后，泰林生物陆续通过了国家高新技术企业认定、省级研发中心认定，并于2015年入选省级创新型试点企业，HTY-V100汽化过氧化氢发生器入选"浙江省制造精品"，并入选浙江省优秀工业产品。

2016年，泰林生物作为牵头单位承担十三五国家重点研发计划重大仪器设备专项——"高性能智能化无菌检测仪的开发和应用"项目，还参与了国家重点研发计划——生物安全关键技术研发重点专项"高等级病原微生物实验室生物安全防护"项目，以及公共安全风险防控与应急技术装备专项"劳动密集型洁净厂房职业病危害防护技术与装备研发"项目。

2018年，泰林生物凭借关键技术优势参与我国载人航天工程事业，助力国内首个载人空间站建设。同年，泰林生物在国内率先开发完成细胞免疫治疗工作平台。

此外，泰林生物积极响应国家"一带一路"倡仪，全力拓展海外市场。叶大林表示，泰林生物早年就确立了战略定位：填补国内空白，替代进口，实现出口。泰林生物逐步从东南亚地区，往西方国家拓展延伸，目前已经销往了30多个国家和地区，出口额在2018年首次突破了百万美金，并且每年都在持续增长。

从杭州高新区（滨江）走向浙江，走向全国，乃至走向世界，泰林生物用源源不断的创新维持着鲜活的生命力。

不平凡的2020

2020年2月24日下午，泰林生物收到了杭州高新区（滨江）的上市奖励150万元。"之前我们知道有政策，但没想到这么快就能兑现。工作人员把需要提交的表格、资料都详细地告诉了我们，只跑了一次，就完成了各项手续的办理。"

从申请到收到资金，仅用了两天时间。作为一家医疗企业，疫情期间，泰林生物的汽化过氧化氢消毒器需求增加，对他们来说，时间就是生命。虽然早已提前复工，但是受疫情影响，人工、交通、物流各方面的压力都不小，"区政府给予的全方位支持，给了我们极大的鼓舞"。

回顾年初，新冠肺炎疫情爆发，医卫单位对医疗物资需求瞬间激增。

2020年1月20日，泰林生物即通过武汉市红十字会开辟的绿色捐赠通道，第一时间向华中科技大学同济医学院附属协和医院捐赠汽化过氧化氢灭菌器；另外还向武汉市金银潭医院捐赠两套汽化过氧化氢灭菌器。

此次新冠疫情，泰林生物累计捐赠六套过氧化氢先进灭菌设备，这些设备为新型冠状病毒肺炎患者的定点收治医院终末消毒提供了强有力的安全保障。

2020年4月29日，泰林生物收到了一封特殊的感谢信。这封来自国务院应对新型冠状病毒肺炎疫情联防联控机制（医疗物资保障组）的致谢信函，对泰林生物在举国抗击疫情攻坚战中的突出贡献表示诚挚感谢。

感谢信高度评价了泰林生物，认为泰林生物"始终把人民群众生命安全和身体健康放在第一位""积极履行社会责任"。泰林生物"克服春节期间用工短缺、物流运输不畅、零部件供货紧张等重重困难，加快达产扩产，提效增能。企业全体员工奋勇投身疫情防控第一线，加班加点，任劳任怨，有力保障了全国特别是湖北武汉等重点地区的疫情防控急需"。

传递给每一位泰林人的，不仅仅是一封感谢信，更是一份感动，一种肯定，一股令人为之振奋的力量。叶大林表示，2020年是泰林生物发展史上一个新的里程碑。泰林生物将牢牢把握机遇，不忘初心，持续深耕，不断创新，努力打造成一家专业、稳健、可持续发展的优秀上市公司，更好地为人类健康事业服务，用丰厚的业绩回报股东、回馈社会。

陈立钻：
良心制药，知足常乐

◎浙江天皇药业有限公司董事长陈立钻

　　步入陈立钻的办公室，茶香四溢，浓厚的文化气息扑面而来。入目是棕褐色木制传统家具，陶罐瓷碗巧妙点缀其间。

　　不见铁皮石斛的真身，可茶水、药酒中，到处有它的影子。原本生长于高山悬崖的铁皮石斛，如今走出大山，惠济百姓，繁衍成了全国百亿级的健康产业，在这方面，天皇药业有限公司（简称天皇）董事长陈立钻享有不世之功。

1991年，陈立钻攻克铁皮石斛人工种植的技术难关，成立浙江天皇野生植物有限公司，同年，杭州高新区被评为国家级高新技术产业开发区。天皇药业的发展轨迹，不经意间契合了杭州高新区（滨江）的建设脉搏，就像踏步登台阶一样，一起跃然而上、共同成长。

种出"仙草"来

生在农村，长在农村；20世纪70年代当过赤脚医生，了解到一些中草药的知识；从小做农活，对农作物有兴趣。陈立钻和铁皮石斛之间，早就埋下了缘分。

秉持着养家糊口的念头，而立之年的陈立钻，决定尝试种植铁皮石斛。大规模种植中药材，最容易出现品种变异与功能退化的问题，想要确保药材质量，就要"无限仿野生"。

于是1986年，陈立钻上到天台山种"仙草"，筑茅棚为舍、与野猪为伍，一待便是八年。负债累累之际，他终于将"死路"走活。

固守天台，不到省会杭州去开拓消费市场，铁皮石斛的产业规模就没法发展壮大。"杨家有女初长成，养在深闺人未识"，将铁皮石斛宣传出去，是当时陈立钻亟须解决的问题。于是下山后，一身农民打扮的陈立钻，来到了距离天台200多公里的杭州打拼事业。

1994年入驻杭州高新区的天皇，只是一家产值与效益都很小的企业，"领导们在当时就十分看好企业和产品，给予了我很多理解和支持。这对当时尚在起步阶段的我而言，是莫大的鼓舞"。

由于企业从事生物工程技术，配备的综合实验室、产品仓库、科研开发等都需要较大的场地。当时的办公场所问题成了制约天皇在杭州发展的一大瓶颈。陈立钻回忆："时任高新开发区的领导们得知情况后，提供给我三个地方选择进行土地转让，最后我选择了文一路益乐路口的地块。”

陈立钻称杭州高新区（滨江）是块福地。1998年，天皇被省科委认定为省高新技术企业，开始享受区内高新技术企业的优惠税收政策。2009年金融危机爆发，公司销售不降反升。

"酒香不怕巷子深"

铁皮石斛，六年一生命周期，性喜阴湿，人工极难栽种成功。

于是，陈立钻将石斛栽种在石子上，以最贴合自然，同时也最低产的方式缓慢推进着他的石斛产业。就是这样看似"笨拙"的生产方式下栽植出来的铁皮石斛，经检测，与野生的药用价值几无二致。

为了药材质量的可控，天皇并没有走公司加农户这条路，而是从育苗、栽种、粗加工到精加工，形成了产供销一条龙的封闭式产业链。"我们是中药，药品必须以疗效为中心，江南为橘，江北为枳，道地药材对疗效的影响很大。"

2000年，天皇的药厂就通过了国家GMP认证。至今已连续四次通过GMP认证，每一次认证都是生产设备不断现代化的过程。如今，天皇已拥有3000多亩的铁皮石斛生产基地，拥有目前行业领先的自动化生产线。

无专精则不能成，长期以来，陈立钻只专注于一种产品，从不做广告。问及原因，他以青霉素为例，"从来没有看见过青霉素广告，广告无非是告知别人我的产品好，我用品质保证产品稳定有效、广谱、安全。我是用事实来讲话"。

目前市场上的铁皮石斛产品琳琅满目，而批准带有"药"字头的唯有"立钻"牌铁皮枫斗颗粒。陈立钻犹记得"立钻"药品在香港注册成功的时候，他长舒一口气，测试、审核、复审、再申报……"立钻"产品最终通过了漫长而严谨的审批过程，也证明"立钻"牌铁皮石斛具备高价值与功效。

当被问及接下来公司的目标时，陈立钻答："做精现有产品，保证质量的稳定，在临床上扩大适应症研究和基础研究。"据悉，天皇针对萎缩性胃炎开展了铁皮枫斗颗粒的临床研究，目前三期已经进行了一半。

逐梦"大健康"

烧稀饭，火头急才香；炖肉，小火慢慢炖才透。无论在产品生产方式，还是生命理念上，陈立钻始终严谨、细致地专注在一件事情上。

陈立钻曾被评为"中国优秀民营科技企业家""全国五一劳动奖章获得者""风云浙商"……如此风云人物近年来却消失在公众视野。一探究竟，原来他已潜心投入大健康产业的布局当中。

"我一辈子就做健康产品，下一步向健康产业发展，一个是养老，一个是文旅。"陈立钻认为，一个人基础生活条件和身体健康条件满足后，需要灵魂、文化、思想和行为语言上的健康，那么大健康便是人类奋斗向往的终极目标。

"有些传统的东西，老祖宗千百年经验留下来的，是真理，就需要传承。"对待传统中医药文化，陈立钻近乎"痴迷"，并将其融入到了他的大健康产业蓝图中。

蔡祖明：
高新东风，"祖名"共荣

高新发展吹东风，"祖名"崛起享共荣。

出生于杭州西兴古镇一户普通农家的蔡祖明，凭借着自己敢为人先的创业精神和不畏艰辛的拼搏精神，顺应杭州高新区（滨江）发展的大潮流，抓住机遇，与杭州高新区（滨江）共成长，共发展，把不起眼的小小豆

◎祖名豆制品股份有限公司董事长蔡祖明

腐做成了大产业，在为自己赢得广泛赞誉的同时，也为杭州高新区（滨江）赢得了荣耀。

筚路蓝缕，以启山林

蔡祖明的爷爷在新中国成立初期就是做豆腐营生的，后来在公私合营中关门歇业。因此，蔡祖明从小就耳濡目染。长大后，蔡祖明尝试了木匠、种苗木、出租车司机等职业，之后在父亲的带动下，他和妻子做起了豆腐生意。他从居民手中收购豆腐票，然后到豆制品厂进货，再到西兴镇上销售。因为是计划经济时代，市场短缺，因此生意还不错，也赚了些钱。

1993年，萧山唯一一家国营豆制品厂倒闭，蔡祖明的货源出现了问题，豆腐生意难以持续下去，萧山也出现了消费者买豆腐难的情况。这既是挑战，也是机遇。与妻子商量后，蔡祖明夫妻二人东拼西凑，筹资50万元，开始筹办豆制品厂。

筹建工厂的那段日子十分艰难，买设备没钱，蔡祖明只能自己动手做；请不起工，蔡祖明自己一个顶三个，睡在厂房里，不分白天黑夜；电工不太懂就请朋友来帮忙。采办、安装、加工，全部由他一个人负责，只有从杭州国营豆制品厂请来的"星期天工程师"[①]偶尔来做下指导。蔡祖明夫妻二人既是老板也是员工，连轴转对他们来说是家常便饭。苦心人天不负，蔡祖明夫妇终于在1994年8月完成了机器安装并做出了产品，并在之后注册了"祖名"商标，正式开始了祖名豆制品的创业之路。

常言道，"世上唯有三桩苦，撑船打铁磨豆腐"。维持工厂的正常运营并不是件容易的事，创业初期，员工数量有限，缺少帮手，为了节约开支，蔡祖明以一当十，点卤、压撬等关键工艺都由他亲自操作和把关。创业以来，他始终坚持诚信经营的理念，从不偷工减料，保证产品质量，赢得了消

---

① 又称科技人员业余兼职。主要是指各级各类专业技术人才、经营管理人才利用周末等业余时间，在完成本职工作的前提下，为民营经济提供服务。

费者的信任和支持，很多客户都慕名自己上门提货。

随着市场经济的不断深入，杭州市大大小小的豆制品加工作坊和企业发展到几百家。然而，由于市场经济是新生事物，在爆发式的发展下，市场监管难以到位，豆制品行业中的违法违规事件层出不穷，在社会上造成了非常恶劣的影响。为了保护消费者利益，杭州市政府成立了豆制品产销整治小组，大力打击违法行为，同时重点扶持若干家豆制品企业。这对始终坚持诚信经营的蔡祖明是一个难得的机遇。"祖明"不负众望，凭借过硬的产品品质通过了审核，成为杭州高新区（滨江）唯一一家合格的豆制品企业，祖名豆制品也借机步入了快速发展的轨道。

高新东风，"祖名"共荣

随着消费者对"祖名"品牌的认可，企业市场份额急剧扩大，原有产能已经远不能满足市场需要，蔡祖明又面临着扩建厂房的急迫需求。他向杭州高新区（滨江）政府提出的申请当即得到回应。2003年，杭州高新区（滨江）政府批准蔡祖明在杭州高新区（滨江）产业园区征地36亩用于扩产。此后，各项建设工作有序推进，终于，投资5000余万元、建筑面积达四万多平方米的祖名新建厂房在2004年顺利投产。

此时，杭州高新区（滨江）正朝着"构筑天堂硅谷，建设科技新城"的目标大踏步迈进，为了跟上杭州高新区（滨江）发展的新形势，蔡祖明在新厂房投产后，开始领导自己的团队苦练内功，不断创新，加大技术和管理的提升力度，多渠道拓展市场，打造高端豆制品的品牌形象。

通过对传统豆制品产业的转型升级，蔡祖明以全新的面貌顺应了杭州高新区（滨江）倡导的"发展高科技，实现产业化"的战略方向。同时，他紧跟市场的发展潮流，使祖名的生鲜系列产品、休闲真空包装系列产品和植物蛋白饮品系列产品三大系列豆制品初具规模，200多个品种一应俱全，一跃成为中国豆制品行业知名企业，也圆了蔡祖明一直以来打造豆制品王国的梦想。

经过20多年的发展，祖名已经从一个小豆制品加工厂发展成为浙江省农业龙头企业、浙江省科技农业龙头企业、全国农产品加工示范企业和农业产业化国家重点龙头企业，同时产品已扩展到发酵豆制品腐乳和豆芽领域，单品达到了400多个。2019年，祖名还在行业内第一个成立了企业的豆制品研究院，提高了公司的技术创新能力，继续引领着行业的发展方向。

回顾祖名豆制品的成功，一方面得益于创始人蔡祖明卓越的领导力和对豆制品产业的深切热爱，但更重要的原因是蔡祖明顺应了杭州高新区（滨江）大发展的时代潮流。作为数次入选全国工业百强区的国家级高新区，杭州高新区（滨江）为创业者营造了无比优越的营商环境和创业环境，激励了无数创业者的信心，才使得企业如鱼得水、快速发展，最终获得了社会、企业、员工的多赢局面。

作为杭州高新区（滨江）土生土长的本土企业，祖名见证了杭州高新区（滨江）的发展历史，并以这里的企业为荣。未来，祖名必将再接再厉，为把自己的家乡建成世界一流高科技园区不懈努力。

潘丽春：
风物长宜放眼量

从如切如磋的信号系统自研者，到轨道交通领域的行业翘楚；

从对浙大产学研融合共进的不断践行，到新基建时代，谋篇布局的深入实践；

这是众合科技股份有限公司（简称众合科技）不断书写的一条发展道路——

无穷的远方，无数的

◎浙江众合科技股份有限公司董事长潘丽春

人们，都与我有关。

这是鲁迅的名言，也被镌刻在众合科技发展长廊里：浩浩汤汤的时代进程中，真正的勇者，当始终扛起高瞻远望的责任，孜孜以求……

"目前的众合科技，是一个紧随国家发展战略，聚精会神谋发展的高新技术企业，主营业务是轨道交通和泛半导体。轨道交通行业的信号系统和AFC（售检票）系统两大业务，都处于行业的前三甲；正在泛半导体产业加大力度，围绕'浙江海纳'做实做强现有的半导体材料制造业务，对行业上下游或相关领域（如半导体设备、关键部件产品）、专业应用场景下的专业芯片领域等进行重点布局。"众合科技董事长潘丽春如是说。

凝结在这份成绩单后面的，是潘丽春和众合人共同坚持的"创意、整合、共享"的核心价值观。

立志且坚，淬火成钢

众合科技的前身是浙大海纳，是浙江大学唯一的上市企业，集合了当时浙大的三大优质高科技资产：浙大半导体厂的半导体产业、浙大中控的自动化产业、浙大快威的计算机产业，1999年，公司在深圳主板上市。可以这么说，浙大海纳当年"含着金钥匙"出生，但是，公司发展却历经坎坷，2006年濒临退市。

2007年，由浙大网新牵头组织公司的破产重组，潘丽春作为工作组成员，第一次走进公司，她说："公司的前半段由盛及衰，是教训，也是经验。"

2009年，公司破产重组成功，痛定思痛，潘丽春说："我们在公司治理结构、业务架构、技术研发和企业文化等方面都进行了彻底再造，这是一个刮骨疗毒的过程，公司也因此涅槃重生。"

"我们必须打造属于自己，属于中国的核心技术！"回忆起10余年来的坚持，潘丽春用"聚精会神坚持自研"概括。潘丽春凭借开阔的视野、果敢的作风和坚韧的品格，带领团队孜孜以求，若干年后成就了公司核心竞争力。

"10多年来，我们投入了十几个亿到研发，使自研系统从无到有，由弱到强。更重要的是，自研系统的诞生和成熟，让众合科技打破国外垄断，奏响自主知识产权的嘹亮凯歌。"

冰冻三尺非一日之寒，数年如一日的耕耘，方才有了专属的技术团队、技术成果、完善的产品。

"到目前，公司取得了突出成绩。以轨道交通为例，众合科技先后承建四个国家级实验室和研发中心、承接六项国家科技支撑计划项目和两项国家高技术研究发展计划项目，并且获得国家级奖项三个、参与制定国家级行业标准三项、参与建设三个国家级示范工程等，此外省市级的项目和奖项若干。"

高瞻远瞩的宏大格局，坚定信念的埋头苦干，奠定了众合科技未来广阔的发展前景。

求索不止，丹心报国

潘丽春始终把"产业报国"的初心记在心头："自研，除了建立公司竞争力，更是中国本土企业建立雄心，实现自己理想的过程。"

潘丽春是经济学博士，深谙竞争的力量。建立并保持对外部环境的敏感性，夯实公司实力、打造自己的核心竞争力是企业发展的基础，众合科技积极做强、稳步做大。在管理上，充分授权、必要赋能，组建起一支富有战斗力的经营团队。

众合科技的竞争力已见成效：自进入轨道交通信号系统业务领域以来，公司已取得了10多个城市中超过30多个工程项目的信号系统合同，开通运行19条线。响应"一带一路"倡仪并带领公司"走出去"，2016年，按中国标准打造的非洲第一条跨国电气化铁路亚吉铁路通车，众合科技为这条铁路装上了"中国大脑"；2018年，西非首条轻轨线路阿布贾城铁建成并投入使用，众合科技为其提供了自主研发全套信号系统……

"对众合科技而言，所有的服务和技术都没有最优，只有更优。例如，大家天天用的地铁AFC系统，为了提升乘客的体验，我们的技术不断改造不断升级，从最早的自动售票机，到后来的支付宝购票自助取票机，再到2017年的二维码移动支付，以及已经完成研发、等待商用的生物过闸技术，进步是我们的常态。"

潮平岸阔，风正帆扬

"当年浙大海纳是浙江省高新企业的1号。我们与杭州高新区的关系渊源悠长，从出生起，我们就一直没有离开高新区。"潘丽春说，"我们是高新区高速发展的参与者，也是见证者。可以这么说，高新区与公司的发展是相互成就。"

众合团队对高新区的环境和政策，从来不吝赞美："我们去过不少地方洽谈、投资，杭州高新区（滨江）的投资环境、政府服务、政策和人才优势在国内都是数一数二的，为众合科技的二次创业成功提供了良好的发展空间。"

进入5G、人工智能、工业互联网、轨道交通领域，随着"新基建"浪潮的兴起，众合科技也第一时间在其中找到了自身的定位。

"根据技术发展和新基建的要求，我们以优势业务为基础，潜心钻研前沿技术和底层技术，在泛半导体、人工智能、工业互联网等领域进行谋篇布局，不断取得先发优势。"

潘丽春认为，众合科技的战略与中央的政策不谋而合，所以公司将抓住良好的"新基建"发展机遇，以新发展理念为引领，以技术创新为驱动，以信息网络为基础，面向高质量发展需要，不断推动数字转型、智能升级、融合创新等板块的发展。

"我们有信心在滨江这片创新的沃土上再创辉煌。"潘丽春话音铿锵，笔者脑海里自然而然浮现出了《诗经》的这句诗："凤凰鸣矣，于彼高岗。梧桐生矣，于彼朝阳。"

孙德良：
白手起家，痴心不改互联网

◎2006年12月，网盛公司完成A股上市，股票代码002095，成为互联网产业在国内资本市场上市的第一只股票

近年来，杭州高新区（滨江）创新创业热潮迭起、势头强劲。在这片创新创业的热土上，既不乏阿里巴巴、网易、华为杭州研究所、新华三等一大批互联网领军企业，也有网盛生意宝、丁香园、仟金顶等众多细分领域龙头企业。

浙江网盛生意宝股份有限公司（简称网盛公司）是一家产

业互联网基础设施提供商，可为企业提供B2B电商平台基础设施、供应链金融基础设施、网络货运基础设施，实现信息流、资金流、物流的三流合一。公司成功运营化工网、纺织网、医药网及生意宝，成功发行"国内互联网第一股"，是专业B2B电子商务发展模式的标志性企业。

公司董事长孙德良白手起家，是我国最早从事互联网行业的专业人士之一，20多年来，他痴心不改互联网，缔造了"中国互联网第一股"的A股神话，是业内外公认的"中国行业B2B电子商务第一人"。

始终如一，痴心不改互联网

1972年，孙德良出生在浙江萧山一个并不富裕的农民家庭，从小受到的教育就是努力读书，到城里去。1995年，孙德良从沈阳工业大学计算机专业毕业，几乎是不加选择地进了杭州一家互联网公司，迈出了他人生无比重要的第一步。

不过，他开始从事的，并不是受人羡慕的技术和创意工作，而是这家公司一份普普通通的英文翻译工作。

机会总是垂青于有所准备的人。这得感谢1996年的奥运会，当时，几近疯狂的中国体育迷们除了从新华社发回的零零星星、残缺不全的消息中了解一点赛事内容外，根本看不到任何及时和同步的赛事新闻。巨大的消费需求促使公司老板迅速召集孙德良等几名员工，借助刚刚掌握的信息渠道和网络技术，报道海外正在进行的各项赛事，并向国内多家电视台、报社兜售来自海外的体育新闻。

这场体育新闻大甩卖自然让公司老板大赚了一笔。不过，孙德良感受到的远远不只是成功后的欣慰，更让他意识到了互联网在社会经济中的巨大作用。

然而一年后，这家公司制订了与互联网毫不相干的一项雄心勃勃的投资计划，这次盲目的扩展导致公司倒闭。孙德良"下岗"了。

在人生的分岔路上，孙德良怅然若失地离开他工作两年的网络公司后，依旧痴心不改，他坚定不移地选择了互联网，打算放手一搏，大干一场，决定自己创办网络公司。

创业初期，孙德良想凭借浙江兴盛的服装业，做一个服装网站。当时，武林广场有一个服装展会，他打算去做个市场调查。但是突如其来的一场雨，将他的美梦打碎。参展商和观众都被淋得无影无踪，而他也只能到附近的一个同学那里避雨。正是在这个同学家里，孙德良看到了一抽屉的化工企业名片。在毫无头绪的服装业和有着较广人脉的化工业面前，孙德良想，为什么不能做一个专业的化工网站呢？浙江是一个化工企业密集的地区，国内企业要出口产品，要获取信息，这样一个网站是各化工企业迫切需求的。

于是，1997年10月，孙德良的"中国化工网"诞生了，这是国内第一个垂直专业网站。作为第一个吃螃蟹的人，孙德良收获了无数媒体的关注，无形中给自己的网站做了宣传。如今，中国化工网已经成为众多国内化工企业员工上班首先打开的网站，其重要性不言而喻。不仅如此，中国化工网一度占到了网盛生意宝总业绩的84.23%。

扎根滨江，激情澎湃走楼梯

2000年8月起，网盛公司扎根于杭州高新区（滨江）。受益于杭州高新区（滨江）朝气蓬勃的创新创业环境，网盛公司迅猛发展。2001年8月，网盛公司被浙江省科技厅认定为浙江省高新技术企业，同时被批准为杭州高新技术产业开发区企业。2006年12月，网盛公司完成A股上市，股票代码002095，成为互联网产业在国内资本市场上市的第一只股票，并演绎了用两万元启动资金、不向风险投资要一分钱、也不向银行借一分钱，用九年时间完成上市的创业传奇故事。

提起网盛公司的企业文化，孙德良说："无论是个人发展还是企业从小壮大，都是一步步走出来的。从一楼到十楼，坐电梯几秒钟就能到达，但一且发生危机，掉下来也很快。企业发展不如'走楼梯'，一步步走上去，到了十楼再往下看，也不会头晕。只是，我希望走楼梯的每一步，都走得激情澎湃。"

确实，在互联网这个发展迅速的行业里，孙德良能取得今天的成绩，和他的这个理论是分不开的。理性地走楼梯，稳步地走上去，而不是一蹴而就，这是孙德良理性发展的智慧。"互联网是一个充满了激情的行业，从事其中，就要有梦想；有梦想才能激发人的激情；有激情才能不断地创新，超越自我；企业发展了，就会有更大的梦想，产生更大的激情，周而复始，螺旋上升，这是我心目中的企业长生不老图。"这是孙德良对"激情澎湃"的最好阐释。

上市后，公司坚持不借一分钱、只做一件事的"工匠精神"，激情澎湃走楼梯，专注于产业互联网的发展方向，通过12年的努力，完成了"信息流、资金流、物流"三流合一的产业互联网基础设施建设。

2016年12月，杭州高新区（滨江）将核心区块的20亩土地出让给公司，用以建造网盛产业互联网园区。2021年，公司将整体从江北迁入杭州高新区（滨江），也预示着公司将在杭州高新区（滨江）迎来发展新时代。

杨一兵：
以科技服务健康

"物联网+""互联网+"生命健康产业既是市场所需，又是杭州高新区（滨江）所长。目前，杭州高新区（滨江）正在加快建设生命健康领域公共技术平台，做强做优生命健康孵化器，力争到2025年把生命健康产业打造成为千亿级产业集群。

◎浙江和仁科技股份有限公司董事长杨一兵

在迈向千亿级生命健康产业集群的道路上，和仁科技股份有限公司（简称和仁科技）一直坚守在智慧医疗阵地，为杭州高新区（滨江）打造浙江省智慧医疗产业基地、国家级生命健康产业创新示范区贡献力量。

走在智慧医健前沿

和仁科技成立于2010年，和仁科技创始人兼董事长杨一兵先生是浙江大学工业自动化专业（人工神经网络方向）博士，由他率领的公司精英团队由医疗健康服务及医院管理专家、信息技术专家、国际国内一流科研院校专家顾问等共同组成，拥有行业稀缺的医疗健康服务与数字化"跨界融合"基因，曾主导并参与众多行业内具有深远影响力的项目。

利用互联网工具对医疗数据进行采集、融合、应用，然后再开发利用，这就是智慧医疗。杨一兵在互联网医疗风口来临前几年，就看到了智慧医健的前景，在2010年创办了和仁科技。在他的掌舵下，2013年公司完成股改，2016年成功在创业板上市。

和仁科技已逐渐发展成为一家具备核心竞争力的智慧医疗项目整体解决方案与服务提供商，其业务范围覆盖医疗服务、公共卫生、家庭医生、药品管理、医保管理、健康管理及人工智能等智慧医疗健康领域，为医院在医疗信息化、医院场景化应用、区域卫生信息化等方面提供了优秀的核心信息系统及整体解决方案。

作为"城市大脑·舒心就医"的建设方，2013年起，和仁科技即在试点区域以"智慧医疗云平台"方式探索医疗健康大数据的采集、融合、应用；2018年年底正式承建杭州"城市大脑·舒心就医"场景项目，目前已实现市区两级公立医疗机构全覆盖，并接入浙江省人民医院、浙江大学医学院附属妇产科医院、浙江大学医学院附属邵逸夫医院等三家省级医院，共253家公立医疗机构实现数据实时在线。这些公立医疗机构可以全部提供"舒心就医"服务。实行"先看病后付费"，患者可以在就诊结束后在院内一次性自助付费，也可以回家通过手机支付医药费。为了让"数据多跑路，患者少跑腿"，推出舒心就医"最多付一次"服务，把原来的医生诊间、自助机多次付费减少到一次就诊就付一次费。基于2019年取得的成果，2020年和仁科技还将在杭州市数据资源局、杭州市卫生健康委指导下，围绕"健康管理"等核心功能，开发、发布新场景。

在参与建设杭州城市大脑的过程中，和仁科技紧跟政策走向，重点围绕"健康管理"等核心功能，加强卫健板块（舒心就医）的医疗大数据服务，形成智能导诊、看病无忧，数据赋能、慢病随访、数据随身、健康全程的全闭环。作为亲历者和建设者之一，杨一兵认为不能从简单的软件应用角度来看待"城市大脑"，它本质是一个开放的、不断进化的生态系统，体现的是以城市为中心的现代治理与服务体系，因此需要参与的各方，无论是政府还是企业，都要以人类共同体的心态来持续做好这件事，让科技服务健康、用数据造福社会。

通过构建"信息高速"系统，"城市大脑·舒心就医"实现了数据的实时共享，互联互通。截至2019年，舒心就医在市属医院实施以来，已有174万人次享受"最多付一次"服务，就诊时间平均缩短一小时。舒心就医让医生更专心，让医院更有序。

智慧抗疫，与疫情赛跑

疫情期间，和仁科技发挥企业社会责任，在短时间内开发"在线复诊"及"医生移动工作站"等产品，供医院免费使用。患者可以通过手机向医生发起在线咨询，进行在线复诊，节省了患者的赴诊时间，避免了患者在院内的交叉感染，满足了患者防疫期间的复诊、配药问题。同时也增加了医生的工作途径，让医生可以合理地利用碎片化时间，提高工作效率。

以杭州"健康码"为标杆，吸取杭州市"健康码"设计管理理念，结合湖州市实际情况，和仁科技利用数字化技术建设湖州企业复工"健康码"，最终形成了湖州特色的"企业复工风险评估平台"（以下简称"平台"），助力湖州市有序复工复产。

平台运用人工智能和大数据等技术手段，采取Likert 5级评分法、层次分析法等在内的评估体系，建设完成了包括企业基本情况、生产车间通风情况、员工宿舍通风情况、工作人员口罩佩戴情况、洗手设施、新型冠状肺炎知晓度等防控相关内容的一套完整的"企业复工风险评估平台"。

企业上线注册并完成测试后，平台会评估企业的新冠肺炎疫情风险，并形成"企业五色健康码"，为企业提供疫情风险等级和应对能力评价。同时，针对企业评估中存在的问题，平台会提出有针对性的措施建议，有效帮助企业掌握自身风险级别，发现薄弱环节，实现企业安全有序复工，杜绝聚集性疫情的发生。

"和仁科技相信科技的力量，更相信服务的价值，凭借先进的信息化建设理念，丰富的实践经验，通过技术和服务让医院的运营更优，医疗质量更佳，患者满意度更高。"以科技服务健康，用数字赋能医疗，扎根杭州高新区（滨江）的和仁科技，努力把握数字技术与生命健康产业融合发展机遇，推进智慧医疗数字化和深度应用。

胡建平：
放飞竞技游戏梦

游戏江湖，向来都以成败论英雄；游戏外的世界，却不是简单的竞技PK。从建筑业转型到网络游戏产业，从"门外汉"到游戏公司"掌门人"，电魂网络科技股份有限公司（简称电魂网络）承载着胡建平的游戏帝国梦。

这个梦在杭州高新区

◎杭州电魂网络科技股份有限公司董事长胡建平

（滨江）慢慢发酵着。

如今，杭州提出打造"全国数字经济第一城"的概念，得益于政策、人才、平台、资本和环境"五位一体"生态体系的综合施效，杭州高新区（滨江）已成为各路企业家的孕育之地。电魂网络董事长兼总经理胡建平就在这片土地上，经过自己的不懈努力与坚持，成为高新区企业家大家族的一员。

梦想，做民族竞技品牌

1994年，22岁的胡建平揣着从亲戚那借来的2000块钱来到义乌，开启了他一路摸爬滚打的创业路，此后经历了服装、化妆品、香烟贸易、户外广告、工程管理各种行业，摸清了商业模式，也逐步实现了财务自由。

一个偶然的机会，胡建平接触到《梦三国》这个项目，虽然从未涉猎游戏行业，但他敏锐地意识到，国风竞技类网游产品是当时中国网游市场的一块空白，拥有非常大的发展潜力。

不仅如此，他还被《梦三国》团队强烈的工作热情和拼搏精神所感染。"他们不仅非常专业，还充满激情。"当时团队在北京已经开始运作项目，胡建平经过一番深思熟虑后，告诉团队成员，"我们一起努力，大家跟我去杭州，在那里我们将大展拳脚！"

于是在2008年，团队跟着胡建平来到杭州，成立了杭州电魂网络科技股份有限公司。落地杭州高新区（滨江）后，大家便潜心投入国风竞技类网游的研发工作中。

创业的过程少不了挫折和失败，胡建平及其团队在产品封测期间，便遇到了一些较严重的程序错误。"我们没有在困难面前后退，我们坚持到了最后，实现了我们的梦想！"提及这段坎坷经历，胡建平难掩激动。

在经历了无数次打磨和测试后，电魂网络在2009年年底推出了国内首款国风竞技类网游《梦三国OL》，并在2010年实行了商业化运营。

胡建平说，电魂网络是国内首家推出"国风竞技"网络游戏产品的企业。"我们的游戏人物都是三国人物，我们希望《梦三国OL》能够传达给玩家的是一种国风竞技的概念。所谓国风竞技，就是以中国传统文化为鲜明特色的电子竞技精神。"

2011年年底，《梦三国OL》在线人数突破30万；2012年达到40万人；2013年更是达到了55万人。2016年10月，随着上交所一声锣响，电魂网络成为国内首家在上交所主板上市的独立IPO游戏企业。

互联网已经发生革命性的变化，移动互联时代已经到来，游戏行业已不仅仅是PC游戏时代，移动互联领域将拥有更广阔的发展空间。上市之后，电魂的创新之势不断加码，自主研发多款手游、布局VR游戏、拓展海外市场……

"我们对公司的发展已经做了详尽的规划，在坚持国风特色PC端游戏开发和运营的同时，产品将向多元化方向发展。"未来几年内，电魂网络将致力于精品网络游戏的研发与运营，朝着成为"国内一流的网络游戏研发商与运营商"的目标进发。

服务，手到拈来

谈到为什么选择到杭州高新区（滨江）创业，胡建平说："上有天堂，下有苏杭，杭州自然、人文环境非常好，离老家比较近。另一方面，杭州是一座开放的城市，杭州高新区（滨江）更是高新技术企业人才聚集的高地。"

对公司发展来说，人才是第一资源，杭州一直以开放包容的胸怀聚集各类人才。在这里，电魂网络持续完善内部人才招募计划，吸引到众多年轻有为之士的加入。

胡建平认为，杭州高新区（滨江）的各类扶持政策比较完善，区政府务实，创新创业氛围浓厚，营商环境优越，"人才带技术，技术变项目，项目融资金，实现产业化"的创新驱动之路，吸引他义无反顾选择了杭州高新区（滨江）。

当初，在游戏电竞行业市场还不够成熟的情况下，政府部门为电魂网络积极申请各项补贴，指导这家初创企业一步步完善发展。

如今，电魂网络在杭州高新区（滨江）已拥有自己的办公大楼，员工们有了更好的工作和生活环境。"我希望每个员工在公司工作是自豪的、开心的，公司能够让他们拥有实现自己梦想的机会。"让全体电魂人都能安居乐业，是电魂网络最实际的目标。

现在看来，电魂网络的成长轨迹非常清晰。能走到今天，并保持较好的发展态势，和团队的力量密不可分，也和电魂始终坚持国风竞技，弘扬三国文化的发展理念休戚相关。

在杭州高新区（滨江）"服务企业"的理念下，政府出台了多项产业扶持政策，极大帮助了企业的成长。在这一点上，胡建平深有体会。

"更难得的是，近年来区政府的管理部门常常深入企业调研，询问有什么困难，定向解决问题。如果是需要长期跟进解决的，政府都有专门的负责人与企业对接。高新区的举措是非常具体的，我们企业都能明确感受到。"

在杭州高新区（滨江）政府的大力支持下，电魂网络沿着既定的战略目标，精耕网络游戏产品的深度研发，致力于通过持续的研发投入和技术创新，加强公司的核心竞争力，呈现出更多更好的产品。

今天，电魂网络董事长胡建平，依旧本着匠人精神，不断创新，锻造国产游戏精品，用匠心铸就游戏之魂。

俞先富：
钱塘江畔的追梦人

"萧宏参展啦！"2019年年初，杭州市市政公用建设管理科技创新成果展在市科技交流馆拉开序幕，包括萧宏建设集团（简称萧宏）在内的24家建设、监理和施工企业参展。展览着重展示了杭州市在市政行业建设和管理实施创新驱动发展战略，激发行业创新活力等方

◎杭州萧宏建设集团董事长俞先富

面取得的重要成就。

这是俞先富掌舵的萧宏集团创新力的体现，2019年萧宏还被认定为国家"高新技术企业"。滨江是一块神奇的沃土，这里的每一天都在演绎着新的传奇。

追逐梦想　历尽艰辛扎根萧宏

俞先富自小在钱塘江畔摸爬滚打长大。17岁那年，他辞去了得心应手、旱涝保收的教师职业，骑着一辆破自行车，怀揣着好不容易凑起来的五元钱，踏上了追梦的道路。

最先在华丰造纸厂拉水泥，后来到杭州自来水公司挖马路埋水管，杭州手表厂工地挖土，汽修厂修车，再到萧山宁围建筑公司做会计、预算员、施工员，他是"说尽千言万语、想尽千方百计、吃尽千辛万苦"。1976年，他成了当时萧山城北区委一个工作组的秘书。1981年，他被调配到区委下属企业--杭州珊瑚沙水库工程处从事预决算等工作，而这家企业，就是萧宏的前身（后改为萧山第二建筑工程公司城北分公司、杭州地方建筑工程公司城北分公司）。

俞先富决计大干一番之时，恰逢中国大地发生了一系列巨变，改革开放的春风吹拂神州大地。自1983年担任公司副经理，俞先富的事业蓝图就此逐步展开。1987年，28岁的他被正式任命为杭州地方建筑工程公司城北分公司经理，成为杭州最年轻的施工企业领导之一，这无疑为他提供了一个发挥自身潜能的广阔舞台。

业精于勤　全力以赴筑就荣光

担任老总的俞先富首先要解决的是业务问题，珊瑚沙水库加固工程就是他的第一个立本工程。1987年3月，东海咸潮疯狂侵袭钱塘江。从千岛湖下来的钱塘江水流推不走汹涌的咸潮水，而蓄有淡水的珊瑚沙水库突发坍塌，杭州全市用水频频告急。当时，副市长连夜找到俞先富，要求他以精兵强将抢修珊瑚沙水库，必须在8月24日之前重筑拦水坝。

指令如山，容不得半点迟疑。当时的俞先富才28岁，刚担任经理不久，他连夜策划施工方案，组织施工人员。"我把500人分成四个团，设四个领导，往下再组成29个造坝战斗小组，还采取了责任承包，也就是说，按时完成的不加钱，提前完成的多加固一个部位加一元钱……当时大家拼命地干啊，一方面这是市里的抢险重点工程，另一方面是我们的激励机制起了作用。通过我们的努力，终于保质保量完成了任务。"

杭州市民迄今仍记忆犹新，当年的供水抗咸工程是省内重中之重的民生工程，它的建成可以一劳永逸地消除咸潮之苦。这其中的"抗咸一期"是新筑一条从珊瑚沙水库，沿之江路，一直到南星桥的渠道，堤内新建7.6千米的大型钢筋砼输水方渠。俞先富向市领导建议："将之江路向钱塘江外拓12米，在新拓的堤岸上筑一条新的防洪大堤，而那条输水方渠就埋在堤岸下。"这样，拆迁不用搞，交通不再阻塞，还能治理钱塘江。

"抗咸一期"工程方案最后按他的思路来规划设计，萧宏承担了70%以上的工程量。最后，工程以过硬的品质、极高的效率，在第二年5月供水旺季到来之前完工，媒体誉之为"市政建设的一匹黑马""钱塘江畔升起的一颗新星"。

技术赋能 插上创新的翅膀

彩虹快速路是杭州快速路系统"四纵五横"中最南面的一条，它的通车，大大缓解了杭州西面进入市区的交通压力。2011年7月，萧宏集团成功中标这一华东首屈一指的大型互通——彩虹快速路滨江段3标段（互通段）工程。

萧宏从来多匠人，情怀悠悠默无闻。俞先富一再强调，这项工程是滨江区重点工程，虽然困难很多，但萧宏只能做好，不能在自己的地盘砸了牌子。

根植着"特别讲科学，特别能战斗，特别会战斗"的基因，萧宏人经过

19个月的努力奋战，克服场地集约化、空间交错多、高空作业险、交通组织烦等诸多困难，使得一座四通八达、层层交叠的五层立交桥似蝴蝶展翅，巍然横跨在时代大道之上。工程还获得"中国建筑工程钢结构金奖"，并以过硬的技术赢得专家的点赞。

"企业持续发展之基、市场制胜之道在于创新"。萧宏从无到有，从小到大，足迹贯穿着整个城市建设的主动脉。如今的萧宏已是集市政建设、房地产经营、生物医药、小额贷款和铝业、环保科技、交通科技产品研发生产于一体的综合型施工企业。站在新时代的关口，萧宏更将目光投向了"新基建"。

厚植优势，创新发展，发展高科技是杭州高新区（滨江）与生俱来的使命。扎根在这片高新沃土上，俞先富始终强调通过创新推动企业高质量发展。

目前，萧宏在诸多施工领域形成了硬核技术，技术中心被认定为"浙江省省级技术中心"，企业被认定为国家"高新技术企业"。承建的工程获得"鲁班奖""国家优质工程奖""钱江杯""西湖杯"等多项国家、省、市优质工程。

岁月如歌，钱潮澎湃。这是一个伟大的追梦时代，小故事演绎着壮阔的大历史，奋斗足迹交汇成时代的进步潮流，立足杭州高新区（滨江）30周年的发展基础，俞先富进一步积蓄能量，以梦为马，将带领企业迎来更美好的明天。

邓晖：
为了更美更清的看见

◎虹软科技股份有限公司董事长邓晖

2019年7月22日，伴随开市锣声响起，首批25只科创板股票在上交所交易，科创板正式开市。其中，被誉为"科创板 AI 第一股"的虹软科技股份有限公司（简称虹软），备受瞩目。

虹软是杭州高新区（滨江）第一家科创板上市企

业，同时也是滨江第44家上市公司。上市一周年，市场估值近300亿元。

虽然虹软进入公众视野的时间还很短，但始终如初地专注视觉算法已逾20年，目前是全球计算机视觉技术在手机行业应用领域当之无愧的领军者。

多摄技术、暗光拍摄、人脸美颜、全景拍摄，是目前市场上绝大部分智能手机的标配功能，也是虹软研发的智能手机视觉解决方案。如今，虹软的视觉算法被运用于百亿台智能终端设备中，70%以上的安卓手机都在使用虹软的技术。

相类似的科创基因

让我们将视线聚焦于杭州高新区（滨江）天堂软件园。园区内最高大楼的顶部四层，驻扎着虹软的总部。随着企业规模的不断扩大，现有空间已无法满足企业长足发展的需要。

新的产业化基地坐落于滨江互联网小镇，目前新大楼正在紧锣密鼓地建造中。不久的将来，虹软将会像众多跨江发展的高新区企业一样，拥有自己的专属天地。

走在虹软办公区的长廊内，墙上悬挂着的自然摄影作品引人驻步细赏，它们的创作者，就是虹软的创立者邓晖，他也是一位摄影爱好者。创始人的数学天赋加上个人兴趣使然，令虹软走上计算机视觉技术和计算摄影的道路，一切都那么顺其自然。

虹软与杭州高新区（滨江）间的渊源，最早可追溯到1998年，早在那时虹软便在杭州高新区设立了合资公司，并于2007年向高新区行政服务中心申请入驻天堂软件园。

"刚来的时候，上海到杭州的高速公路还不通畅，也没有高铁，从上海下飞机，要坐四五个小时的车来到杭州。" 邓晖说。彼时，将最大的研发基地落地杭州，虹软看重的是浙江大学等在杭高校的人才资源，以及杭州高新区（滨江）优良的研发环境和优惠政策。

"杭州高新区是国家级高新区,享受国家级政策,虹软在高新区开设研发基地以来,政策对于我们来说是无障碍的,高新区的政策服务对接很及时,我们第一时间能够获取。"

人才对于科技型企业的重要性不言而喻。邓晖认为,计算机视觉技术很有价值,但需要长时间积累才能打磨出来。在这个过程中,虹软吸收了一大批爱好视觉技术的人才加盟,在企业良好的研发氛围中,大家都沉淀下来做技术。

虹软在杭州由一二人的初始团队,发展壮大到了如今的五六百人规模。其间,也有不少浙江大学等高校的人才力量,被送往海外进行培训,回国后投入视觉技术研发岗位。据统计,截至目前,在虹软工作已超过10年的员工有近200名。2017年,公司将总部也整体迁至杭州高新区(滨江),这意味着,虹软转变成为一家真正的杭州高新区(滨江)企业。

"高新区和虹软具备相类似的科创基因。"邓晖说。立足滨江、放眼全球,虹软致力于打造世界顶尖的影像视觉技术公司。

做伟大的产品

十年磨一剑,二十年造春秋。虹软虽然低调,但采用了虹软技术的产品并不低调。默默无闻的算法大厂,在上市那一刻,终于锋芒毕现于公众视野。

"科创板给了科研人员以希望,很多朋友都有了创业的冲动。因为他们看得见、感受得到,技术能够变成产品,能够成为一个产业。"在邓晖看来,优秀的科创企业不是单纯靠国家扶持,而是要通过在市场中的摸爬滚打,最终在竞争中胜出。

虹软就是计算机视觉技术领域的佼佼者,对自身软件技术抱有绝对的自信,一直在国际数码器件市场独占鳌头。"我们一直潜心做研发,时刻准备厚积薄发。研发不是一蹴而就的,需要长期积累。"

"虹软常常被称为隐形冠军，一直在背后默默支持我们的客户，我们提供基础技术，客户提供产品。"虹软所提供的计算机视觉技术解决方案，目前应用于智能手机、智能驾驶、IoT（物联网的简称）等智能设备领域，主要客户包括三星、华为、小米、OPPO、vivo等全球知名手机厂商，以及上汽等国内汽车企业。

邓晖超前的产业格局和前瞻性，帮助他在产品市场爆发前，便提早布局，建立起先发优势。历经了PC时代、数码时代、移动互联网时代的步步为营，现在他又将目光投向了人工智能领域。

"在AI时代，一个公司的能力是有限的，但千千万万个公司就能产出无法估量的价值。"

拥有全套视觉AI技术，虹软于2018年推出了免费的视觉人工智能开放平台，将人脸识别、人脸跟踪、活体检测、人脸属性等核心技术免费提供给有需求的企业、创业团队和个人开发者使用。邓晖认为，用视觉技术赋能企业创新，是一个有价值、共赢的举措。

"我们希望把虹软做成一家拥有世界领先技术，且能为我们的客户和消费者带来真正价值的影像视觉技术公司。"这是虹软公司的企业使命，也是邓晖作为一个企业家的初心。

如今的天堂软件园内，由虹软孵化衍生而出的"虹系"企业大放异彩。杭州登虹科技有限公司、杭州美帮网络科技有限公司都极具发展潜力。而同样在科创板上市的杭州当虹科技有限公司，原为虹软的子公司，被管理层收购后另立门户，如今，两者在科创板舞台上同台绽放、各自精彩。

何军强：
做车联网领域的先行者

　　"车联网是一张神奇之网，网起了用户和汽车的关系，也网起了我的创业之路。"

　　此话出自杭州鸿泉物联网技术股份有限公司创始人（简称鸿泉物联）兼董事长何军强之口。一直以来，鸿泉物联以"降低交通运输的代价"为使命，致力于利用

◎杭州鸿泉物联网技术股份有限公司董事长何军强

人在回路的智能增强驾驶技术、人工智能技术和大数据技术，研发、生产和销售智能增强驾驶系统和高级辅助驾驶系统等汽车智能网联设备。

事实上，这不是何军强第一次创业了。那么，这家商用车智能网联设备领军企业背后的发展历程是什么？何军强本人又有哪些故事呢？

二次创业，进军车联网

"选对行业，是创业成功的基本条件。"回顾过往，二次创业的何军强总结了自己成功的秘诀。

早在1999年，何军强就发现了国内宽带上网需求量大幅攀升。这是一个信号，他抓住时机，在高新区（滨江）成立了专注生产光纤设备的杭州初灵信息技术有限公司（简称初灵），以替代进口产品。因站在了行业风口，初灵在何军强的带领下迅速发展。短短四年时间，初灵的营业收入就从零突破到5000万元，年净利润超500万元，并正式登陆创业板。

这样的成就，对大多数人来说已是难以企及，但对于何军强来说，显然不是终点。慎重考虑后，他决定急流勇退。

2009年，已休整五年的何军强重新出发。这一次，他仍然选择在高新区（滨江）开始新征程。何军强创立并注册了杭州鸿泉数字设备有限公司，即杭州鸿泉物联网技术股份有限公司的前身。而这回，他选择的赛道是汽车物联网。

事实上，当时中国车联网的应用很少，国内民用车数量也远远高于商用车数量。在一般人看来，商用车的车联网应用是一个很不起眼的小领域。但何军强敏锐地从中发现了商机。他了解到，相较民用车，商用车有一个特性：很多时候司机和车主并不是同一个人，汽车一旦被卖出，汽车厂商就对汽车完全失去了控制。基于此，他带领团队经过一年多时间的研发和打磨，开发了一套汽车车载智能终端解决方案——商用车G-BOS智慧运营系统。

这是鸿泉物联开发的第一套车载智能终端。该系统采集车辆运行中的所有数据，包括车辆行驶位置、车辆损耗程度、车辆故障原因等信息，让汽车通过物联网技术与外界进行交互。

丛书"物联网在中国"中的一篇文章《车联网雏形——G-BOS智慧运营系统》里写道："鸿泉物联于2010年为苏州金龙开发'G-BOS智慧运营系统'，并于广州亚运会期间投入服务，标志着商用车车联网正式面向社会应用。80多台安装着G-BOS设备的苏州金龙智慧客车在2010年广州亚运会投入服务，这是亚运会历史上首次出现'3G客车'。"

何军强又一次站在了行业的风口。

为工程车装上"最强大脑"

相较于民用车，工程车给大众留下的印象似乎欠佳，沿路抛洒、私自改装、超速超载、违规卸土……如何治愈工程车运输行业的这些"顽疾"？何军强对此信心十足，"我想要开发一套可以解决全部问题的智能管控方案"。

历经了无数个日夜，何军强带领团队攻克了一个个技术难关，终于推出了大受业内欢迎的商用车智能管控方案，其为商用车G-BOS智慧运营系统的升级版本，能够让原先在马路上"嚣张"的渣土车变得"乖巧温顺"。

2014年，何军强和团队又研发出了一套高级辅助驾驶系统，并在湖南省长沙市城市渣土车项目实现推广。"这套管控方案就像汽车的'大脑'，可以真正将车辆控制起来，实现由'控人'向'控人+控车'的管理模式转变。"对于车主而言，高级辅助驾驶系统可以为其降低油耗、减少车损，实时监测车辆运行状态，一旦产生安全隐患，自动发布警报提醒司机，促使司机主动纠正违规行为，减少运营过程中的交通事故发生率。

截至目前，鸿泉物联已为全国超27个城市的工程车安装了"最强大脑"，大大降低了工程车事故伤亡率。其计划加快了布局国内城市的脚步，将工程车的系统复制到重型卡车、大型客车、专项作业车、新能源车等其他商用车领域。

就这样，何军强以他的决策力和洞察力推动着鸿泉物联的一步步发展。

前几年，整个车联网行业遇冷，很多产品的市场价格迅速下滑。即便如此，何军强仍沉着冷静，目标明确，"事业就像长跑，困难总会扛过去"。在他的带领下，过去10年的业绩增长一直保持在30%以上。"我的任务是带领团队不断开拓新的领域，把鸿泉物联触及的市场从一百亿元开拓到一千亿元。"多年来，鸿泉物联的技术投入占总营收比重保持在15%左右，这在整个行业内并不多见。与此同时，何军强还在鸿泉物联设立了市级和省级车联网研发中心。

凭借着前装车联网与车辆生产厂家合作方面的丰富经验，鸿泉物联已与超40家车厂建立合作，产品覆盖了中国半数以上的商用车企业，业务遍及了上海、长沙、佛山等27个城市。2019年11月6日，鸿泉物联成功在科创板上市，进入了相对成熟期，企业进入车辆在线排放监测新领域，研究院陆续推出人工智能成果。

永不止步是何军强一贯所坚持的信念，而且对于何军强来说，脚下的车联网之路还很长。近些年中国新能源产业迅速发展，他又洞见了新的发展机会，"新能源车辆的安全监控、充电电池的安全监管等问题，未来会成为车厂及运输企业关心的头等大事"。新起点，新征程，何军强将践行干事创业的拳拳初心，为降低交通运输的代价而不断努力。

孙彦龙：
"进无止境" 新征程

2019年12月11日，在杭州高新区（滨江）的天堂软件园，当虹科技股份有限公司（简称当虹科技）在一众高新技术企业中脱颖而出。"这一天，对我们的企业而言，是象征过往荣光和充满未来期许的大日子。"谈及过往，当虹科技的CEO孙彦龙无限感慨，因为就在这

◎杭州当虹科技股份有限公司董事长孙彦龙

天，当虹科技在上海证券交易所科创板挂牌上市。

回首创业路，当虹科技无疑是幸运的。它的幸运在于，领导者孙彦龙以卓绝的眼光，引领着当虹科技踏上一段"进无止境"的新征程。

更广阔的视野

DVD从零到高峰，再到被蓝光取代，一个又一个标准更新换代，作为多个视频图像时期的亲历者，孙彦龙初入行实习期间，就写了诸多视频算法和程序，参与了诸多视频编辑及播放软件的研发，并逐渐加入视频国际标准的制定队伍中。到研究生毕业之时，他已经担当项目经理。

说到这里，孙彦龙认为，他的快速成长离不开"视野"二字："我做工程师的时候，会站在项目经理的角度看项目；做项目经理的时候，会研究整个部门该怎么做。到了之后做部门经理的时候，我会以副总的角度去看问题；真的做了副总，我会从整个事业部，包括全球的业务布局看问题。我一定是往上站一级到两级。而且我从不把自己定位为打工仔，在我看来，只要是工作，这就是我的事业平台。"

视创新为基石，将"先人一步"作为发展理念，当虹科技长期专注于智能视频技术的算法研究，定位于大视频领域，提供智能视频解决方案与视频云服务。在孙彦龙的带领下，当虹科技的团队在保持冷静、审时度势的同时，始终习惯用更广阔的视野来抓住时代更迭的机遇。

开阔的视野加上不折不扣的执行力，当虹科技跋涉过了一个又一个行业，从服务广播电视的精神娱乐领域到公共安全领域，不断沉入场景，突破行业最基础最核心的问题，也不断突破着自己的边界。

在传媒文化业务方向，当虹科技提供"线下视频解决方案+线上视频云服务"的整体视频服务。在公共安全业务方向，当虹科技针对公安、司法、社会安防领域正在进行的 AI、大数据、云计算的发展变革，依托在视频领域多年积累的人脸识别、视频结构化等技术基础，推出多款产品，助力安防用户解放人力。

公司以引领全球视听技术的发展为使命，以为用户获得最佳的视听体验为愿景，更难能可贵的是，当虹科技的研发团队，一直坚持将学习和实践深度结合的研究方式，紧跟视频技术的发展，秉承这股持续的创新劲头，"我们拥有了两个别人不具备的突破，那就是'速度'和'质量'"。

截至目前，当虹科技的音视频解决方案已覆盖大视频全业务链路，同时公司多个自主研发的产品通过华为技术认证。日前，国际知名SRT联盟正式接纳当虹科技成为会员，共同努力解决低延时视频流的困难，改变全球视频传送方式。对当虹科技而言，种种看似微小的进步，日积月累，最终演变为蝴蝶振翅后的巨大改变。

滨江热土铸辉煌

当然，当虹科技的幸运还远不止于此。企业的高速发展，离不开所在区域的大力支持。在孙彦龙看来，能够将公司注册在杭州高新区（滨江），是当虹科技在另一层面上的幸运。

"滨江真的是个很好的地方，服务企业的文化理念很好，服务意识融入了所有人的骨子里。现实中发生的小例子就能有力佐证这一点。当时，因为公司的不断发展，办公区域不够用了。我们周末致电江北管委会，工作人员10分钟就赶到了，第二天问题就解决了。"孙彦龙的叙述难掩对高新区高效执行力的赞赏。

因为有这群可爱的敬业的人，身处滨江这一片热土，"进无止境"不再是一句空洞的口号，而是有了温度，当虹科技的创业之路也因此走得更稳更有力量。

从敲钟仪式结束的那一刻起，当虹科技曾经努力的辉煌，转瞬成为新征程的起点。风起云涌的钱江边，开阔的赛道已经铺就，只有具备胆量、眼光和技术的弄潮儿才能长久地向涛头立。

作为一个创业者，孙彦龙是一个不轻言退休的人，他认为生命就应该努力去拼搏。他要做的从来都不是一家只赚钱的企业，而是在未来，作为中国企业，跟全世界的大公司竞争，开拓全球市场，将产品融入具体行业中去。

"视频是一个大领域，连接着每一个行业，当虹科技未来发展的天花板会很高很高。"面对今日当虹科技取得的傲人的成绩，孙彦龙信心十足，言语充满理性与期许，"我希望，未来当虹科技的技术壁垒越来越高，切入新行业的时间越来越短，执行能力越来越强。"

除此之外，企业的社会意义，在他看来，同样也是非常重要的。事实上，当虹科技一直坚持着以下五条准则：一、公司持续盈利；二、员工持续受益；三、为客户创造价值；四、跟合作伙伴一起共赢；五、对社会有所帮助。

"视频创造美好生活"，孙彦龙说，它不仅仅是愿景。未来，当虹科技将始终以核心技术打底，努力在新行业不断增加占有率，开发出更多的新产品去横向地服务行业。

方树强：
寻找一条适合自己的路

◎杭州万轮科技创业中心有限公司董事长方树强

　　"自从我懂事起就一直在寻找一条适合自己的路，过程中虽不可避免有波折，但最终都成为我迈向成功之路的基石。"杭州万轮科技创业中心有限公司董事长方树强说。

　　寻找自己的路，不仅适用于方树强个人，同时也渗透进方树强的企业经营之道。他是一位地地道道的滨江人，在改革开放的浪潮中，他用审时度势和敢为人先的气度，实现了公司从无到有、从小到大，不断改革、创新、突破的发展历程；在"八八战略"的指引下，他爬坡过坎，勇立潮头，实现转型升级，让他和他的万轮车业集团挺过艰险；步入新时代，他实施腾笼换鸟、筑巢引凤工程，打造万轮科技园双创基地，在有限土地上创造无限价值，用"以亩均论英雄"的豪情迎接新一轮大发展。

万轮科技

时间回到新千年伊始，当时方树强已经组建成立浙江万轮车业集团有限公司，这是滨江西兴镇第一家省级集团，发展势头正盛。

伴随着工业化、城市化、信息化、市场化和国际化的快速推进，在全面建设社会主义现代化的新阶段，经济市场瞬息万变，企业不进则退。万轮车业集团是以劳动密集型的传统制造业为支撑，技术含量低，若想在竞争日益激烈的时代大环境下立于不败之地，必须进行转型升级，方树强心想。

说干就干。方树强按照"高科技、产业化、多功能"的建设构想，拆除原先老厂房，异地征地131.35亩，陆续投资达7.8亿元，打造了万轮科技园。

2006年2月，他通过组建班子，引进专业人才，成立子公司杭州万轮科技创业中心有限公司，专门负责万轮科技园的运营和管理。

是年，园区一期工程完成，高新区便与万轮集团签署合作协议。2008年6月，杭州市大学生创业园正式挂牌，由此万轮科技园成为杭州市第一个"大学生创业园"，万轮车业集团也由此从传统制造业企业成功转型升级为以培育企业、企业家和推动产业发展为核心的创新创业平台。

方树强和他的万轮科技园，迎来了新一轮的机遇和挑战。一期六幢大楼拔地而起，可招商"引凤"成了方树强面临的最大困境。

面对这一困境，方树强不断完善配套设施；组织专员提供一站式孵化与培育的创业服务；注资1.2亿元，成立万轮创新基金，重点扶持有创业梦想和创新精神的创业团队……一系列措施吸引了大批大学生创新企业入驻。其间，园区先后被评为杭州高新区留学人员创业园，浙江省科技企业孵化器，浙江省大学生创业示范基地，2013年又被科技部授予"国家级科技企业孵化器"称号。

到了2013年年底，二期工程竣工，标志着方树强的"筑巢"计划已全部完成，此时万轮科技园已初具规模：园区占地131.35亩，总建筑面积18.5万平方米（地上16.5万平方米、地下2万平方米），分为一期和二期，拥有12000平方米的标准写字楼和80000平方米的研发大楼以及73000平方米的标准厂房，具备产业研发、综合生产、商务服务及生活配套四大功能区块。

万众创新

2014年年初，杭州高新区（滨江）出台了力度空前的"1+X"政策支持创业创新，营造了滨江浓厚的创业氛围，吸引了众多优质企业入驻万轮科技园，一期和二期的办公楼很快被填满。同时，方树强还不断提升团队的创业创新服务能力，搭建起了"创业苗圃+孵化器+加速器+产业园"一站式孵化与培育的科技创新服务链，为企业提供融资对接、技术服务、孵化办公、项目申报、数字营销等10大类专业的创新创业服务，逐步构建起了富有创新活力的创新创业生态。

经过几轮的"企业洗牌"，目前，园区共入驻企业162家，入驻率达98%以上，企业注册资本达21亿元，企业员工达6200多人；成就了一批像宇视科技、启明医疗、圣兆药物、思筑智能等高端知名企业，涵盖了智慧安防、生命健康、高端智造、新能源、新材料及软件研发等高新产业领域；孵化上市企业五家，培育高新技术企业39家，国家级重点软件企业两家，国家级企业技术中心两家，累计瞪羚企业30家。经官方统计，2019年度园区企业实现产值78.45亿元，上缴税收（净）4.13亿元，是杭州高新区（滨江）上缴税收最多的民营园区。

　　凭借优质的创业创新服务，万轮科技园的平台建设又有了质的飞越，先后获评"国家级科技企业孵化器"和"国家小型微型企业创业创新示范基地"等荣誉，逐步发展成为杭州高新区（滨江）最具代表性的产业集聚地和高新产业服务平台、科技创新驱动新引擎、杭州"互联网+"和大众创业高地。

　　发展的脚步仍未停下，方树强孜孜以求，以期能够为万轮寻找到一条更加适合自己的道路，而赛道上的一个回旋，也许能看到更为广阔的风景。

　　2018年年末，方树强决定注销浙江万轮车业集团有限公司，由杭州万轮科技创业中心有限公司吸收合并浙江万轮车业集团有限公司及其名下资产。

　　舍得之间，方树强的心中自有定数。此举，能统一园区主体，规范运营单位管理，打响"万轮"创业品牌，将"万轮"的优质服务拓展到更广的领域。

　　2019年，为提升万轮科技园形象，方树强一掷3000万元，对园区一期1-6#楼外立面和流经园区的花园徐直河沿岸景观进行绿化，对二期中央公园进行了统一的提升改造，旨在为园区企业打造高品质的花园式创业园，提高企业创业效率，提升入驻人员的幸福指数。

　　方树强的成功得益于自身的审时度势，得益于滨江的创业沃土。他坚信，今后公司在天时地利人和的共同化合下，一定会万轮驱动，智创滨江，成为杭州高新区（滨江）一道闪亮的名片。

华水芳：
让企业真正扎根滨江

华水芳作为土生土长的滨江人，对这片热土自然有着不一样的情感。他经营的企业从一个高污染高能耗的水泥厂，通过转型升级、资本运营、管理创新，发展成为高科技特色产业园，个中种种，也是他在不断学习中，审时度势下，一步步完成的。

◎浙江华业控股集团有限公司董事长华水芳

"我们现在做的，就是在大孵化器里做孵化器和双创平台，在大园区里做园区，孵化培育更多的成长型科技企业，让高新区（滨江）良好的创新创业环境优势实实在在落地，在'高'字上做文章，在'新'字上下功夫，在'实'字上创业绩！"

依托"高"与"新"的二次创业

2001年，《杭州市城市总体规划（2001-2020年）》出炉。杭州首次提出了"城市东扩，旅游西进，沿江开发，跨江发展"的城市发展战略。华水芳迅速地接收到了这一讯息，并敏锐地意识到：随着城市化的推进，高污染高能耗的水泥厂将无法在滨江久留了。摆在他面前的只有两个选择：被时代淘汰从而停掉水泥厂或者将企业转型升级。2002年，杭州高新区与滨江区合并，从此奠定了杭州高新区（滨江）多年来坚持的产城人融合的发展方向。

是前进还是后退，华水芳站在了一个稍有不慎就会满盘皆输的十字路口。华水芳和他的团队选择前进。传统企业的转型升级之路并不容易，前进之后又该何去何从呢？在他看来，只有紧跟大环境、大方向、大目标，企业才能有所发展。杭州高新区（滨江）的"高"与"新"两字给了他无限启发。

"这里离杭城仅一江之隔，又被定位为科技新城，未来必定大有可为。"杭州高新区（滨江）把自己定义成"一个大孵化器"，华水芳便想到，那就让自己的企业，转型升级为"一个小孵化器"，服务高新企业，让这些企业真正扎根杭州高新区（滨江）。

2002年，华水芳开始一手筹建华业科技园，形成了17万平方米的建筑规模。通过多年实践，已构建园区综合服务五大平台，建立"众创空间+孵化器+加速器+产业园"的器园发展模式，探索出了"投资+孵化"的产业培育模式。

华水芳作为国家科技部认定的中国创业导师，投资组建成立股权投资公司，参与政府引导的众创基金，对入驻的优质企业进行资金支持和持股孵化，探索科技园区盈利模式创新和可持续发展道路。

为了提升创业服务机制，华业科技园构建了智慧园区公共服务平台。一是构建覆盖全园区的智能监控系统，实时掌握园区安全、人流、车流信息；二是构建企业总体管理平台，实现办公工作、管理自动化；三是构建面向企业业务管理和服务平台，打造一个集信息管理、业务管理和服务管理为一体的运营机制。

服务企业的脚步永不停歇

"这十几年走来，我们收获了很多，取得的成绩不能简单地以金钱来衡量。"华水芳将自己最大的满足总结为三点。第一点，实现了企业转型，从传统制造业跨到科技服务业，让华水芳对这个行业一点一点地熟悉了起来，认识到了这个行业的特殊性和重要性。他不止一次地说，"每个地方都在招商，我们要让好的项目、好的企业、高端人才、优秀的研发团队真正扎根滨江"。

第二点，华业有了一定的知名度。转型升级数10个年头后，华业科技园累计培育四家上市公司、六家新三板挂牌企业、144家高新技术企业（其中国高企业88家）和63家瞪羚企业，成功申报"5050"人才项目87个。这些看得见的成果，让华水芳感到欣慰。他知道，华业的创业业态符合杭州高新区（滨江）的气质。

第三点，华业基本上从外行转到了内行，初步实现专业的人做专业的事。"我们被认定为国家级科技企业孵化器、国家小型微型企业创业创新示范基地、浙江省创新创业首选地，特别是对于两块国家级牌子，每年国家科技部和工信部都要考核评级进行通报。"同时，华业和浙江大学合作共建"浙江大学科技园滨江创新园""浙江大学技术转移中心华业工作站"，加强人才、技术、服务支撑。但这些对于与时俱进的华水芳来说，只是良好的开端。

华水芳与他的团队制订了新的发展规划。"首先，我们要有目标，才能有方向。"这个目标看起来并不容易：计划到2022年年底，华业科技园累计实现培育上市公司六家、新三板挂牌企业八家、高新技术企业180家、瞪羚企业80家、引进"5050"人才项目90个。

以政府的政策为导向，坚持以华业的标准，选好项目、选准团队，"同时，华业自身也需要通过换血来完成新陈代谢，真正承上启下"。

多年来和创业者打交道的经历，让华水芳深切感受到创业的艰辛和创新的可贵。他想到了现在年轻人的困境，"这些白领、研发人员一天到晚对着电脑，没时间锻炼，身体会搞坏的！青春需要活力"。因此，他打算在园区内建设体育运动设施，包括网球场、篮球场、羽毛球场、乒乓球场等，既是配套又能满足需求，让企业与企业之间通过体育活动，增加交流，加强碰撞，以更饱满的热情和更充沛的精神投入创新创业中，从而打造具有滨江特色的创业基地。

从2018年开始他又投资七亿多元新建高200米的华业发展中心，打造杭州高新区（滨江）的地标性建筑之一，形成"一体两翼十幢楼"共计30万平方米的建筑规模，进一步打造具有华业特色的园区精华版，成为人才集聚、产业高端、创新力强的创新创业基地。

回望来路，颇有沧海桑田之感。

"高新30年，参与着这30年，也看到了这30年的变化和成果。我认为唯一不变的是，企业经营一定要讲诚信、守规矩，要合法经营、取之有道，要热心公益、善待员工。"华业科技园依靠这片创新创业的沃土和精准特色的政策服务，走到今天，继续迈向未来。

汤凯珊：
创新万泰，拼搏万泰

在杭州万泰认证有限
公司（简称万泰），每个
新老员工听掌舵人汤凯珊
提得最多的要数"拼"与
"新"了。军人出身的汤
凯珊说话做事尽显雷厉风
行之气，拼搏是每个万泰
人的精神准绳。

万泰所处的认证行业具
有极强的专业性，《国家及

◎杭州万泰认证有限公司董事长汤凯珊

各地区国民经济和社会发展"十二五"规划纲要》首次将认证认可列为九类高技术服务业和八类科技服务业的重要门类。因而坚持创新，掌握先进的"技术语言"，也是所有万泰人刻在骨子里的信念。自成立之日起，万泰的血液里就融入了"拼搏、创新"的基因。

"向平庸挑战"

谈到认证，人们会想到什么？

权威、信任、专业、严谨抑或是规则等，这似乎与汤凯珊的军人底色有天然的耦合性。

对于普通人而言，认证代表着一份安心。认证是一个环节，却沟通着国内外的经济市场，也联动着产业链的上下游，牵一发动全身。

认证机构发展战略的定位是决定认证有效性的重要因素，万泰在行业内率先提出"向平庸挑战"的口号，其目的就是通过打造一支优秀的认证机构管理和技术团队，从而保证认证的有效性和公信力。

相对其他行业，认证机构的品牌建设之路更加漫长和艰辛，社会和用户是最终评判者。万泰珍惜中国经济高速发展给这个行业所带来的机遇，也深知目前行业发展所面临的困惑。

万泰迈出了走专业化发展道路的步伐。整合资源、突显专业优势，是万泰作为一个综合性认证机构在专业化发展道路上的尝试，也是认证机构对承担更多社会责任的探索。

"我们认为，责任也是一种竞争能力，只有关注最终用户对认证的看法，增强认证机构对客户需求和认证市场环境的适应性，才能确保并提升认证的有效性。"汤凯珊坚定地说。

厉兵秣马，风雨廿七

27年来，在汤凯珊的带领下，万泰与崛起的中国制造业共成长，一起经历了中国经济的变革、转型和挑战。

万泰认证诞生于杭州，从1993年9月27日在文三路注册之日起，就与杭州高新区（滨江）结缘，与中国认证行业、与滨江同步成长。随着国内外各大知名企业、科创新秀纷纷涌入杭州高新区（滨江），万泰也深受这里创新创业氛围的感染，迁址滨江，入驻信雅达大楼。

中国认证行业的发展经历风风雨雨、起伏跌宕，而万泰在不同的发展时期，一直保持着清醒的头脑、清晰灵活的定位，稳健前行。

从20世纪90年代为松下电器颁发出第一份证书，到目前累计颁发三万张证书；从第一个走出国门到如今在海外布局；从第一个率先改制把万泰打造成符合国际运行规则的现代服务型企业，到涵盖管理体系认证、产品认证、服务认证的大型综合性认证机构，近30年，万泰的每一步都走得从容、自信和坚定。

如今，获证企业、认证机构、认证市场均已进入成熟发展期。新一代创业者对认证行业有了更好的认知，认证需求更为理性。中国认证市场体量巨大，中国制造业的转型升级，第二产业、第三产业的快速发展，催生出更广泛的认证服务需求。

在这种形势下，作为认证机构头部企业的万泰规模优势凸显，认证行业也在步入更为良性的发展道路。

然而，创业易，守业难。根据荷兰斯特拉提克斯集团的爱伦·德·鲁吉的研究，在日本和欧洲，企业的平均生命周期为12.5年，在美国有62%的企业平均生命周期不到五年，存活超过20年的企业只占企业总数的10%，而中国企业的平均寿命更短，大集团平均寿命仅有七到八年。

风风雨雨的27年，万泰认证有所成就，万泰人愈加成熟，公司董事长汤凯珊和管理层有了更多思考。接下来，万泰应该怎么走？中国认证行业快速发展，以汤凯珊为首的万泰管理层也意识到，有使命感的认证机构承载着更多社会信任的挑战。

万泰拥有大批相伴成长的优质客户，有着拼搏敬业的技术团队，万泰人有足以应付各类危机的能力和风险储备。2019年万泰通过杭州市企业高新技术研发中心认定及国家高新技术企业认定。目前万泰的业务以杭州总部为核心，辐射全国，认证客户遍布中国大陆各省区，业务到达亚洲、欧洲、美洲、大洋洲、非洲。

汤凯珊认为，认证机构只有不断保持技术创新、管理创新的活力，才能不断发展壮大。如果按部就班，如果四平八稳，如果不思进取，如果只是抱怨等待，万泰就不会有下一个10年、20年、30年……

创新万泰，拼搏万泰，这是万泰做大做强的关键，更是认证机构经营的基石。一批又一批万泰人凭着"拼搏、创新"的企业精神，用创业的激情，职业的操守，为实现百年万泰的梦想厉兵秣马，永不止步。

葛朝阳：
倾情付出，扎根孵化器行业16载

◎浙大科技园原主任葛朝阳

2005年十一长假刚过，葛朝阳被组织从浙江大学科技处调任浙江大学国家大学科技园管委会工作。自此，葛朝阳的工作重心从浙江大学科技管理第一线转到科技成果转化与产业化第一线，至今已为浙大科技园、科技企业孵化器的建设与发展付出了整整16年的热情、心血和精力。

岁月记载了他努力奋斗、辛勤奉献的历程，也记录了他开创的浙大科技园与杭州高新区（滨江）合作发展新局面的事迹。

再度牵手

其实，浙大科技园和杭州高新区（滨江）的缘分，在两者成立之初便开始了。

1990年杭州高新区成立伊始，浙江大学便被划入高新区范畴。2001年，浙大科技园被批准为首批国家级大学科技园，而早在前一年，浙江大学、杭州高新区（滨江）和西湖区，就为建立浙大科技园，共同筹建了办公室。在属地划归为西湖区之前，浙大科技园的业务一直由杭州高新区（滨江）管理。

2013年12月，在杭州高新区（滨江）建设得如火如荼之际，葛朝阳审时度势，决定抓住机遇，与杭州高新区（滨江）实行历史性的再度携手合作，充分发挥浙大科技园综合科技支撑服务平台的作用，跨江发展，为高新区科技企业孵化和高新技术产业创新发展做出应有贡献。

随着五年合作协议的签署，杭州高新区（滨江）内华业高科技产业园（简称华业）落地，浙大科技园跨江发展的战略宏图铺展开来。2014年年底，在浙江大学领导和政府的关心、支持下，浙大科技园在杭州高新区（滨江）成立了"浙大科技园滨江创新园"。随后，一大批浙大师生来到滨江创新创业。

"在短短的两年时间里，华业的两幢大楼就被住满。"谈及滨江创新园后续工作、为杭州高新区（滨江）引入的大批优秀人才和高科技企业，葛朝阳的脸上流露出喜悦之色。

"如果没有建立良好的创新创业生态服务体系，孵化器就会沦为所谓的'房东'。"作为原浙大科技园的当家人，葛朝阳始终强调搭建平台过程中，要加强资源整合，轻资产重服务，重视服务能力和内涵的不断提升。以服务、管理、品牌输出这一新模式运营，使得滨江创新园从建设起步就顺利地落在一个高起点上。

2006年，葛朝阳就带领团队明确提出了孵化器要建设"一基础、五增值"的创新创业服务体系，打造国内一流园区的"双生态系统"。

在他的工作理念和具体要求下，浙大科技园孵化器通过发挥自身优势，不断整合学校、政府和社会各类资源，积极引进中介机构，在给入园企业提供工商注册、税务登记、信息网络等基础配套服务的同时，重点通过各种措施提供投资融资、项目申报、创业辅导、创业培训和人力资源等五大增值服务，取得了显著成效。

葛朝阳非常重视与高新区的第二次合作，"我和管理团队花了很多心血，考虑怎么调动我们的教授、科技人员积极性，引导他们带领团队参与高新区的建设发展；怎么把我们的服务体系移植到滨江创新园，真正做好我们的科技服务工作；怎么加强与合作伙伴华业集团的合作，从整体上提升管理队伍的素质和服务能力，取得更好的经济和社会效益……"

在他的主持下，滨江创新园工作成绩斐然。从2014年到2018年年底，滨江创新园共创办或引进科技企业761家，其中国家高新技术企业35家，培育省级众创空间两个，设立博士后工作站一个，培育新三板上市企业三家，为高新区科技创新、创业人才培养、经济社会发展做出了积极贡献。

大孵化器中的缩影

"大众创业、万众创新"已成为当今时代的底色。而如何发挥科技企业孵化器平台作用，扶持大学生开展创新创业，很早就是葛朝阳关心和推进的一项重要工作。

葛朝阳认为，作为浙江大学这样背景的科技园、孵化器更有责任和优势条件开展创新创业人才的培养，尤其是开展对大学生创业教育和自主创业的扶持。

经过几年的探索与实践，2009年，葛朝阳就提出了扶持大学生创业的一套工作模式，即"12345"模式。坚持"1条主线"，即整合各类资源、发挥平台优势、支持大学生创业教育和自主创业；面向"2个层面"，即面向在校大学生、大学毕业生；支持"3种形式"：支持创业教育、创业实习和自主创业3种形式；推出"4项举措"："园校合作"开展大学生创业教育，"园企合作"共建大学生实习基地，"园政合作"创办"大学生创业园"，"园内合作"创建支撑交流平台；落实"5项工作"，也就是项目、场地、资金、导师、培训5项重点工作。

通过不断地开拓创新，葛朝阳带领团队取得累累硕果，累计转化科技成果800多项，累计创办入园企业总数为1600多家，其中孵化企业1200多家，培育省级以上高新技术企业220多家，上市（含新三板挂牌）企业12家。

浙大科技园头顶一系列国家级、省级创业园区荣誉，也是浙江省政府表彰的"就业先进单位"，孵化出一大批优秀高新技术企业，其中给葛朝阳留下了深刻印象有许多。"斯凯网络"2005年入驻科技园，2010年便成功在纳斯达克上市，是国内第一家在美上市的移动互联网企业。科技园孵化的大学生创业企业也表现出色："浙大冰虫"成立于2010年5月，入驻浙大科技园，2017年入选瞪羚企业；2005年创办的大学生创业企业"每日互动"，2019年3月也在创业板成功上市。

16年风雨兼程，在葛朝阳的带领下和团队的共同努力下，浙大科技园彰显了突出的孵化能力和工作业绩。杭州高新区（滨江）与浙大科技园的合作模式成为政府与高校合作的一个新典范，积极推动了浙大师生创新创业，服务高新区经济发展，也为推动杭州高新区（滨江）的孵化器建设、"双创"事业发展做出了突出贡献。

章笠中：
简约智慧医疗的先驱者

◎医惠科技有限公司董事长章笠中

2013年，章笠中将公司迁到滨江，与杭州高新区（滨江）结缘。

一直以来，医惠科技有限公司（简称医惠科技）以"简约智慧医疗"为理念，以"病人安全、医疗质量、临床效率和费用控制"为目标，以物联网、大数据、人工智能、区块链等核心技术为依托，实现从居民到医护人员全人全程可及连贯的智慧医疗信息服务。

发展至今，医惠科技已是国家卫健委委属医院医疗信息化顶层设计和整体解决方案供应商之一，全国唯一一家承担国家卫计委医管所单病种数据直报、质量监控系统建设任务和数据运营合作单位，先后承担和参与了多项国家重大课题研究和医疗卫生行业信息化标准制定。

截至目前，医惠科技已先后服务1500多家医院的信息化建设，包括14家全国20强医院、50家百强医院和六家港澳医院，是国内能同时为医院提供JCI、HIMSS、电子病历等级评测互联互通评审咨询服务的IT企业。可及连贯和简约智慧的医疗服务模式得到了广泛认可和高度评价。

"第一"的进阶之路

创业以来，章笠中和他的团队一心专注在智慧医疗领域，致力于推动医疗业务流程简单化、医疗服务水平同质化、医疗业务管理数字化和医疗诊疗判断精准化。

从一条腕带的故事开始，医惠科技不断创新，大致经历了四个发展阶段：移动医疗、医疗物联网、智能开放平台、医疗人工智能，并取得了多个第一。

第一个第一，是中国第一条带二维码的病人腕带。当时在邵逸夫医院，医惠科技按照最高国际化医疗安全标准中对于患者安全的基本要求，研发了第一条二维码腕带用于病人身份识别，除了传统的姓名口头校对之外增加了信息化身份识别途径，能够让护士更加高效准确地为病人输液、分发药物等，进一步保障病人的安全。

第二个第一，医惠科技最先把物联网应用带进了医院。医惠科技不但把互联网运用到医院的各项便民服务管理上，同时把物联网技术运用到婴儿防盗，病人的防走失、防跌倒，废弃物管理，以及医院的危化品管理上。通过把危化品管理、病人安全管理和公安信息系统打通，首创警医联动的安全管理模式。

第三个第一，医惠科技最早把人工智能运用到了医疗服务当中。医惠是第一家把IBM的沃森（知名人工智能项目）融合进中国医院信息系统，并用于患者癌症的咨询和癌症治疗管理的企业。

2013年，在杭州高新区（滨江）各级领导的支持和帮助下，医惠科技顺利落户，继续蓬勃发展。医惠科技通过资产重组，把智慧医疗和物联网紧密结合，将物联网应用推向更高价值。之后，医惠科技继续在智慧医疗领域进行战略布局，相继完成医疗智能开放平台的落地及人工智能项目的研发。

创新不止，智领未来

一旦站立到创新的浪尖上，维持的办法只有一个，就是要持续创新。

2013年，医惠科技的医院信息智能开放平台全面投放市场，其用意很明确："智能"，对应的是物联网，把医生和护士从完全的"信息俘虏"变成拥有主动获取权的"信息主人"；"开放"，对应的是信息共享服务。

"我们的做法是，以集成平台为起点，引入微服务云框架，实现对现有医疗信息系统、临床信息系统等核心业务的解构与功能重构，实现不同数据架构、不同业务架构、不同技术架构接入，有助于彻底解决医院、区域健康医疗信息系统'深井式'架构，创建'业务定义场景、技术服务场景、数据驱动场景'的健康信息化新模式。"章笠中解释道。

2015年，医惠科技启动了医疗健康新一代人工智能研究。章笠中表示，以人工智能为核心的临床、科研、质控一体化的生态体系是未来的发展趋势。医惠科技通过运用智能开放平台构建大数据的获取及应用的生态体系，实现了临床数据的标准化与医疗服务的可及连贯。

医惠科技自主研发的医疗人工智能认知引擎ThinkGo，具有语义分析、智能诊断、DRG、管控策略联动、治疗方案及用药推荐、"语义-本体-图谱-认知"进化体系、知识库等功能，实现临床数据的后结构化语义智能转换。医惠科技的人工智能探索已经融入临床各个环节中，通过人工智能数据分析为医院管理决策提供可视化精准依据，让医院的工作效率得到了大幅度的提升。

2021年，医惠科技将投入使用自己的大楼，智慧医疗产品产业化基地项目落址于杭州高新区（滨江）物联网产业园区。在区委、区政府的大力支持下，医惠科技已于2019年1月取得项目施工许可，启动建设智慧医疗产品产业化生产基地项目，并被列入杭州市2019年、2020年重点工程。

此外，医惠科技携手杭州高新区（滨江）社会发展局与浙江大学医学院附属儿童医院，提出了杭州高新区（滨江）儿童健康管理服务三千天行动计划。计划将以区域儿童健康大数据中心为核心，建设惠民健康服务平台，联动浙江省儿童医院医疗服务资源，进一步扩大基层智慧医疗的服务能力。为实现辖区孕产妇及儿童的基础保健、疾病全程健康管理、智慧化家庭医生三大民生目标承担更多责任，做出更大贡献。

华绍炳：
悠悠华夏情，拳拳赤子心

◎杭州德同生物技术有限公司董事长华绍炳

少年大学生、公派留学生、海归企业家……在华绍炳博士每一个标签背后，都是一个时代的印证。

时间拨回到2010年。这一年，中国成功举办世博会、亚运会，嫦娥二号卫星成功发射。也在这一年，华绍炳博士成立了杭州德同生物技术有限公司（简称德同生物），落址杭州高新区（滨江），致力于开发国际领先的生物医药应用技术，聚焦妇产科、肿瘤和传染疾病领域分子、免疫及其他前沿技术的诊断市场。

30余年的医学生物学研究（包括肿瘤、免疫和传染疾病等）、分子诊断技术、药物开发，以及生物技术产品的开发经验，是华绍炳博士创业路上十足的底气。德同生物至今荣获众多奖励和荣誉，包括中国教育部"科技进步奖一等奖""中国创新创业大赛优胜企业奖""国家高新技术企业""浙江省医药卫生科技一等奖""浙江省最具成长性科技型百强企业""浙江省高新技术产业科技创新重点企业"等。

报国与理想

1964年，华绍炳出生于宁波慈溪，12岁的他一直以为自己会做个农民。1977年高考恢复，一年后，14岁的华绍炳考上了山东海洋学院（现名中国海洋大学），成为全校78级新生中年龄最小的学生。

1986年年初，完成硕士课程的华绍炳受教育部的派遣，赴海外留学，尔后攻读分子生物学博士学位。四年攻读博士期间，华绍炳共在SCI期刊上发表了七篇论文。

随后，华绍炳博士将研究成果转化为项目，在海外完成了多次创业，均取得了耀眼的成绩。2007年，华绍炳博士决定回国，担任浙江大学浙江加州国际纳米技术研究院首席科学家、兼职教授。

2008年，全球掀起华人专家归国创业潮。华绍炳博士觉得，是时候回报祖国了。2009年，华绍炳博士来到杭州高新区（滨江）考察。杭州的风光秀美、机制灵活、政策稳定让华绍炳博士留下了深刻印象，而最让他感动的是当地政府和有关部门领导的务实和热情。他表示："我其实考察了很多地方，杭州高新区（滨江）的创业氛围、政策扶持的快速实施、杭州人才资源的优势以及良好的生活环境是我很欣赏的。"

2010年，德同生物在杭州高新区（滨江）成立，华绍炳博士开始了真正的回国创业征途。创业之初，德同生物入选了首批"5050"企业，获得了创业启动资金的扶持与各项工作指导。

德同生物的创始团队由海内外著名的专家、学者和企业家组成，创始团队成员均有多年的科研开发、高科技企业管理和公司运营经验，尤其在抗体技术领域更是拥有先进的技术平台和丰富的经验。

德同生物作为妇女健康领域的引领者，在宫颈癌分子诊断方面尤其突出。开发的DH系列分子诊断产品可用于高危型人乳头瘤病毒（HPV）检测，是中国食品药品监督管理总局（CFDA）批准，唯一国产的应用杂交捕获技术结合化学发光原理的HPV检测产品。DH系列产品的优势，与国内外其他HPV检测产品相比，对检测宫颈癌和癌前病变拥有更好的灵敏度、特异度，以及操作的简易性。

此外，由于DH系列产品无须核酸提取，无须基因扩增，无须高要求复杂的实验室，操作人员无须特殊资质要求等优势，不仅能在大医院开展，更是基层医疗卫生机构的首选。至今，销售已遍布全国31个省、市、自治区，检测设备在全国近千家医疗机构广泛应用，至今已服务近千万女性的健康。

责任与感恩

华绍炳常说："公司的成长离不开每一个参与者的努力，而包括家庭在内的社会对每一个参与者提供了众多的支持。各级政府，尤其是杭州高新区（滨江），对德同生物的支持力度也很大，我们不能辜负政府和社会的信任和支持，一定要把优秀的成果、国际领先的产品做出来，服务社群、服务民众、回馈社会。中国的民众有权利享用国际领先的产品。"

早在2003年"非典"流行期间，华绍炳便专程回国，同中国科学院和上海单抗制药技术有限公司等机构合作，构建了世界上第一个针对SARS病毒的基因工程抗体库，并以最快速度筛选出针对SARS表面与核心关键蛋白靶点的多个抗体克隆。该项目受到中国科学院、上海市政府的表扬，且得到了时任中国科学院副院长陈竺院士的大力支持，并被纳入中国国家防治"非典"指挥部科技攻关规划。

2020年年初爆发的新冠疫情，牵动着全球人民的生命健康。在疫情初期，华绍炳及他所参与的多个民间机构募集资金，快速在海外采购了大量抗疫物资运回中国，支援国内的抗疫事业。后来国外的疫情开始肆虐，华绍炳及他所参与的民间机构又募集资金，采集抗疫物资，为国际抗疫出力。德同生物也开发了新冠肺炎COVID-19检测试剂，服务全球的抗疫事业。

不忘感恩，这是深植于华绍炳内心的情怀。在公益慈善的道路上，华绍炳带领着德同生物砥砺前行。为推行防治宫颈癌的理念，德同生物已经连续五年向中国癌症基金会做了捐赠。中国癌症基金会为表彰德同生物的慈善之举，连续五年向德同生物颁布了"社会公益奖"。

"感恩之心很重要。有了感恩之心，社会的和谐就会变得容易。我们回国做点事情，希望能够在某个领域里为这个社会、为周边的人，带来正能量。"华绍炳诚恳地说，"我觉得真正做好创新、责任、感恩这三点，德同生物就成功了。"

景书谦：
鸿运济世，华夏康宁

鸿运济世，华夏康宁。

鸿运华宁（杭州）生物医药有限公司（简称鸿运华宁）成立于2010年，现已成为国际性原研创新型生物医药企业。公司致力于心脑血管和代谢系统的重大慢性疾病以及癌症的抗体新药研究、开发与产业化，建有抗体新药企

◎鸿运华宁（杭州）生物医药有限公司董事长景书谦

业研究院和博士后工作站，具有国际领先的核心技术平台和全球自主知识产权的原创新药，是十三五"国家重大新药创制"专项项目承担单位。

走少有人走的路，是鸿运华宁创始人景书谦的心声。

"做一款印上中国人名字的创新药"

如果说人生如戏，总有一些人可以从既定的剧本中跳脱出来，带给世界惊喜。

1983年，景书谦由中科院生物物理所选派，通过CUSBEA项目出国留学，在海外学习工作近30年。他的学术启蒙是从全球顶尖的生物医学研究机构之一Salk研究所开始的，这里历史上共产生了11位诺贝尔奖得主，Salk研究所浓厚的科研氛围及实验室系统让景书谦颇为受益。"Salk整个实验室系统建立得非常好，研究会越做越宽广，并且东边不亮西边亮，不必死盯着一个方向。"

后来，景书谦先后进入全球著名生物制药企业BMS和Amgen。十几年的勤恳耕耘，他不仅参与了大量的早期新药创制工作，还参与了20余项后期新药开发工作，对生物医药研发的全产业链有更加深入的认识。

在景书谦Amgen办公室墙上，曾装裱着几十张一美元的钞票，这是Amgen给专利发明者的纪念。"刚开始大家还挺重视，都裱起来，但多了自己也觉得没劲，就干脆花掉了。当时我也意识到，无论你发多少篇文章，获得多少专利，实际的利益都属于国外公司的。而医药科研人员总有一个梦想，做一款能叫上自己名字、印上中国人名字的新药。"

"我们这代人经历了很多，也获得了很多，该看的、该听的、该得的都有了，但总是不想留下遗憾。"景书谦说。

于是，这位成绩斐然的科学家选择跳出舒适区，拥抱更大可能。

2010年，景书谦下定决心回国创业，在杭州高新区（滨江）创办鸿运华宁，寓意"鸿运济世，华夏康宁"。当时很多回国创业的团队都从"me too / me better"改良式的创新开始，景书谦却另辟蹊径，定位于做创新药，他的考虑是：在有限的时间内做更加有意义的事情。

众所周知，生物医药产业投入高、周期长。尤其在早期阶段，在房租等资金方面急需扶持。高新区（滨江）给予了景书谦团队全方位的支持。"自2010年创立以来，我们获得了区领导一任接着一任的关心和支持。高新区（滨江）政府先后通过'5050计划'、一企一策专项扶持政策支持鸿运华宁的创业创新。"

有了政策的助力，再加上景书谦本人的远见卓识，鸿运华宁没有扎堆研发靶向免疫检查点等热门靶点的抗体，而是坚持将针对GPCR家族的抗体开发作为公司的重心，并且开发了相关的前沿技术，走出了一条研发领域和研发技术均体现出差异化的研发之路。

九年的时间里，每一道难题都是新的。但景书谦和团队一路死磕，"从0到1"，自主研发出多个靶向GPCR的抗体候选药，这在全球顶级药企中都是少有的。支撑这一切的，是他们心中的伟大抱负——"做一款印上中国人名字的创新药"。

不断进取，勇于创新

让景书谦及其团队更有成就感的是在GPCR技术平台的基础上延伸出的另一个平台，Bibody技术平台。

人体中，支持生命的两个最基础的系统是代谢系统和心脑血管系统。这两个系统中任何一个出现问题，对人类来讲都将是致命的。生命在长期的演化过程中，针对这两大系统中各项关键信息通路，都逐渐演化出了各种各样的互补或候补系统。这对生命的延续当然是至关重要的，但对制药界却带来了一些负面影响。传统意义上的单靶点、单功能药物在很多情况下很难达到理想的治疗效果。

于是，景书谦团队考虑，能不能对已有的针对在代谢和心脑血管系统起重要作用的GPCR靶点的候选抗体做一些分子生物学上的修饰，使其同时可以作用于两个或更多的靶点，干涉两条或更多条不同的信息通道，从而达到更好的治疗效果，甚至更进一步拓展原有抗体的适应症范围。

顺着这一思路，鸿运华宁团队可以在原有的抗体分子上增加一个、两个甚至多个新的功能集团，使其变成一个全新的Bibody、Tribody或者Quadribody分子。这些新分子可以同时靶向不同的信息传递通道，同时它们的基础结构又基本保持与原来抗体的不变。"我们发现前面的路一下子海阔天空了，这就是Bibody。"对这一重大突破，景书谦至今难掩心中的兴奋。

在这两大平台的基础上，鸿运华宁建立起了具有全球竞争力和自主知识产权的创新生物药研发管线，定位于开发具有"全球首创"和"同类最优"潜力的候选药物。目前，在研原创抗体/双特异性抗体产品21个，累计在全球布局了45项发明专利。其中两个抗体新药在国外率先完成了Ⅱa期临床试验、一个抗体新药率先完成了Ⅰ期临床研究、八个抗体/双体（Bibody）新药进入临床前研究阶段、10个治疗性抗体/双体处于不同的早期研究和开发阶段。

未来，鸿运华宁每年将以两到三个新药品种进入临床前研究、一到两个新药获得临床试验批件、一到两个新药进入国内外Ⅱ、Ⅲ期临床试验的速度推进新项目、新产品的研发进程，并在2024年实现一到两个新药递交生产批件申请或上市销售，一步一步实现鸿运华宁人鸿运济世、华夏康宁的鸿愿初衷。

林东：
跨越山海，乘风破浪

浪花是大海的音符，潮汐是大海的旋律。

东海上有一把"小提琴"，静卧在浙江舟山岱山县秀山岛的两座小岛之间。这座外形酷似小提琴的LHD海洋潮流能发电站，如今已奏响潮流能的大乐章。这把"小提琴"的缔造者，就是LHD联合动能海

◎杭州林东新能源科技股份有限公司董事长林东

洋能大型实验室总工程师、杭州林东新能源科技股份有限公司董事长林东。

不服输，跨越山海而来

林东还有一个身份，即杭州绿盛集团有限公司董事长。

"生意不怕亏，就怕歇。"温州瑞安老一辈人代代相传的这些"老古话"，道出了瑞安人不怕输、不服输、不甘贫困、不安于现状而敢于创业、勇于开拓的民风。

70后林东就在这样的环境里成长起来。年少时，对他影响最大的是读到了一本香港企业家的传记。此前，学校老师已经在他心中播下了"长大后要当个科学家"的种子，而那位香港企业家的故事，却让他心里的那颗种子"转了基因"，初次萌发了"要做个企业家"的念头，并且立下宏愿：20岁前就要创办一家自己的企业；30岁前要建成跨国公司。

林东大学毕业那年，正赶上邓小平南方谈话发表不久，各地创业者纷纷涌向广东深圳下海，而他则看好长三角。当时，浙江不少民营企业家创出的品牌，如"娃哈哈"等已经红遍市场，成了他急欲追赶的榜样。于是，他向家里要了30万元，在大学老师的指点下，在杭州创办"绿盛"饮料厂。

然而，创业的小船说翻就翻。按照当时"产品+广告=成功"的模式，他在报刊、电视台上投放了大量广告，没想到过了销售旺季，仓库里还积压着10多万箱产品。关键时刻，林东忍痛做出了一项明智的决定：在信守合同、保证经销商利益的前提下，全线退出。后来证明，这一"自己再亏钱，也不损害合作者利益"的决定极为正确，保住了"绿盛"的品牌和商誉。

"那年，家人又帮我借了45万元，全都亏掉了！我知道，能借钱给我的人都是对我最好的人啊，所以压力特别大。"林东回忆说。内心充满自责的他无颜回家见江东父老。1996年春节，他只能独自一人守在杭州空荡荡的厂房里，账面上只有一万多元流动资金。

后来，浙江人骨子里不服输的血性，让他发现了新的商机：市场上牛肉干热销。于是，他请杭州食品研究所专家帮他试制出口味独特的牛肉干，然后每天早晨蹬着三轮车带着帮工去杭州肉联厂进货。每天用75公斤牛肉做出来的牛肉干，必须当天全部卖掉才能保本。

天道酬勤。两年后，林东成了浙江小有名气的"牛肉干大王"。1998年，当看到丁磊在广州创办了网易门户网站，马化腾和张志东正式注册成立了腾讯，别人眼里有车有房、一年稳赚100多万元的林东，突然问自己："这辈子只能做做牛肉干了吗？"当闻所未闻的新事物一浪高过一浪般地扑面而来时，林东开始感受到时代对他的召唤，他不安于做个"小老板"了。他走进浙江工业大学就读MBA，并在海外大学完成了后期课程。学成归国后，林东担任了杭州大学生创业联盟首任轮值主席和杭州海归创业促进会会长，帮助年轻人创业。

2008年，那颗深藏在林东心中，几乎已被遗忘的、希望成为科学家造福人类的种子，终被悄然唤醒了。

在滨江，做领跑世界的创新

林东认识到，要造福社会，必须致力于创业群体的转型升级。他与在"海创会"期间结识的海外专家黄长征博士和丁兴者博士志同道合，于是结成科技创新的"合伙人"。2009年，美国LHD联合动能科技有限公司静悄悄地挂牌成立了。

林东和杭州高新区（滨江）结缘在2016年。那年5月，LHD模块化大型海洋潮流能发电机组项目尚未下海发电，LHD项目已入选"5050计划"。林东成为杭州高新区（滨江）鼓励"成功创业者再创业"的典型代表。

对于杭州高新区（滨江）鼓励创新、宽容失败的魄力，林东深为感动。"机组下海前，谁到不知道项目是否会成功，杭州高新区（滨江）支持创新创业的决心真的不一般。"很多人觉得一个民营企业家"掀不起"多少风浪，因此在杭州高新区（滨江）获得的肯定对林东来说是莫大的鼓舞。

培育创新不遗余力，是林东与杭州高新区（滨江）的契合之处。"现在有很多年轻的科学家找到我，其中有不少好的项目。希望LHD未来能够推进全球海洋可再生清洁新能源技术的开发和产业的发展，推进中国科学产业化的原创进程。"

如今，LHD联合动能海洋能大型实验室位于杭州高新区（滨江）物联网产业园。在杭州高新区（滨江）总部，林东可以在电脑屏幕上随时查看舟山发电机组的实时数据。在林东的办公室外，一座座高楼林立，其间穿梭着行色匆匆的年轻人，澎湃的创新故事在这里不断上演。身处其中，让他感到振奋。

有时，林东回想起18年前出国留学时，中国和西方的科技差距让他惊异。不过，羡慕归羡慕，林东并没有泄气。"在中国，各级政府都愿意把最好的人才、资金、技术、政策投入科技创新领域，要把中国打造为科技强国。就像杭州高新区（滨江），创新早已被植入基因。"

未来，林东还将迎着潮水的方向，搏击潮头，让创新变得更有生机。

刘宗孺：
让企业助力智慧生活

随着数字信息技术的不断发展，"懒人时代"已然到来，智能化的设备进入千家万户，只为让人们的生活舒适一点，再舒适一点。在杭州高新区（滨江），就有这么一家企业，以科技赋能，为"懒人"的精致生活添上一抹色彩。它就是杭州博联智能科技股份有限公司

◎杭州博联智能科技股份有限公司CEO刘宗孺

（BroadLink，简称博联智能）。

博联智能成立于2013年，是专业的智能家居解决方案提供商和全球领先的数字化服务平台。通过整合物联网、云计算、大数据及人工智能等先进技术，打通互联网平台通道，帮助传统企业向智能转型。其倾力打造的"为智能家电而生"的一站式服务平台DNAKit及智能家居生态圈BroadLink DNA，让生态内的设备、家电实现了互联互通、自由组合及无限拓展。DNA家族已经接入了超200家家电厂商、几乎所有的平台公司，此生态系统建设全球领先。

创业路漫漫

博联智能成立七年来，载誉颇丰。而CEO刘宗孺本人的创业历程，却并不一帆风顺。

刘宗孺祖籍山西，当年以优异的成绩考入了上海交通大学。海阔凭鱼跃，天高任鸟飞是大学给刘宗孺的第一印象。刚适应完上海这座城市，他便在校内校外做起了自己的小生意。一心无法二用，他的学习成绩慢慢地在不经意间下滑，最终，刘宗孺选择了退学。在长时间的失落中，终于有一天，刘宗孺来到家人面前，告诉他们自己想干点事，开明的家人选择了支持他的决定。

在之后的几年内，刘宗孺先后开过酒楼、酒吧，也获得了小小的成功。日子安逸后，他冒险的精神又开始作祟了，出国的想法在脑海里提上了日程——他带着梦想去了海外。在那里，刘宗孺从无到有，整整奋斗了10年，坐上了跨国公司总经理职位，并留校做了研究生导师。

"再不干点什么我就老了！"刘宗孺决定再次创业，只为证明自己。他毅然辞掉了海外的所有职位，拖家带口回到国内，在滨江开始了他的创业之路。刘宗孺发挥了他技术上的优势和曾经生意场上的经验，创立了一家集硬件软件的研发、生产、销售、服务于一体的高科技企业。

经过短短几年的发展，博联智能成功地由智能家居提供商战略升级为物联网连接平台运营服务商。2015年年底，博联智能推出第三方IoT连接平台——DNA System，战略升级为IoT平台运营服务商。DNA System是目前全球最成熟的IoT的PaaS平台之一，清晰定义了物联网的构架及各部分的关联和具体的实施方法，具备便于厂商生产管理的整套工具、军工级的安全保障，提供免费的数据SaaS服务，未来可为厂商提供精准的用户画像。2016年，企业业务战略拓展，进军智慧社区领域。BroadLink智慧社区将物业管理、智慧家居等多个系统、硬件设备以及o2o平台完美融合，运用物联网技术和云计算技术，实现个人、家庭、社区之间的互联互通。

每当谈起产品，刘宗孺都显得有些激动，"我们的产品可以在行业内保持半年的技术领先，这段时间内别人很难超越，这就使自己产品的发售量有了很大的保证"。

滨江放光彩

杭州市召开全面实施的"新制造业计划"动员大会，吹响了全面实施"新制造业计划"的集结号。作为2018年度高新区（滨江）第一批智能制造系统解决问题供应商的培育企业，博联智能早在不知不觉间，主动对接了杭州制造业转型的升级需求，帮助传统企业向智能转型方面做了许多努力。

通过整合物联网、云计算、大数据及人工智能等先进技术，博联智能打造生命周期系统，助力传统外贸加工厂的产线参数化，帮助其汇聚信息、落地数据，用于其仓库、供应链、全生产过程控制等的管理，提高产品先进性，提高生产效率，提高质量，节能降耗、降低成本、提高经济效益。

自2013年落户杭州高新区（滨江）以来，刘宗孺看到，高新区（滨江）正通过宽广视野，发挥着数字经济中的创新优势，催生制造业的新活力，"2018年，高新区（滨江）就开始着手打造'智造供给小镇'，更好地为制造企业进行数字化改造与平台化服务，努力形成国内一流的智造供给产业高地"。

杭州高新区（滨江）良好的政府服务也给刘宗孺留下了不可磨灭的印象。博联智能的成立得益于杭州高新区（滨江）的"5050"计划，"政府通过'5050'计划，以'不占股、不分红'的方式给予了我们启动资金，高新区（滨江）是最美丽的投资人"。

而后，良好的创业环境、丰富的人才储备都让博联智能受益。"未来，博联智能还是会聚焦在'连接'与'服务'中，让'BroadLink inside'家电产品一键上网，实现真正的'人物互联'。"刘宗孺对此充满信心。

现在的博联智能，业务遍及百余个国家，服务超5000万户家庭。自主研发的智能单品年销售量超 500 万件；智能模块年发货量超 3500 万片，客户涵盖了市面上所有的主流家电电工品牌；智慧酒店落地58个城市，改造客房近万间；智慧地产解决方案落地全国 25 个城市，与 18 家位居国内 TOP50 的地产商展开合作，覆盖全国百余个楼盘批量项目。目前，BroadLink DNA互通平台已经成为全球最大的物联网 PaaS 平台之一，在AI结合IoT落地领域居全球领先地位。

未来，博联智能将继续坚持围绕客户需求持续创新，帮助每个家庭、企业、行业实现数字化转型，构建万物互联的智能世界。

倪军：
为中国制造业命脉保驾护航

◎杭州安脉盛智能技术有限公司董事长倪军

翻开杭州安脉盛智能技术有限公司（简称安脉盛）创始人倪军所著的《从大数据到智能制造》一书，里面有这么一段话，描述的是中国制造未来的发展，"第四次工业科技革命为各个国家提供了发展和转型的机遇，智能制造无疑将成为世界各国竞争的新战场。而工业的智能化……中国则将会依靠大数据。大量的工业大数据在中国汇集，无疑给中国制造带来最好的资源优势"。字字句句，充满着倪军对中国制造业的关切与信心。

倪军在2016年6月创立的安脉盛是一家专注于智能制造、工业大数据、工业人工智能应用的国家高新技术企业。这位先进制造科学领域中专攻智能制造技术研究的泰斗级教授，其创业故事可谓引人入胜。

缘起滨江

36岁的那一年，倪军成为海外顶尖大学的终身正教授。实际上，彼时的倪军已经是全世界机械工程领域的顶级专家，如果没有波澜，他将终其一生成为一位学者。

然而，倪军心里一直有一个念头，他多年潜心钻研智能维护系统，"如果没有运用到实际中，智能维护系统也不过只是几篇论文、一堆故纸罢了"。抱着这样的想法，19年前，他与他的老搭档李杰教授，在海外某家国家自然科学基金会的支持下，创建了全球第一个关注工业设备智能化应用的国家级中心——IMS。

2016年，这两位永远精力充沛的教授又做出了一个大胆的决定，以企业家的新身份回到中国。他们将该国的国家智能维护系统中心的英文缩写"IMS"前加上一个了"A"，构成了"AIMS"作为创立企业的英文名，并取谐音"安脉盛"作为创立企业的中文名，寓意"维护制造业这条中国命脉的安全，壮大其发展"。此时，安脉盛团队面临的首要问题是：先在哪里踩稳第一步？

倪军和李杰先后受到了浙江、广东、上海、江苏等多地政府邀请。在考察了国内多个高新区后，倪军教授深深地感受到杭州高新区（滨江）企业型政府和服务型政府的诚意。从落户过程到环境氛围都给了团队宾至如归之感，房租减免、研发补贴等优惠创业政策让团队轻装上阵。最终，安脉盛在杭州高新区（滨江）扎下了根。

"中国有自己独特的国情，在外国适用的技术，在国内还需要很长一段时间的调试，智能维护系统同样也需要时间来适应中国的大环境。"

在倪军看来，中国的制造业拥有"三个M"的优势，却缺少"两个T"。拥有的"三个M"即Market（市场）、Manpower（人力）、Money（资金），缺少的"两个T"即Talent（人才）、Technology（技术）。中国制造业市场广阔、人力充足、资金丰厚，但同样存在高段技术和顶尖人才缺乏的问题。尽管如此，初回国内创业，倪军也有着足够的准备，"我希望通过创业团队的努力，让更多的企业家能明白，工业大数据不仅可以帮助他们降低成本，更可以帮助他们提高生产效率"。

飞跃发展

安定下来后，倪军对创新投入了极大的热情与责任，一边摸索一边积累经验。在度过了一段艰难的初创期后，他所带领的安脉盛团队迎来了快速发展的新阶段。

在倪军看来，要想真正推动制造智能化，绝不能只是为客户搭建"空中楼阁"，必须下沉到具体行业，下沉到具体应用场景，努力深入生产一线，一点点熟悉生产工艺的原理和流程，一点点摸清客户面临的难题和需求，一点点调整技术产品的研发思路，要始终贯彻以工业优先的理念，考虑技术和产品如何能为客户提升关键指标，如何能为客户带来实际的KPI回报。

如今，安脉盛的技术和产品已应用在了核电、高铁、烟草等国家关键行业，依靠自主研发的技术，能为制造业客户提供工业大数据平台和边缘计算硬件，以及设备健康管理、生产质量优化等软硬件综合解决方案，为客户实现质量智能优化、生产智能控制、设备智能运维、智能排产等服务，帮助客户提升生产效率、提高良品率、延长设备使用寿命、降低维护成本。在2020年疫情期间，安脉盛的产品有效帮助了制造业客户实现工厂数字化、智能化管理，保障生产与维护的稳定运行，帮助客户早日复产复工。

2020年5月，倪军和李杰选入"全球智能制造领域20位最具影响力教授"，评选方认为两位卓越学者在经过多年研究工作后，不光取得了重要的个人成就，也培养出富有创新能力的莘莘学子，更创办了企业帮助制造业进行智能化转型升级服务，为智能制造领域的发展做出了突出的贡献。

"大量的工业大数据在中国汇集，无疑给中国制造带来最好的资源优势。只有充分利用这一资源，才能弥补中国在装备制造和核心零部件等方面的弱势与短板，确切地说，大数据将是中国搭上第四次科技革命快车的最大资本。"倪军一直希望能把数据变为经验，把经验变为知识，把知识变为传承，切实地帮助中国的工业在未来能够顺利完成转型升级，在创造经济价值的同时，更多地创造社会价值。

在一次采访中，他真切地提道："可以让人们未来的生活更美好，这是我创业的动力。过往的研究仅限于理论，总是会充满遗憾，在杭州高新区（滨江）创立安脉盛，开始组建在中国的团队，这似乎比发多少论文更觉得振奋人心。"

为中国制造业命脉保驾护航，倪军的初心一直未变。

李伟：
区块链的布道之路

区块链技术作为数字经济时代的新兴技术，依靠不可篡改、多中心化、公开透明等特点，在我国未来的经济社会发展中占有重要地位。如今，区块链已成为全球科技领域发展的新高地，作为国内首家区块链准独角兽企业，趣链科技率先发力，布局

◎杭州趣链科技有限公司创始人李伟

区块链技术研发，着力解决链上链下的问题，推动区块链技术与实体经济融合发展。

"技术最终要服务业务、服务社会，才有价值、有温度。"作为杭州（简称趣链科技）有限公司创始人、首席执行官，浙江省"万人计划"入选者，李伟担负着区块链布道者的使命，努力延伸区块链应用的广度和深度，创造更大的社会价值。

初识区块链，浪成于微澜之间

2008年，区块链市场并不成熟，大众眼中的区块链应用多以比特币为代表。2015年，随着以太坊的问世以及学界诸多论文的发表，区块链成为具有可操作性的独立技术。

李伟最初涉足区块链，与他们参与的一个项目有关。作为与美国道富银行合作了10多年的浙江大学大规模信息系统实验室（VLIS）的核心成员，2015年，他们参与了道富银行基于区块链的合规审计等多个项目的验证与开发。

"之前对区块链并没有深入了解，但是确感受到了一个强烈的信号，就是在海外这个新兴技术很火，必然将在金融行业大有作为。"作为技术出身的专业人士，李伟和他的团队对于区块链技术的第一个直观感觉是：区块链的技术门槛够高，并拥有无限可能。

2016年，他从学校步入市场，创办趣链科技，从事区块链底层技术的研发。从文三路搬到丹枫路的那一刻起，趣链科技的区块链产业布局之路就开始了加速度，保持着迅猛的发展势头。

2017年，趣链科技拿到数千万元的A轮投资，2018年开启超15亿元的B轮融资。2019年，随着区块链存证服务平台飞洛印、分布式数据协作网络BitXMesh、区块链跨链技术平台BitXHub等核心产品上线，趣链科技业务成指数级增长，服务领域也逐渐从金融延伸到民生、政务、司法、能源以及制造等领域。

在李伟的带领下，区块链逐渐从漫步云端的高端技术，成为推动省域治理现代化、便民利民的重要工具。润物细无声，他喜欢将区块链技术比作"春雨"，在悄无声息中让人们的生活变得更加美好。

比如，趣链科技与杭州互联网公证处联合研发了杭州互联网公证处区块链摇号平台，利用区块链技术得天独厚的"基因优势"，与公证业务强效结合，充分发挥公证职能的优势，这对杭州乃至全国的"摇号买房""摇号入学""汽车上牌"均有一定的借鉴意义。目前，区块链摇号平台已经为天猫、中国移动等客户提供了个性化服务，服务人数也超过1.5亿人次，成为全国最大的区块链摇号平台之一。

在这个项目中，李伟将个人近乎苛刻的完美主义体现得淋漓尽致。工作时，为了更好地提升平台的性能，他也会因一点点优化推翻过去一周的思考。在他看来，在信息多元时代，企业掌门人必须是一个布道者，要给所有人展现明确的价值观，做出明确的选择，指引明确的未来发展方向，清楚地知道什么是对，什么是错。

回忆起趣链科技这几年的创业之路，李伟认为："要做跨界创新的事情。"他曾任职于微软亚洲研究院、道富银行浙江信息技术中心，金融界瞬息万变的节奏赋予他敏锐的市场洞察力。他总能"嗅"到产业的新风口，趁势而起，趣链科技能在雨后春笋般的区块链企业中脱颖而出，这与他的领导力与判断力密切相关。

扎根高新区，同呼吸共命运

在数字经济崛起的浪潮中，作为"数字经济第一城"的重要阵地，杭州高新区（滨江）引领了数字经济这一发展大潮和趋势，植入了数字化基因，不仅拥有了独特韵味和别样精彩，也拥有了令人羡慕的发展格局和创新能力。

"数字滨江"已经成为杭州高新区（滨江）"发展高科技，实现产业化"的鲜亮底色，也是迈向世界一流高科技园区的最硬核实力。

2020年6月，国家数字服务出口基地浙江企业全球推介会在杭州高新区（滨江）举行，也进一步奠定了杭州高新区（滨江）"服贸出口第一区"的地位。在会议结束后，李伟第一时间率领团队投入趣链区块链产业园的建设规划中。"我们将结合国家数字服务出口基地建设的契机，在园区整合底层系统开发、应用落地、产业孵化等区块链全行业生态，为区块链的发展和落地提供全方位、一站式的支撑，从而提升数字服务能力。"

将大本营驻扎在此，趣链科技与杭州高新区（滨江）同命运共呼吸。

杭州高新区（滨江）在"互联网+""物联网+"等领域，打造了多个千亿级规模的产业集群，其庞大的数字经济产业体量为趣链科技的区块链技术发展奠定了坚实基础。

可以看到的是，区块链作为金融科技领域的一项重要技术创新，在政策、技术、市场的多重推动下，正在加速与实体经济的融合，构建可信价值互联新生态，也逐步在政务管理和公共服务方面发挥着重要作用。

赵轶：
砥砺前行，破茧成蝶

集成电路作为信息技术产业的核心，是支撑经济社会发展和保障国家安全的战略性、基础性和先导性产业。位于杭州高新区（滨江）的杭州长川科技股份有限公司（简称长川科技）自成立以来，一直专注于集成电路测试设备的自主研发和创新，技术水平领先，备受

◎杭州长川科技股份有限公司董事长赵轶

行业认可。公司董事长兼总经理赵轶说，公司取名为"长川科技"，是希望公司能像江河一样川流不息，不断前行。

如今，在赵轶的带领和全体员工的努力下，公司先后被认定为国家级高新技术企业、浙江省重点企业研究院和省级高新技术企业研发中心、省"隐形冠军"企业、省级企业技术中心等，成为集成电路封测行业技术领军企业。

求是创新，成立长川科技

赵轶出生于四川内江，是个标准的"70后"，"艰苦奋斗"的标签一直深扎在他的骨髓里。在浙江大学的四年，受到母校"海纳江河、启真厚德、开物前民、树我邦国"的精神熏陶，一颗求是创新的火种在他心中悄然埋下。

1997年9月，赵轶于浙江大学毕业后加入了杭州士兰微电子股份有限公司。从1997年到2007年，他一直储备自身技术实力，并凭借着出色的业务管理能力，一路从毛头小子干到该企业的生产总监。

2008年，步入而立之年的赵轶，重新思考审视自己未来的发展方向。中国半导体行业起步晚，半导体设备的国产化更是其中的痛点，以制造中国人自主研发半导体测试设备为己任的新生儿长川科技便在这一年诞生了，公司注册成立在杭州高新区（滨江）。

成立初期，资金、客户、销售等问题同时接踵而来。困顿之中，杭州高新区（滨江）的一系列初创企业扶持政策向长川伸出了援手，帮助长川渡过难关。

推陈出新，产品研发不断突破

长川人一直秉承迎难而上的精神，2008年不足10人的创业小团队在经历无数个通宵达旦后，第一台"本土化"的分选机在客户端实现了量产。第一台分选机的亮相让大家更加坚定了在这条路上继续深耕的决心。

2008年初期，公司以半自动单工位重力式分选机作为市场切入点，推出半自动手工收料分选机，后陆续实现向全自动及从单工位到4工位的升级；2012年至2016年，推出了实现测试、外观视觉检测和编带一体化的重力式测试编带一体机；2011年第一台平移式分选机亮相面市，这也成为国内第一台可用于大规模量产的国产平移式分选设备。

2009年至2012年，公司研发出第一代模拟测试机，并于2013年推出第二代模拟/数模混合测试机，从4工位提升到8工位并测，测试效率相比第一代提升30%，满足了市场对高精度电源管理集成电路测试的需求。

2019年，长川成功研发出"全自动12英寸常高温超精密探针台－－CP12"，整机的关键指标已接近国外先进水平，并且设备已送往客户端进行测试验证。

历经风雨，公司规模不断壮大

2016年10月，正在稳步成长中的长川科技在杭州高新区（滨江）拿到第一块属于自己的土地。由于发展迅速，每两三年搬一次家的长川科技，得以开始畅想在杭州高新区（滨江）有自己的大楼。

2017年4月，长川科技历经10年风雨，终于在创业板成功挂牌上市，成为国内首家集成电路封测装备上市公司，也成为杭州高新区（滨江）第38家上市公司。

2018年12月，长川科技大厦在杭州高新区（滨江）聚才路410号正式落成投入使用，杭州高新区（滨江）的孩子"长川科技"真正拥有了属于自己的"家"。

2019年，公司员工已经近600人，公司杭州总部已申报专利157项，计算机软件著作权47项，并设有日本和中国香港地区子公司，及北京研发中心、台湾办事处、上海办事处、深圳办事处等分支机构。同时，积极探索海外市场，整合海外优质半导体资产，同年公司成功并购新加坡集成电路封装检测设备制造公司STI，奠定了公司国际化的基础。

万物互联，公司大力发展数字经济

2020年，长川科技从初创时的几人，成长为如今拥有几百人研发团队的上市公司。长川科技一直非常注重自主研发，一是秉承"人才是创新的原动力，没有人才就没有创新"的理念，研发团队人数占比高达46%；二是公司长期坚持高水平的研发投入，每年将销售额的25%以上用于产品研发。

对于公司未来的发展，赵轶表示非常看好："对创业者来说，这是最好的时代！面对机遇和挑战，长川科技会放眼全球，把产品做强，从中低端发展到中高端市场。继续加大研发投入，突破技术壁垒，在新兴产业领域实现弯道超车。"

如今，随着信息技术革命的发展，数字经济已雄然崛起，成为全球经济发展的主线，长川科技在助力数字化发展之路上，也走在了行业前列。

杭州高新区（滨江）现已聚集了一大批智慧安防、智慧医疗、智能制造、智能交通等领域的代表性企业。这些得天独厚的数字经济基础优势、杭州高新区（滨江）的政策扶持和创新改革的驱动，都给长川科技发展数字经济提供了土壤。长川科技在杭州高新区（滨江）耕耘多年，结合自身企业的特点和需求，通过杭州高新区（滨江）这座桥梁，不遗余力地加强数字产业链中企业与企业间、企业与高校间的合作。

三十而立，风华正茂的杭州高新区（滨江）计划在五年后，全面具备世界一流高科技园区的基本形态，成为国家创新网络的主要枢纽。伴随着杭州高新区（滨江）一起成长的长川科技也会与其共同发展，当好排头兵，站好自己的一班岗，在未来迈向更加广阔的天地。

谭光华：
重新站在起跑线上

2020年4月29日，杭州光云科技股份有限公司（简称光云科技）在科创板上市，股票代码688365，发行4010万股，发行价10.8元/股。这意味着，光云科技迈入了新的台阶；也意味着，杭州高新区（滨江）迎来了第51家上市公司。

从成立到现在，谭光华

◎杭州光云科技股份有限公司董事长谭光华

带领着光云科技走过了11个春秋。作为国内第一家上市的SaaS（软件即服务）企业，光云科技专注于互联网电商软件服务，基于电子商务平台为电商商家提供SaaS产品，在此基础上提供配套硬件、运营服务及CRM短信等增值产品及服务，帮助商家实现精细化运营管理，降低运营成本，提升经营效率。

谭光华说："上市只是起点，与三十而立的高新区（滨江）一样，我们都重新站在了新的起跑线上。"

苦尽甘来

38℃的高温，总让谭光华回想起2009年骄阳酷暑的那段时光。

2009年7月29日，刚从阿里巴巴辞职的谭光华，带着几个小伙伴在杭州高新区（滨江）联庄的碧水豪园租了一套民房，这里成了光云科技萌芽的地方。

团队的小伙伴都是程序员，因此在谭光华回忆的画面里，无外乎这几个：在民房里工作生活；没日没夜地赶需求；在没有空调的房间里光着膀子吹风扇写代码。

当时作为总经理的谭光华，除了要写代码，还要肩负所有的公共事务，包括财务、人事、行政等。他说，忙碌是创业初期的常态，周末去一趟西湖，是那时最惬意、最奢侈的安排。

日子从炎夏走入寒冬，但公司却越来越"热闹"了。2009年的冬天，光云科技逐渐稳定，人员也逐渐增多，谭光华决定搬出居民楼，去更广阔的天地——中恒世纪科技园施展拳脚。

彼时，电子商务方兴未艾，改变着消费者的购物消费习惯和生活方式。阿里巴巴为消费者和企业创造的互联网电商平台，改变了传统企业的经营模式，孕育出大量互联网电商零售企业，构建了电商生态，在此生态中衍生出新型的电商服务行业，一批批优秀的互联网从业者投身当中，创立以服务电商企业为核心的第三方服务商。而光云科技，便是其中之一。

那是互联网崛起的时代，也是大浪淘沙的时代。百舸争流，奋楫者先；千帆竞发，勇进者胜。之后的六年，光云科技扎根在中恒世纪科技园，专注于产品的研发。看着江南大道的车辆逐渐多了起来，街边逐渐繁华了起来，交通逐渐便利了起来，谭光华信心倍增。

2015年春天，由于业务发展，队伍不断扩大，光云科技搬到了东冠恒鑫广场。谭光华自我打趣地说道："感觉我们像是乡里人进了城，步行10分钟就能到星光大道，隔壁就是一个新建的高端医院。"

此后，光云科技一直保持高速发展的势头，在业务发展、研发创新、资产结构、品牌形象等各方面均取得一定成绩。现在的光云科技，是1300人的大家庭，连续六年获得"金牌淘拍档"荣誉。其中，超级店长为公司主要产品，是淘宝卖家店铺综合管理工具，其付费用户数在阿里巴巴旗下商家服务市场所有第三方收费软件中排名第一。

梦想永远在远方

与竞品相比，光云科技最大的竞争力是具有非常丰富的产品矩阵。一直以来，光云科技站在用户的视角考虑需求，通过不断地创新，推出一系列SaaS产品。目前光云科技的产品已经几乎覆盖了电商客户的全业务流程，能够提供一站式的综合解决方案。

早期光云科技主要服务中小型商家，推出了一款商家店铺综合管理SaaS产品——超级店长，集合了商品管理、订单管理、店铺装修、客服绩效、数据分析等50多个功能。据统计，超级店长每年在阿里商家服务市场商品管理类目的付费用户数都排名第一，每年为50万以上的商家平稳度过大型促销活动。

之后，光云科技针对每个功能都进一步推出更垂直细分的SaaS产品，比如快递助手、旺店交易、超级快车等。

其中，快递助手是一款店铺订单管理SaaS产品，提供订单批量化处理、订单打印发货等功能，满足商家快速、稳定的订单处理需求，提升订单发货效率。目前快递助手在阿里商家服务市场订单管理类目的付费用户数排名第一。

旺店交易是第一批千牛平台的服务软件，目前有效用户数高达170万，主要为商家提供PC、移动、旺旺三端进行从接单、打单到管理的一体化交易解决方案。超级快车是一款包含自动推广/懒人开车/选词出价的优化软件，以海量关键词的强大基础，融合低价引流、精准淘词、智能优化等功能，是双十一直通车利器。

此外，光云科技还提供配套硬件，比如快麦电子面单打印机，与SaaS产品配套使用，能大幅提高商家打单发货效率。作为一线品牌，目前市场存量为80万台。

谭光华告诉记者，公司几乎每年都会拿出几千万来孵化一至两个新项目，而在内部，这些项目都是独立运作的。光云科技每年在技术研发上投入数千万资金，占当期营业收入的比例近20%。

谈及上市后的发展，谭光华曾在一次采访中表示，未来的发力点主要有几个方向：一是针对主营业务做大客户量，除了淘宝、天猫、1688、速卖通、京东、拼多多等传统电商平台，光云科技也开发了饿了么、Lazada（来赞达）、抖音等新平台SaaS产品；二是针对成熟型商家，提供更加完善的以电商SaaS产品为核心的整套解决方案；三是继续拓展企业级SaaS产品。光云科技从2017年开始布局这个领域，目前基于钉钉生态开发了有成财务、番茄表单等五款系列产品。2019年这个业务营收超过1000万，2020年预计会有较快增长，仅疫情期间就增长了五倍。

对谭光华来说，每个节点，都是起点。梦想永远在远方，"我们一起努力去实现它"。

王米成：
智慧产业的追光者

◎杭州鸿雁电器有限公司董事长王米成

从"天堂硅谷"到"智慧e谷"，智慧城市浪潮风起云涌，在这股浪潮中，杭州高新区（滨江）也将目光聚焦在了以云计算、移动互联网和大数据为代表的智慧产业。作为杭州高新区（滨江）首批布局智慧产业的先行者之一，在智能照明、智能家居领域，鸿雁电器有限公司（简称鸿雁）顺时代潮流而动，率先抢占智慧产业的制高点。

以小小的开关插座起步，再到智慧照明、智能家居、智慧园区……如今的鸿雁不仅是中国大陆86型开关插座的开创者，更是数字化时代智能家居、智慧园区产业的领跑者，也是杭州高新区（滨江）30年来发力战略性新兴产业、发展智慧经济的一个缩影。

"以前，鸿雁的发展靠摸索，但现在我们已经找到了企业发展的内在逻辑，沿着这个逻辑走下去，鸿雁的未来清晰可见。"背靠技术、人才、资本雄厚的杭州高新区（滨江），鸿雁电器总裁王米成的自信是有底气的，因为他为鸿雁布好了局。

划破制造业的边界

在过去的2019年，王米成带领下的鸿雁电器，彻底打破过了过去"国货开关插座"无缘品牌楼盘精装房的尴尬局面，以鸿雁iHouse智能面板为控制终端的全屋智能家居方案，在万科、富力、金地等中国头部地产的150余个楼盘当中崭露头角。金地、佳兆业、越秀等知名房企纷纷与鸿雁寻求智能家居领域的深度合作。

在传统制造业整体面临较大下行压力的大环境下，鸿雁智能家居总产值实现同比增幅超100%的高规模增长，鸿雁也因此成为行业内产品布局最广、市场占有率最高的全屋智能头部企业，成为智能面板第一品牌。

高手都是长期主义者，不积跬步无以至千里。今天鸿雁之所以能在智能家居领域突围，得益于王米成在四年前的战略前瞻和率先布局。

作为普天集团控股的在杭央企，自1984年成立以来，鸿雁一直在开关插座领域保持领先优势。但王米成也意识到，如果鸿雁仍旧在传统制造领域故步自封，看不到新的技术革命对旧世界的洗牌，无论鸿雁在昔日如何引领风骚，最终的命运一定是"被洗掉的那张牌"。

王米成一直在寻找能让鸿雁冲破边界的变革力量，当以物联网引领的新的技术变革在中国乃至全球滋长，他看到了可以让鸿雁冲破边界、再次振翅的"智慧引擎"。

在王米成的引领和推动下，鸿雁于2016年正式进军智能家居领域，并提出将"智能面板打造成智能家居入口、终端、平台"的战略布局。通过三年的潜心研发，鸿雁围绕安防监控、智慧照明、家电管理、能源管理、影音娱乐等用户品质生活新需求，推出100余款智能面板产品，并在小小的智能面板领域申请了500余项专利。为了解决鸿雁智能产品在软件端的短板，王米成带领鸿雁全面推进与阿里云IoT、华为HiLink等互联网平台的深度融合，打造"云+边+端"一体的全屋智能解决方案。

谋定而后动

将时间往前拨到2005年，那时候的鸿雁，产值徘徊不前，内部效率低下。而在市场一线，西门子、松下等国际品牌牢牢掌控电工行业的一线市场，众多民营小企业凭借灵活的机制不断掀起价格战。

鸿雁腹背受敌，生存堪忧。生死关头，身处不惑之年的王米成临危受命，成为杭州鸿雁电器有限公司的领头雁，迎来了险象环生却也风云际会的10年。

新官上任三把火。王米成的第一把火，就引燃了企业里人事制度改革的雷管，让能干事想干事的人上马，建立以业绩文化为导向的选拔体系和激励机制，同时又实现了管理层"能上能下"的动态用人机制。

"大家其实心里都很清楚，没有激励机制改革，鸿雁就会成为一潭没有活力的死水，哪怕财政上支持再多，也不过是毫无意义地苟延残喘。"他知道，只有人的积极性调动起来，创造力才能激活，企业才能焕发新的生机。

2010年，在LED照明刚刚萌芽之际，还没有哪一家企业在该领域里独占鳌头，王米成决定迅速抓住这个机遇，全面进军LED照明。同年，王米成率行业之先提出了"智慧照明"的概念，并通过与台湾东贝合作，以市场换技术的方式，让鸿雁开始了"追光飞行"。

得益于这一系列的突破，鸿雁的标签不断焕新，逐渐实现了"电工电气、LED照明、智能家居、水电管道"的多产业、集团式发展，并通过技术赋能发展智慧产业，为鸿雁打开了更宽阔的舞台。

展翼追光智慧未来

时间是检验一名企业家业绩的最好的工具。在时间的长河里，多少人曾经中流击水，闪耀星河，又被时代的浪潮无情打落。作为鸿雁目前"工龄"最长的在职员工，面对瞬息万变的大时代，王米成带领鸿雁展开了"智慧之翼"，追光崭新未来。

为了让鸿雁追到更远的光，王米成首先在战略层面为公司搭建了以"1（1×1）+X（5）+N"（即融合数据与业务的统一IoT中台，5类核心产品线，N种场景解决方案）为核心理念，构建未来社区、智慧园区物联网系统平台，打通智慧家庭、未来社区、智慧园区与城市的连接，从智能家居拓展到未来社区和智慧园区的全景式服务运营。

2019年，作为由阿里巴巴发起的"浙江未来社区产业发展联盟"首批副理事长单位，鸿雁已经投入到如火如荼的未来社区建设当中。与此同时，以鸿雁智慧灯杆为核心载体的智慧园区解决方案、智慧城市解决方案，正在北京、浙江、江西等地全面落地。

鸿雁是国企，站在体制的角度，王米成本人也是组织任命的职业经理人。但他从来没有把自己的定位局限于"一家小行业国有企业的CEO"，他对鸿雁的未来总有更高的期许，他的人生始终向着光亮的方向前进。

以鸿雁为代表的智能照明、智能家居等智慧产业集群正在崛起，也推动杭州高新区（滨江）在"智慧e谷"建设上迈开大步。

王伟雄：
站在"巨人"的肩膀上

对浙江科正电子信息产品检验有限公司（简称科正）来说，2017年落户杭州高新区（滨江）意味着什么？总经理王伟雄说："这意味着，科正更加靠近电子信息制造企业的集中地，也更加靠近检测机构的主战场。"

站在"巨人"的肩膀

◎浙江科正电子信息产品检验有限公司总经理王伟雄

上，科正看得更多、看得更远了。王伟雄表示，科正这几年的发展，得益于电子信息产业的发展，更离不开杭州高新区（滨江）政府的支持和企业的信任。

近三年，科正服务企业1500家，提供检测服务12000批次，提供校准服务75000批次，服务的对象包括华为、大华、新华三、宇视科技、海康威视等，服务内容包括检测、认证、验收、培训、技术整改、标准化、校准计量等。可以说，科正的服务对象几乎覆盖了杭州高新区（滨江）所有知名电子信息企业。

在变革中奋进

科正成立于2002年5月，其前身是1986年成立的国家电子计算机外部设备质量监督检验中心。

王伟雄说，在搬来杭州高新区（滨江）之前，科正的发展并不快。搬迁后，管理层的格局、高度、视野都发生了明显变化，科正也迎来了新的飞跃。"搬迁后，科正从被动发展变为主动寻求发展；从目光向内，到目光向外；从被动接受目标，到主动挑战目标；从没有战略，到依赖战略，它的自我驱动形成了一股庞大的内在力量，强烈而持久。"

搬迁后，科正去过许多创新型企业，像华为、大华、海康、宇视、新华三、长川、国字机器人、远方、聚光、英飞特等。王伟雄表示，在与这些优秀公司业务往来和密切接触的过程中，能体会到它们的文化、战略、高度以及创新式的管理、产品、技术，切切实实感受到了全区创新的氛围和产业的蓬勃。在不断满足客户要求的同时，科正也潜移默化地被带进了一个讲战略、谈目标、求创新的境地，与时俱进，不断学习，打上了杭州高新区（滨江）企业特有的烙印。

此外，科正的人员管控、保密管控等都更到位了。现在，科正的实验室面积超过6000平方米，高11米，可以满足任何设备的安装需要。

在种种优势的加持下，2018年7月，科正在广东深圳合资成立控股子公司，主要开拓电子信息产品的国际认证业务；2019年12月，科正收购浙江辰龙检测技术有限公司，主要从事网络安全等级保护测评业务；2020年6月，科正进入专用仪器设备研制领域。

数字滨江的保障者

一直以来，科正秉持着"科学与公正"的理念，不断提高自身站位，为产品保驾护航，行稳而致远，守正以创新。王伟雄对企业的定位十分明确，他表示："我们虽然不是建设数字滨江的排头兵，但是我们一定是数字滨江的保障者。"

目前，科正是国家电子计算机外部设备质检中心、浙江省物联网应用工程质检中心、浙江省信创适配测试中心，拥有中国强制性产品认证指定实验室、中国节能认证指定实验室、中国环境标志产品认证指定实验室、中国能效标识备案实验室、国际运输包装协会认可实验室、公安部网络安全测评推荐机构等资质，也是华为、联想、微软、小米、吉利汽车、长城汽车、东风、上汽、北汽、广汽、一汽、比亚迪、京东等企业认可的检测机构。

科正拥有先进的测试仪器设备，可以满足企业的委托检验、型式认可、国际认证、国内认证、招投标、质量鉴定、软件等级、物联网系统验收、网络安全等级保护测评与风险评估、专用仪器设备开发、信创适配、计量校准等需求，完全适应电子信息产品的发展需求。

同时，科正提供产品的多国认证服务，具代表性的有CE、FCC、UL、PSE、IC、VCCI、EMARK等国际认证，以及节能认证、CCC认证、环境标志认证等国内认证。

随着科正技术底蕴的增强和国内知名度的提高，科正的权威性日益彰显，先后起草了20余项国家标准、行业标准、地方标准、团体标准以及政府抽查规范，其中SJ/T11270-2002《信息技术 鼠标器通用规范》、SJ/T11292-2016《液晶显示器通用规范》、SJ/T11655-2016《移动硬盘 通用规范》、

DB33/T1114-2015《塔式起重机物联网监控规范》等11项标准，科正为第一起草单位。

此外，科正十分重视技术的积累和总结，根据测试的需求和对标准的研究，取得了10余项发明和实用专利，应用于测试过程，包括"一种道路环境自适应的直车道检测方法""无线传感网络的网络监测和协议分析系统""一种电容器高温安全检测装置""一种移动电源质量检测机构""一种鼠标分辨率及跟踪速度的测试装置""一种静电放电模拟器的夹具"等。

信息产业的发展日新月异，电子产品层出不穷。今后众多产业将经历沉浮，但科正坚信电子信息产业永远不会消失，因为它代表着高科技，代表着未来的发展方向。近20年来，数字化、信息化、两化融合、智慧城市、新基建、工业物联网、信创、5G、半导体集成电路、大数据、AI、云、自动驾驶等等相关政策，无一不是基于电子信息技术的深化和应用。

未来，科正将在"国际化""多元化""集团化""生态化""平台化"上继续深耕，也将在地域布局、领域布局、业务布局等方面不断探索，力争将科正打造成立足杭州高新区（滨江）、辐射全国的电子信息产品综合实验室。

金宏洲:
电子签名，迎风破局

随着数字经济的不断发展，企业的数字化转型正全面加速。2020年年初，一场突如其来的疫情，更是让许多线下业务加速向线上转型，比如电子签名。

位于杭州高新区（滨江）的杭州天谷信息科技有限公司（又称e签宝）是中国互联网电子签名行业领跑

◎杭州天谷信息科技有限公司CEO金宏洲

者，致力于为客户提供具有法律效力的电子合同全生命周期服务，将原本需要耗费数日之久的文件签署环节，压缩到只需几十秒。

把握机遇，写下中国电子印章第一行代码

e签宝创始人兼CEO金宏洲在创业前曾是阿里巴巴中供铁军的一员。后来，经常跑工商局办事的金宏洲发现，由于种种限制，办事的手续往往非常繁复。面对这样的情况，别人只看到麻烦，金宏洲却看到了痛点背后的商机。于是，金宏洲决定从阿里辞职，自主创业。正巧，当时金宏洲身边有一群有技术也有拼劲的伙伴，六个人一拍即合，在仅仅10平方米的出租房里，写下了中国电子印章的第一行代码。2002年年底，杭州天谷信息科技有限公司注册成立。

金宏洲说："从代表权力的玉玺，到签字盖章，中国人对'章'有一种特别的感情。'章'，是中国信任体系的载体。我们做的事，无非是将物理的章数字化。"知易行难，直到2004年8月，e签宝拿下了第一笔大单——签约浙江省工商局，成为浙江省工商网上年检指定电子签章服务商，助力浙江成为全国首个实现工商网上年检的省份。

2013年前后，移动互联网的浪潮让人兴奋，更让人焦虑。当时强大如微信，也只敢说自己拿到了移动互联网这艘大船上的半张船票，阿里、百度等互联网巨头还在四处寻找船票……这种焦虑感，也传导到了金宏洲这里。

在移动互联网时代，用户可以随时随地在线办公，电子签名有了更多的应用场景，成了高频消费+刚需。"当时的生意模式还赚着钱，账上也有几千万现金，大家收入不错，还有分红。"金宏洲知道，这种时候提转型，阻力可想而知，可是站在船头的他早已敏锐地察觉到了公司发展的瓶颈和新机会，他必须叫醒还睡在船舱里的人。

为了抢抓新机遇，e签宝于2013年成功转型，推出了互联网电子签名SaaS平台，构筑电子签名API服务。2019年起，e签宝开始通过AI等技术让合

同的签署、管理更加方便，合同的审核更加便捷，实现全程在线化、智能化和数字化。

值得一提的是，2019年，在杭州高新区（滨江）的帮助下，e签宝和北航杭州创新研究院建立了密切的合作关系，与之共建了"密码学与区块链联合实验室"，这是区重点建设的九大联合实验室之一。自此，公司的技术水平再创新高，攻克了行业技术难点。

同年10月，e签宝完成6.5亿元C轮融资，由蚂蚁金服领投，戈壁创投及老股东靖亚资本跟投，刷新国内电子签名领域迄今为止的最高融资记录。

迎风破局，电子签名助力复工防疫

疫情之下，人们只能在家线上办公，电子签名成为企业正常运转的关键一环，逐渐从小众走向主流。2020年2月9日，杭州市经信局公布的《杭州市支持企业远程办公助力复工防疫产品和服务目录》显示，e签宝（杭州天谷信息科技有限公司）位列办公管理类目录。

e签宝在钉钉上的微应用，仅2020年2月3日、4日的开通数就是节前的10倍以上，排名也提升至第二位。对此，金宏洲说，"这放在以前是很难想象的"。在金宏洲看来，即便企业数字化进展得如火如荼，当下仍是电子合同发展的初期阶段，但一个很明显的脉动是，这一进程的节奏正在加速。在不久的将来，企业和社会对于电子签名的需求度仍将继续攀升。

无论是公司、团队还是个人，主动离开舒适区的过程都逃不脱丛林法则，电子签名行业的两条赛道，天谷科技都跑了一遍，终于跑成了领头羊。从电子签名到合同管理，从存证保全到法律服务，e签宝提供了一套完整的电子合同全生命周期服务。

目前，e签宝已经开发了包括大型企业供应链管理、地产租赁、劳动合同、电子公文、电子病历、旅游租车、金融借贷、数据凭证、物流仓储订单等众多业务场景，从而为房地产、金融、电子政务、医疗卫生、旅游、教育、医疗、电子商务等行业提供专业而完善的电子签名解决方案。其合作伙伴包括阿里巴巴、蚂蚁金服、百度、网易、360、华为、海康威视、大华等顶级企业，此外，e签宝也是浙江省"最多跑一次"指定电子签供应商，是实现互联网+政务体系的重要一环。

截至2020年6月，e签宝已服务超过502万家企业用户，个人用户突破2.7亿，累计签章量超121亿次，日均签署量超2000万次，在行业内遥遥领先。

e签宝从成立起就坚定走科技创新道路，并用实际成就证明了创新的价值。

马海邦:
幸福投资人，在高新区创业的25年

"大众创业，万众创新"的热潮将原本低调行事的"投资人"推到了风口浪尖——创客追溯，媒体热捧，频繁的曝光率让"神秘的天使"不再那么神秘。

"天使投资人，做的就是最傻的事。"杭州枫惠六和桥创投科技有限公司董事长马海邦说。他如是说着，

◎杭州枫惠六和桥创投科技有限公司董事长马海邦

字里行间却透着会心的暖意，很显然，创投这件事马海邦是乐在其中的。

熟悉他的人都知道，这件"最傻的事"他做了10多年，但路数有些不同。在杭州，最早的民营科技服务机构是由他创办起来的，在为企业提供资金支持之外，马海邦更看中如何让好项目活起来。换言之，当别人还只投钱的时候，他已经投入了责任和梦想。

在创业圈里创业10多年，他是走在最前面的人。

如今，马海邦所创办的"5050计划"加速器、六和桥投融资平台早已名声在外，有越来越多的年轻团队带着梦想和信任找到他，而他始终没有失掉最初的情怀："天使投资也好，创业孵化也好，如果不做这些事情，可能就耽误了一个年轻人、一个团队、一份事业。"

1996年，此时的杭州高新区，已有欣欣向荣的科技生态，马海邦与滨江也就此结缘。

在杭州的最初几年，马海邦在高新企业做过行政管理，也在外资公司主持过大局，但他始终觉得还是不够，"在企业里再好，也不能按自己的思想来发挥"。他想到了创业，又或者说，创业是他一直想做的事。

2004年，他成立杭州枫惠科技咨询有限公司，成为杭州民营企业中较早从事科技中介服务的那一批人。"在当时，科技咨询市场正被国有企业所垄断，民营科技中介公司在杭州并不多。我们主要帮别人写技术方案，国家鼓励高新企业发展，企业对于创新技术有很大需求。"马海邦说。

这些年服务过多少企业，马海邦自己也记不清了，他说："高新区的52家上市公司，我们服务过40多家。只是刚开始做科技服务的时候，没有和这些企业的成长挂起钩来，现在看来是可惜了。"

庆幸的是，那些曾经让他惋惜的经历，此后都成为求变的动力。2006年成立的杭州枫惠投资管理公司，后来的杭州独角兽投资管理有限公司、杭州鱼昆投资管理有限公司……做科技服务的10多年，马海邦一直在创新，一直在思考。

"很多初创型企业拥有不错的点子，也很有追逐梦想的激情，但如果要成为一家高成长性的企业，还需要更多助力，比如资金的跟进、人才的配备等。"马海邦说，2012年起，他开始感到公司能为企业所提供的服务已跟不上时代的脚步。他开始校正公司的发展方向——不能只把业务落脚于基础服务及"技术转移"上，还需要帮助企业解决更头痛的资金、人才难题。

2013年，通过和杭州高新区（滨江）联合创办的"5050计划"加速器，对马海邦来说又是一次全新的尝试。区别于传统孵化器，"5050计划"加速器是一个新型的孵化器，它通过企业发展的基本要素"人才、技术、市场、资金"，为初创企业提供方方面面的帮助。

"许多初创型人才都是盲目的，他们有好的创意，优秀的点子，但要成就一家健康的企业，还需要优化股份结构，配备技术、经营管理、市场销售等多方面的人才，"马海邦称，"我们让创业者能更加专注于自己的优势，减轻企业创办过程中的负担，得以轻装上阵。"

以技术转移为例，一个技术想要转卖，双方不一定能建立起信任合作。而通过"5050计划"加速器对技术的孵化，经过一系列的配备，取得阶段性成果之后，买方认识到这个项目的价值，就能让双方轻松地达成合作共赢。

从2014年开始，加速器引进服务培训企业600余家，其中资本市场真实估值超过一亿元的企业20家，最高估值80亿元。"5050计划"加速器在2017年11月被认定为国家级科技孵化器。

截至2020年7月，加速器在孵化企业有116家，其中，已经有54家企业被认定为高新技术企业。估值超过亿元的企业包括维勘科技、协能科技、福慕科技、万辰机电、维灵信息、才云科技、奥思伟尔、无届网络、欣锐科技等20家。

"六和桥"是马海邦创立的投融资平台，初衷本是服务"5050计划"人才，帮助加速器内企业融资，随着参演企业越来越多，投资人的口碑相传，"六和桥"名气越来越大，在创业圈内逐渐叫响。

2014年5月，"六和桥"第一场投融资沙龙活动启动。在之后的每周四下午，六和桥都会推送3—5个精选创业项目，台上是创业者的精彩路演，台下是投资人的犀利点评。六和桥投融资平台在创业者、投资人、投资机构之间架起了一座资智的桥梁。

盘点下来，250余期六和桥沙龙，累计促成投融资额超20亿，单笔最高融资5000万元。2015年，六和桥投融资平台纳入首批国家孵化器管理体系。

2015年，凭借多年孵化投资经验，马海邦又在杭州高新区（滨江）江北区块创办了独角兽众创空间孵化器；2016年创办了不死鸟众创空间；2017年成立"六和桥创业生态示范区"，"我们联和中控、东信这些上市公司，运用良好的渠道优势和技术优势，在产业上下游，进行最高层次的孵化。整合集团力量，使其参与到创新中，让企业孵化不再是孤军奋战"。

这种基于上市公司的二次发展、二次飞跃，六和桥算得上全国首创，"我们鼓励员工在内部创业，避免了上市公司人才流失，企业文化也相对完善，让公司发展有了可期待的新模式"。马海邦补充道。这种模式已得到实践，2019年，枫惠六和桥与东方通信合作，共建东信六和桥5G专业孵化器。

一路走来，曾与马海邦一道开拓市场的众多同行相继消失无踪，而马海邦却一路坚守、打拼，让枫惠最终成为杭州业内的"老字号"。

通过"六和桥创业生态示范区"建设，六和桥的品牌影响力将更强，其融资功能将再次放大。更重要的是，杭州高新区（滨江）自主创新示范区核心区建设正如火如荼地展开，这里无疑将成为新一轮创新发展的重要组成部分。"打造好创业环境，做好服务平台，让来这里创业的企业有了更多的选择、更高的起点。"马海邦说，孵化创新会是他一直坚持去做的事。

施强集团：
驭"风"前行

◎施强集团广场

在杭州高新区（滨江）商务核心区，有一座占地面积60亩、建筑面积16万平方米的互联网智能办公园区——施强广场。园区内矗立两幢智能写字楼、七席独栋办公别墅、2.2万平方米花园式景观。

盛夏来临，园区内双层呼吸式玻璃幕墙倒映着蓝天白云，如同一面天空之镜。正门口四季常青的罗汉松，在高耸矗立的建筑下迎接着四方来客，为这片园区增添了另外一番雅致。

这里是浙江施强集团总部所在地。以"成就亿万人健康，成就精彩人生"为企业愿景，施强集团精准把握着时代的风口，以互联网+医药、互联网+教育为两大阵地，在25年里拼搏奋发，不断壮大。

九层之台，起于垒土

1995年2月，施强集团从医药行业起家，目前已发展成集药品研发、生产、销售及实体医院、互联网+医药为一体的大型医药企业。获评国家高新技术企业，杭州市非公企业发展强、党建强"双强百佳"企业，也是杭州高新区重要税源企业之一。

时代的车轮滚滚向前，互联网的兴起重塑了社会经济市场结构。深耕医药行业的施强集团并没有因循守旧，而是紧紧抓住每一次风口，紧随时代的脉搏，稳稳地把握着自身发展的节奏。

2019年年底，施强医药充分发挥深耕医药行业20余年所积累的资源优势，建立起海南互联网远程诊疗中心及桐庐施强医院两家实体医院，并依托实体医院成功获得"互联网医院"牌照。施强互联网医院通过线下医疗机构所具备的各项功能和资源，结合线上海量的病例大数据，运用可视化的问诊技术及各种智能化工具，有效解决长期困扰传统医疗机构的时间和空间束缚，实现医、患、药、康复的闭环，增强医患信任，提升医疗满意度，联合全国医学专家，服务全国患者，构建医疗服务新模式。

春风化雨，桃李天下

在施强药业不断发展的同时，集团又开辟出一个新的赛道——乘借互联网的东风开拓教育科技领域。2008年，杭州施强教育科技有限公司（简称施强教科）成立，旨在实现"让教育简单又有效"的愿景，以技术赋能教育。

秉承锐意进取、开拓创新的时代精神，施强教科不断创新研发，拥有了大量自主知识产权，累计获得300余项专利、100余项软件著作权。历经10余年教育信息化领域的深耕，施强教科已经成长为国家级高新技术企业、国家级安防工程企业、浙江省双软企业、中国教育技术协会中小学专业委员会常务理事单位。

施强教科聚焦一线教学需求，致力于钻研信息化教学模式，帮助学校推动信息化建设，搭建基于大数据分析的智慧教育平台，开创智慧校园新生态，走在信息化教育研究的最前沿。同时，扎根滨江，布局全国。

施强教科在全国各地均设有分公司和办事处，深谙信息化教育理念的学术型营销人员常年驻守，24小时竭诚服务。通过教研、技术、市场三力合一，施强教科打造了一支极具战斗力的千人团队，践行技术研发与教育实践的深度融合，为全国30个省级行政区、3400余所学校、300余万师生提供服务，用户量持续攀升，成长为行业内的领军企业。

2020年新冠疫情期间，施强教科主营产品智慧教育平台——乐课网保障全国数千所学校停课不停学。同时，公司积极投身公益，入选浙江省经信厅疫情防控重点保障企业地方性名单、湖北省教学保障名单、中国教育技术协会表扬企业名单，收到学校及教育局数百封感谢信，在充满不确定性的疫情期间，公司用温暖和善念，给用户带来了曙光。

其实，施强集团在教育领域的布局自20世纪90年代中期起就已开始。90年代曾兴起一波出国热潮，施强集团不失时机地抓住这个风口，积极拓展国际业务。

施强国际成立于1995年，业务涵盖留学、移民、外语培训、国际预科、公务培训及考察、国际研学等，是全国出国服务行业的顶尖品牌。每年培训向海外输送人员超过一万人次，签证成功率常年保持在99%以上，致力于为客户提供"全方位的出国服务体验"。经过多年的专业化发展，施强国际成为浙江省首批办理因公出国培训及考察业务、首批获公安部移民及出入境中介服务资格认证的机构之一，系浙江省出入境中介服务行业协会会长单位和中国教育国际交流协会自费出国留学中介服务分会理事单位。

纵观这25年，施强集团保持着"一体两翼"式的发展轨迹。当前，集团已拥有中外员工3000余人，其中中共党员近600人，在国内外设有280个办事机构和分公司。

集团始终秉持"勤奋、务实、追求卓越、视工作为娱乐"的企业精神，勠力同心、团结拼搏，旨在"为客户创造价值，为员工搭建平台，为股东带来回报"。2020年新冠疫情突发，集团互联网+医药、互联网+教育的战略布局不仅经受住了市场的考验，更在疫情中找到了新的机遇：施强互联网医院正式挂牌运营后迅速成为业内标杆；施强智慧教育生态体系日趋完善，市场占有率稳步上升。施强集团凭借领路人独到精准的眼光和坚持不懈的精神，高瞻远瞩、运筹帷幄，坚持人才战略，建设充满正能量的团队，使得集团在医药和教育领域振翅有力，迅猛腾飞。

2020年，施强集团迎来了成立25周年的生日，多年砥砺前行的艰辛、信念、荣耀和勋章已化为无穷的力量，激励着施强集团迎向振奋人心的挑战和崭新的征程。

李琦：
人生的跌宕起伏都在这里

1995年夏，浙江大学工业设计专业毕业答辩会现场，一个重达数10公斤的油烟机模型和数百张调查问卷、产品原型稿，成功吸引了众多师生的目光，它就是李琦的毕业作品。

这个作品后来成为方太集团的第一款油烟机产品，销量卖到30万台，斩获全球

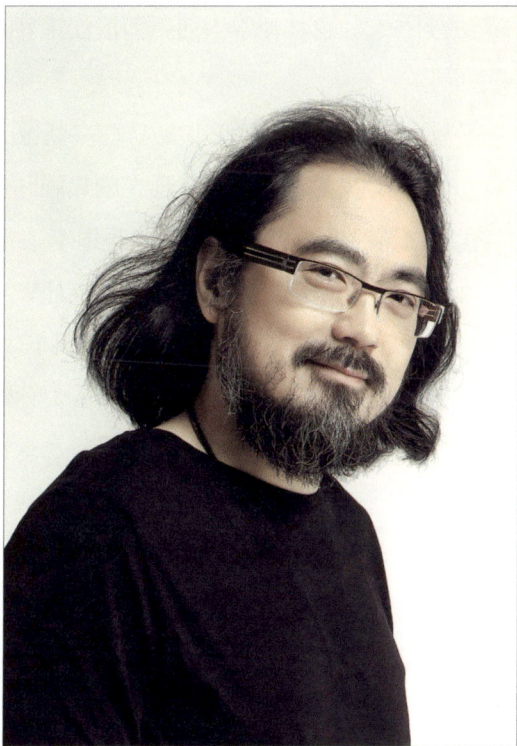

◎杭州瑞德设计股份有限公司创始人李琦

各项大奖。在李琦看来，真正的设计思维不是设计师的思维，而是一种面向用户的思维，"要从消费者的角度去思考问题，这样设计出来的作品才是真正有价值的"。

2005年，瑞德设计股份有限公司（简称瑞德设计）把公司迁到杭州高新区（滨江），开始了一段崭新的设计之旅。

高新情

杭州高新区（滨江）从无到有，从农村走向城市，从城市走向国际的过程中，经济与城市建设都取得了很大成就，发生了华丽蝶变。

选择杭州高新区（滨江）是偶然，但扎根杭州高新区（滨江）却是必然。"选择滨江可以说是一个偶然，当时想把公司的设计、研发部门和制造部门放到一起，这样便于沟通，而滨江正好有合适的工业园区提供，于是就来了。"

"原生态"，提到2005年的杭州高新区（滨江），李琦用这样一个词来形容。"那时候的滨江远没有现在的热闹和喧哗，多少有点儿冷清，没有星光大道，没有白马湖创意城，马路也很窄，有一种荒凉的感觉。"

让李琦印象最深刻的，是滨江的交通，"那时候滨江没有地铁，交通很不方便，我们公司有专门的班车，每天早晚接送员工上下班"。一条钱塘江，把主城区和滨江，彻彻底底地划分成了两个区域。

现如今，三桥、四桥、地铁一号线、地铁四号线、江南大道……滨江的交通早已四通八达，隔江望城而难达，已成过往。有不少人每天通勤于钱塘江的两岸，滨江之于他们，早已成家。

"这一待，就是十几年，能够在一个地方待十几年，确实也不是一件容易的事情，人生能有几个十几年。不过也确实是喜欢上了这个地方，包括环境、氛围、各种关系都让你觉得很舒服，让你有一种归属感。"

"看似不存在，其实一直在你身边，需要的时候就会出现"，李琦这样形容他对政府的感受。

2014年11月，瑞德设计在新三板正式挂牌，成为国内工业设计领域首批登陆新三板的企业。

瑞德设计的新办公大楼，目前已经设计完成处于建设阶段，下一个10年，甚至20年，瑞德设计与滨江的缘分，将继续……

守初心

2009年，已经在设计行业拥有一席之地的瑞德设计，突发奇想要做一件跟生意没有关系的事——举办"Golden Frog Award"瑞德优秀毕业设计邀请赛。作为一个由企业主办、以非营利社会公益活动为特性的专项工业设计竞赛，瑞德优秀毕业设计邀请赛旨在为优秀毕业生提供一个作品展示及商业孵化的平台。

大赛活动策划、设计、执行，都是由瑞德设计自己的团队完成。李琦开玩笑说："我们做公益没有钱那就要有人！"

"只为给年轻无畏的大学生埋下一颗种子，一颗充满信念、启示、热爱和坚韧的种子。"或许是因为自己的"设计梦"从毕业生作品开始，李琦对年轻人有着更多的期许。

如今，瑞德优秀毕业设计邀请赛已走完10年，比赛的过程中，涌现了大量的设计人才和优秀的作品，很多作品完成了商业转化，也有不少获奖的选手，如今成为瑞德设计的一员。

"在现在这个创新大时代，毕业生可以创造无数个奇迹，唯独不要迷失自己。只要你认真努力，就一定充满机会，一定能够展现个人的能力和价值。"

"这是一个很好的时代。"李琦不止一次强调这句话，在大众创业、万众创新的中国经济快速发展的大背景下，"只要你是一个真正有梦想，努力付出的人，就会有优良的生存环境。"

在第三个10年来临的时候，瑞德设计将定位成为一家以产品设计、空间设计、品牌设计为核心，以瑞德设计·出品为创新引擎的科技型综合设计集团。"瑞德设计自1999年创立，20多年来一直深耕产业创新，比如我们为方太打造的第一台抽油烟机和水槽洗碗机等一系列行业爆品，比如我们为中石化易捷以及众多500强企业重新定义了终端系统建设标准。在消费升级的大趋势下，新兴商业如火如荼，新消费场景层出不穷。如何通过设计创新让企业在新的竞争中脱颖而出，是一家20多年的设计公司需要面对的课题。我们将加快提升商业的创新性和效率性，用设计链接技术、制造、用户、市场，打造'超级爆品''超级空间''超级视觉'……并更加注重对细分领域的洞察，把超级设计和技术创新变成真正的商业能力，通过瑞德设计·出品开创更多的新品类，并完成传统设计服务公司到'科技型、创新型、整合型综合设计服务集团'的迭代，引爆新商业！"

瑞德设计在2019年11月创新孵化的PINKTOP缤兔专业美妆冰箱，从品牌定位、产品定义到产品研发设计，再到品牌策略和空间创新的"一站式"打造，开创了美妆冰箱新品类，上市五个月即登顶天猫类目销量第一；2020年与中国制造业500强、"全球制冷空调控制元器件王国"三花控股集团强强联手，将创新技术和工业设计完美结合，为用户、品牌和行业开创了厨电新品类——专业厨房新风冷空调，并取得11项发明专利。

"在创业创新的环境下，人们对设计行业的理解与之前有着天壤之别，整个设计行业面临着前所未有的好时机，我们必须把创新变成真正的商业能力。"李琦这样说道，"我们伴随着滨江区一起成长，这给了我很大的帮助，让我学会了思考，回头看看，很多机会就在自己手里，这让我多了一份从容，也多了一份自信，更多了一份务实。"

张志刚：
在细分赛道上奔跑的"头号玩家"

"畅唐网络可以说是一员互联网老兵了，早在2007年就已成立，目前拥有600余名在职员工。我们的核心产品是自研自发的地方游戏平台同城游，目前拥有独立自主研运的游戏500余款，注册用户达到两亿。"创始人张志刚用这样一组数字介绍了浙江畅唐网络股

◎浙江畅唐网络股份有限公司创始人张志刚

份有限公司（简称畅唐）。

这是一家专注于游戏研发与游戏平台运营的大型互联网企业，在游戏行业风起云涌的十几年间，畅唐走出了一条具有自身发展特色的道路。目前，由畅唐投资兴建的"网络游戏产业化基地"已经在滨江白马湖畔落成，即将交付并投入使用。

游戏在地化

虽然现在看来，各种地方化互联网应用已经不足为奇，但是16年前，同城游将目光着眼于"互联网荒漠"的三四线城市绝对是第一个吃螃蟹的大胆尝试。

彼时，在进行市场调研时，张志刚发现三四线城市虽然人口基数很大，但少有游戏公司为三四线城市玩家定制专属于自己本地化的游戏，玩家巨大的游戏需求没有得到充分满足，调研团队当时就认定这将是一片广阔的蓝海。

基于这一市场洞察，张志刚团队明确了深耕三四线城市的品牌定位，并一直坚持走到了现在。

"我们走过全国25个省级行政区，并在400多座城市建立游戏分站，使用方言配音，游戏规则原汁原味保留当地特色玩法，游戏房间也是用当地的名胜古迹来命名。同城游始终在做的，就是用家乡符号、家乡游戏来链接家乡人，让地方特色文化得以传承，让家乡味道历久弥新。"

对于畅唐来说，文化的多样性就是游戏的多样性。所以，张志刚带着畅唐的文化创意走向了海外市场。畅唐团队深入南亚国家，与当地服务商开展深度合作，就当地的风土人情、语言文化等进行了细致全面的调研，经过一年半时间的上线运营，在当地已经有近900万用户，日活量75万，且在游戏分类榜单排名第三。谈到这些，张志刚满是欣喜。

"我们用自己的实例证明，只要静下心来，保持高度的专注与战略定力，专心致志打磨产品，耐心倾听用户的每一条意见并做出反馈，一心一意做实事，即便是在尚不成熟的领域，即便要蹚过艰难险阻，未来的前途也一定是光明的。"

勇立潮头，敢于试错

畅唐的发展对杭州高新区（滨江）的文化创意产业发展也起到了很好的正面激励作用。而在最初，畅唐不过是一个不到10人的工作室。

"随着业务的快速扩张，我们的团队规模也在不断扩大。从注册成立公司到谋求更加科学、规范化、精细化的发展，我们开始考虑怎样才能让团队走得更稳健、更扎实。"

经过综合考量，张志刚最终决定"过江发展、激情创业"。

谈及畅唐在杭州高新区（滨江）的创新创业，张志刚的总结是八个字：勇立潮头，敢于试错。

他进一步阐释，在大数据、信息化的时代浪潮中，畅唐作为科创型企业，要深刻了解行业大势，勇于开创、敢于创新，既要有争当时代弄潮儿的志向和气魄，又要胆大心细，把每一步都走稳踩实。

而创新就会有试错，这在每个企业的发展过程中都是必不可少的。墨守成规只会原地踏步，只有敢于试错并根据实践结果迅速调整、修改、磨炼出可行的产品或商业模式，企业才能获得源源不断的源头活水，继续奔涌向前。

从宏观上来看，未来数字经济的发展势能依然强劲，数字消费的潜力十分巨大。这就倒逼着企业要重新审视自己的产品和运营策略，如今用户消费行为的多元化、个性化特征日益突出，畅唐的下一步计划就是要让产品朝着更加年轻化、精品化的方向打造，虽然流量红利不在，但谁能在更加细分的赛道上首先抢跑，谁就能在下一赛段继续保持领先。

"我想，杭州高新区（滨江）的创新就是由这样一个又一个的企业改革发展所成就的，每个企业在创新上的一小步，将共同汇成滨江产业融合、高效发展的一大步。"张志刚不无展望地说。

李晓军：
书写当代电商茶叶的传奇

李晓军，中国茶界电子商务的拓荒者和成就者，他从零开始，多年辛苦耕耘，终于实现艺福堂茶业有限公司（简称艺福堂）年销售四个亿的规模，从一个人的创业变成了一群人的创业，一个人的梦想变成了一个行业的理想，书写了当代电商茶叶的传奇。

◎杭州艺福堂茶业有限公司董事长李晓军

百年福气，茶艺满堂

14年前，李晓军大学毕业刚拿到中药学专业毕业证书，就坐上了安徽蚌埠开往杭州的绿皮火车，开始了自己的创业之路。七月的杭州酷暑难耐，李晓军拖着箱子在大太阳底下走得汗流浃背，T恤都湿透了，终于在闸弄口找到一间八平方米的小房间。在这间小房间里，李晓军成立了自己的第一个淘宝店铺，取名"东艺茶叶"。从开始的一天几单到一天几十单，生意慢慢壮大，到了2007年年底，李晓军在淘宝上卖了109万元茶叶，店铺被评为淘宝茶叶店铺"首家100%好评皇冠卖家"。

随着店铺规模的日益扩大，李晓军一个人已经难以顾及运营的方方面面，缺乏人手成为阻碍公司进一步发展的关键难题。然而，招人必须有营业执照，必须要成立公司。在哪里注册公司、成立企业又成了困扰李晓军的难题。彼时，李晓军在淘宝的一次卖家会议上遇到了自己的老乡，这位老乡说，最早他们也在民房，不能注册公司，后来就搬去写字楼了。接下来，他们打算搬到杭州高新区（滨江）。

这是李晓军第一次听到"滨江"两个字。从那以后，李晓军开始关注杭州高新区（滨江），并开始到杭州高新区（滨江）看适合注册公司的地点。2008年的杭州高新区（滨江）尚处于发展初期，小区较少，李晓军找到了一个叫白金海岸的小区，在小区里找到一个门面房，这里能注册公司，而且面积还大。

2008年6月1日，李晓军从闸弄口的小房间搬到了杭州高新区（滨江）的白金海岸。同年8月8日，北京奥运会开幕当天，李晓军在杭州高新区（滨江）提交了注册公司的申请。公司取名为"艺福堂"，寓意百年福气，茶艺满堂。其中，"堂"是为了纪念李晓军大学所学的中药学专业。2008年8月20日，李晓军终于将艺福堂的营业执照拿到了手上，那一刻，他激动的心情久久不能平复。

扎根滨江，逐梦滨江

公司成立之初，李晓军定下了五年一个亿的目标，并从招人入手，要求应聘者的学历必须在本科以上。在招收了一批精兵强将之后，李晓军把前两年的服务和产品理念全部标准化，传承给公司的新伙伴。

接下来，还要计划建工厂办车间，艺福堂要从贸易型公司向产销实体转变。中药学出身的李晓军说："我们办的工厂也必须严格按照制药的标准，要比别人的更好、更专业，用药品的要求来生产茶叶。"2008年年底，李晓军又在杭州高新区（滨江）长河路的拓森科技园租了1号楼2层做生产车间。就这样，在杭州高新区（滨江），企业也成立了，工厂也办理了，车间也开始运行了。

艺福堂在杭州高新区（滨江）从此扎根发芽，2012年艺福堂完成销售额一亿元，李晓军提前一年完成了当初定下的一亿元目标。自此之后，艺福堂的销售额平稳上升，2019年，艺福堂整个集团的销售额达到了四亿元，并连续10年成为互联网茶叶领导品牌。

在艺福堂发展的前10年，李晓军将更多的精力放在基础建设上，2017年，艺福堂智慧工厂正式建成。2018年，艺福堂的运营总部也从工业厂区迁至写字楼。未来10年，李晓军说，艺福堂将转入品牌打造和建设时期，加快实现国际化，通过互联网和跨境贸易及"一带一路"等，把中国的茶推向世界，这是艺福堂人和他自己的终极梦想。

在企业发展壮大的同时，李晓军不忘反哺社会，每年都会以个人名义向社会组织捐款捐物。2018年，李晓军带领艺福堂主动参与了杭州·恩施东西部扶贫协作项目，每年收购优质茶叶30余吨，组织科技教育培训10场，共培训561人次，带动3000余户当地茶农增收；作为大学生创业导师，李晓军每年都为青年创业者授课解惑，分享自己的创业经验，让年轻创业者少走弯路，更快地实现自己的创业梦想。

2008年至今，从开第一家淘宝店到成立艺福堂，公司日益发展壮大，艺福堂与杭州高新区（滨江）一起成长与发展。在李晓军看来，杭州高新区（滨江）是一片创业者的沃土。他希望更多的创业型公司及大企业来到杭州高新区（滨江）扎根结果，与之同呼吸共成长。

乔戈里：
智能机器视觉制造王者

杭州乔戈里科技有限公司（简称乔戈里），一个缘起于世界上最难攀登的山峰——乔戈里峰——的名字，承载着创始人对乔戈里公司登顶智能机器视觉技术巅峰的期盼。

这家专注于机器视觉、计算机图像及人工智能技术研究的企业，以"创造改变

◎杭州乔戈里科技有限公司创始人朱国宏

生活"为宗旨，研发了包括世界首台的VVT/VCT发动机关键零部件检测设备、填补全球空白的滚动体系列检测设备、制药领域全球热销胶囊检测设备以及智能农业分选采摘机器人等产品。过硬的产品也让乔戈里收获了诸多赞誉：2017年，乔戈里依靠智能机器视觉设备，以90.96的高分一举斩获第六届中国创新创业大赛（先进制造行业）总决赛成长组第二名的好成绩；2019年，乔戈里创始人入选国家"万人计划"……

智能机器视觉，乔戈里起源自此，崛起自此，也将持续奋进于此。

立足滨江

回忆起当初为何以智能机器视觉为切入点建立公司时，创始人透露道，在21世纪初，机器视觉在中国、甚至在世界都是一个崭新的名词，没有任何一个国家或者一个企业能在这一领域占据绝对的优势地位。"面对一个新的技术，无论大小公司都在同一起跑线上。如此一来，乔戈里就大有机会后来居上，弯道超车。"

公司落址的选择，是出于对杭州山水之钟情以及对杭州高新区（滨江）产业形势之信心。12年前，机缘巧合之下，创始人远眺杭州山水，瞬间便为钟灵毓秀的人间天堂所倾倒。"这个城市，有山，有水，太适合生活了。"因山水宜居而选定杭州这座城市，而在选择公司具体落脚处时，创始人立足实际，细心考察产业环境。最终，凭借朝气蓬勃的高新产业、上行下达的政策扶持，出色的杭州高新区（滨江）留住了他寻觅的目光。

上下求索

"创业者开心不超过24小时，沮丧也不超过24小时，一觉醒来，撸起袖子接着干。"回忆起九年的创业历程，创始人笑着总结道。

创立初期，他带领着仅有的几名员工以公司为家，废寝忘食，潜心研发智能机器视觉技术。"公司现在很多员工都是从乔戈里创立起就开始跟我工作，不管遇到多大的困难都没有离开。"创始人不无感激地回忆道。员工对公司之所以不离不弃，是因为他们有着和创始人同样的理想，那就是实现机器视觉领域的"中国智造"，填补中国在机器视觉领域的空白。共同的理想支持着他们在艰难的日子里相互扶持、共同前行。

公司业绩对乔戈里的持续发展至关重要，但这却恰恰是年轻乔戈里的短板。"我记得公司刚创立的时候，有一年业绩不太好。但逼近年尾，公司还是需要给员工发足够的奖金。"创始人说道，"作为创业公司，公司再苦，也不能亏待员工，年尾必须发奖金慰劳员工，稳定军心。"但该年公司账面入不敷出，员工奖金发放迫在眉睫。

"不过真的非常幸运，得知乔戈里的困境后，杭州高新区（滨江）区政府为我们雪中送炭，那真的是雪中送炭！"创始人对此满怀感激。那年年尾，杭州高新区（滨江）区政府为公司对接了业务，解决了公司的燃眉之急在乔戈里创业的征途上，杭州高新区（滨江）政府还提供了包括租金、公司业务等多方面的暖心帮助与实在补贴。于乔戈里，杭州高新区（滨江）亦指挥者，亦聆听者，亦师，亦友。

做到极致

从创立初期的几名员工，发展到现在具备研发、生产、销售、管理、创新等专业团队，乔戈里以极其迅猛的速度发展成长着。目前，公司拥有10项发明专利，其中一项发明同时也是日本授权发明专利；25项实用新型专利；30项登记在册的软件产品；九个注册商标，其中两个商标完成马德里国际注册，注册国家和地区包括欧盟、美国、日本、韩国、印度和澳大利亚；获企业ISO9001及欧盟CE认证，产品畅销于欧美及亚洲各国，并在韩国、印度、列支敦士登设立独立的海外办事处，与日本、德国、美国等国的知名企业建立了良好合作关系……

这10年，乔戈里交出的成绩单斐然且夺目。国际领先产品的成功研发，让乔戈里在业内声名大噪，订单也接踵而至。在与众多企业的接洽合作里，创始人特别提道，"我们最自豪的是与日本一家国际知名企业达成的合作，并成功拿到了订单"。创始人告诉记者，为了了解这个设备，该企业的负责人多次飞到杭州进行实地考察。"日本制造业相当发达，日本人一向又以严谨出名，他们向我们下订单，是对我们设备的充分肯定。"

除了深耕工业领域的智能自动化，乔戈里的农业领域新研发智能采摘机器人及智能分选项目也齐头并进。该项目针对浙江省丘陵山区特点与林果采收智能自动化需求，在以往机器视觉技术等研究的基础上，以深度学习技术为创新突破口，研发出一款能准确识别、定位林果并快速准确地自动采摘的林果采摘机器人。果农只需远程操作即可完成林果的采收，实现林果采摘环节的自动化、智能化。

"少点浮夸，多干实事"是创始人时刻铭记在心的格言。秉持着这样的匠心精神，成就斐然的乔戈里仍将以谦逊的学习者姿态，探索并耕耘于自己所专注的细分领域，既做好智能机器视觉检测领域的巨头，又做好"中国智造"蓝海中的小水滴，不断实现自我突破，从而为"中国智造"激溅出更多的美丽浪花。

姜慧霞：
躬身医健，步履不停

"全力建设数字经济最强区，努力打造数字经济发展的滨江样板。要打造生命健康产业新蓝海，力争到2025年把生命健康产业打造成为千亿级产业集群，把杭州高新区（滨江）打造成为浙江省智慧医疗产业基地、国家级生命健康产业创新示范区。"这是2020年杭州高

◎贝壳社联合创始人姜慧霞

新区（滨江）区委召开五届九次全体（扩大）会议上发出的"指令"。

新冠肺炎疫情让大众再次将目光投向生命健康，这也成为生命健康产业飞速发展的催化剂。在杭州高新区（滨江），有一位躬身医健领域的耕耘者。2014年，在创业浪潮之下，她扎根杭州高新区（滨江），打造了中国最早的医健创业创新服务平台之一。她就是贝壳社、贝壳投资基金、澳洲贝壳社创始人，贝壳大学（Bio-U）校董，姜慧霞。

姜慧霞说，这么多年，我和我的团队只做好一件事，为创业者提供最好的服务。

危中求机，开启互联医健新篇章

2012年，钱塘江畔的海创基地在杭州高新区（滨江）挂牌成立，与六和塔隔岸相望。如今，这个占地304亩、总建筑面积24万平方米的区域几年来已成为高层次人才与项目创业创新的乐土。

这里，正是姜慧霞梦想起飞的地方。

2014年，国内掀起了互联网创业热潮，"互联网+"的概念开始盛行。相比其他行业，医健行业因基础研究转化难、合规问题的束缚以及渠道问题，创业之路举步维艰。作为当时还未被互联网"颠覆"的行业之一，姜慧霞在危机中看到了机遇。

"医健行业的发展速度滞缓，发展阻力大，是由于国内缺少助力创业者孵化和成长的互联网社群。信息传播慢，资源需要面对面去接触……这些客观条件的匮乏使得创业者在创业初期，失去了很多与投资人、专业机构、行业龙头间的互动与交流。"姜慧霞说。凭借着多年的医健项目孵化、科技园区、产业平台运营和管理经验，姜慧霞意识到医健领域将借着互联网的这股东风一跃而起。

2014年，她做了一个决定，联合几位合伙人创办了贝壳社，希望做一个能够"关键时刻拉一把创业者"的平台，专注服务医健创新创业者。取名

张以弛：
逐浪互联网+教育的最前沿

◎校宝在线（杭州）科技股份有限公司CEO张以弛

张以弛决定"回家"。

2010年，一个意外的收获打破了张以弛"本想老老实实做学术"的念头。这一年，张以弛在剑桥大学攻读计算机语义与逻辑专业的博士学位，和同在剑桥大学攻读计算机科学的孙琳，设计了一款英语写作辅助软件，参加了剑桥大学的创业大赛。没想到的是，这支全部由中国留学生组成的队伍，竟包揽了当届剑桥大学创业大赛软件类的全部奖项，打破了该项赛事举办11年来的纪录。

拿到剑桥大学企业种子基金的投资后，张以弛的创业热情被彻底点燃。于是，为了做好这款产品，回国、回到家乡杭州创业，便成了他毫不犹豫的一步。

10年蝶变。从教育信息化出发的校宝在线，现已成为推动教育服务升级的一支强队。如今的校宝在线是在中国深受欢迎的教育信息化综合服务提供商，服务教育品牌超过90000家，帮助超过180000个校区实现了互联网+教育的业务升级，服务教育从业者超100万，年经办交易流水400亿元。

回首来时路　郁郁满芳华

为何切入教育服务这条赛道？校宝在线董事长兼CEO张以弛解释，一方面，教育培训行业的业务复杂程度高；另一方面，它的信息化程度很低，这种现状亟待改造。

创业初期，杭州高新区（滨江）的政务服务令张以弛印象深刻。"我们是第一家企业股改手续可以在区里直接办理的企业。因为企业股改手续比较繁琐，常常需要跑市工商局，但区里的扶持政策让我们免去了这些繁琐流程，直接就可以在区里办理，确实方便。"

在光来临前，总要经历一段波折。张以弛也不例外。从2010年到2013年，张以弛和创业伙伴孙琳还领着每月5000元人民币的工资，关在"小黑屋"里做产品。基于对教育行业发展趋势的判断，不久他便看到了公司的"天花板"。

张以弛想要影响更多的人。他认为要改变国内教育行业的现状，核心是通过加资源和提效率两种途径。前者依靠国家政策，后者则是校宝在线可以用科技去改变的。比如，教育机构和学校常常在排课这件事上耗费很大精力，但通过人工智能技术提升效率，就可以把原本的人力资源节省下来，用在学生关怀等更值得去做的事情上。因此，校宝在线开始全面布局建立教培行业及k12学校的服务信息化平台。

慢慢地，光一点点照了进来。作为土生土长的杭州高新区（滨江）企业，校宝在线是第一批入选杭州高新区（滨江）"5050计划"的优秀企业。2015年，凭借"智能课堂"系统，张以弛拿到了该年度全区创新创业大赛一等奖和100万元创业奖励。

在政策东风的护航下，张以弛带领着校宝在线拾级而上，在教育产业互联网赛道上崭露头角。基于多年的行业沉淀以及阿里巴巴、蚂蚁集团等优质战略资源的整合，校宝在线以"双轮驱动+增值服务"战略全面布局教育服务产业。

目前，校宝在线的产品已经全面覆盖教育培训机构及K12全日制学校领域，解决招生、教学、教务、财务等全方位运营及管理难题，持续从不同的层面为用户提供优质体验，现产品体系包含校宝教培管理系统、招生宝、校宝家、校宝学院、校宝智慧校园、校园宝、校宝收银宝、校宝安心宝、校宝1Course。

2017年，校宝在线获得了由蚂蚁集团领投的超两亿元C轮投资。2018年校宝在线启动了"校宝公益"计划，为特殊教育学校及机构免费提供招生、教学、教务、财务等全方位运营及管理的一体化SaaS服务，全国各地的特殊教育学校及培训机构都可以免费申请。"企业作为一个重要的社会群体，在创造财富时，更要创造社会价值，推动社会进步。希望我们的一点付出，让技术更有温度，也让更多人感受到教育的美好。"张以弛如是说。

迈步新征程　砥砺再出发

担任浙江工商大学特聘教授、2012年入选"杭州全球引才'521'计划"、2013年入选《福布斯》"中国30位30岁以下创业者"，张以弛不断地扩充着人生的"前缀"。在他看来，未来要做的，还有很多。

2019年8月23日，由校宝在线主办的"2019 SEE 教育服务共建大会"在杭州召开。会上，与会嘉宾一致认为，未来教育行业将迎来规范化、普惠化、数智化、协同化的新趋势。张以弛提出，"产业互联网将是教育未来的发展方向"。

2020年，一场突如其来的疫情，让教育信息化的重要性凸显。年初疫情肆虐，停课不停学成了形势之下的无奈之选。教育行业，特别是线下的校外培训行业，受到了前所未有的重创，校宝在线的业务也一度受到冲击。

张以弛说："非常幸运的是，校宝在线第一时间得到了区政府的关注和大力支持。"在杭州高新区（滨江）政府的精准扶持与关怀下，校宝在线解决了企业流动资金周转的燃眉之急，提高了抗击疫情的生产保障和社会服务能力。

与此同时，为了给疫情中的教育机构提供增援、共度时艰，校宝积极应变升级自身产品，推出直播功能满足机构线上课消的需求；旗下各业务线也释出了包括价值千万的教育信息化补贴，以及复课专属保险、免费收款额度等多项市场政策，多措并举地帮助学校和机构修炼内功、对抗疫情。

一路走来，张以弛带领着校宝在线奔跑在教育+互联网"逐浪"的最前沿。在杭州高新区（滨江）还没有这么多创客时，他已经在路上；在创客云集时，他引领着方向。未来，还有越来越多的教育机构和供应链服务会被校宝在线链接，教育产业互联的格局会更清晰。

杨柳：
坚持创新，迎接广阔未来

作为杭州宏杉科技股份有限公司（简称宏杉科技）总裁，杨柳已经在IT行业深耕20余年，在杭州高新区奋斗了17年，参与创建宏杉科技近10年，在IT管理领域的持续创新，让她拥有了独到的见解和亲身实践。如今，她作为共同创始人之一，带领迅速成

◎杭州宏杉科技股份有限公司总裁杨柳

长的宏杉科技，傲立于国际厂商林立的专业存储领域。

亲历杭州高新区IT行业的成长，杨柳经历了职业经理人的成长，以及创业者的挑战与收获，她最认同的两个词是：坚持、创新。

职业经理人，铸造坚持与创新的DNA

1995年，杨柳毕业于西安公路交通大学，并取得了管理工程硕士学位。1996年，杨柳进入了刚刚起步的华为，从最擅长的财经管理部门入手，到负责与业务结合更紧密的代理商管理，将大学的财务知识与IT企业的业务管理进行了初步融合。

2003年，华三公司成立。杨柳作为第一批从华为进入华三的工作人员，参与了华三的创立，并担任财经管理部副总裁，从预算管理、商务管理、财务审计等方面，对财务流程进行了优化。

正是在华为和华三的经历，给了杨柳创新的思维模式。

IT产业技术日新月异，唯有创新，才能驱动企业向前发展；而创新是一个摸索的过程，道路非常曲折，百般挑战，让杨柳有了坚持的习惯。正是这段经历，铸造了杨柳创新与坚持结合的DNA。

创业宏杉，将创新规范化、制度化

2013年，杨柳离开了工作10年的华三，进入规模更小、业务更精的宏杉科技工作，担任副总裁兼CFO（首席财务官）、HRD（人力资源总监），并在2019年担任宏杉科技总裁。

宏杉科技作为一家不到千人的企业，拥有高中低端全系列产品线，是全球存储领域仅有的几家之一。而杨柳作为宏杉科技的高管，并不是计算机及存储方向的人才，如何带领整个宏杉科技在强手如云的存储行业里争取到技术优势、产品优势和市场优势？

"创业公司甫一开始，或许是依靠一两位关键人物的智慧、一两个关键研发的方向走上创业之路的。但是创业是个长期的过程，企业要想成规模发展，持续创新，必须建立一整套完备的决策机制、管理机制、创新机制，并分析内外环境的变化，做出更有战略眼光的决策，从而让创业可以坚持下去，走得更远。"关于创新与坚持，杨柳如是分析。

在产品的研发与创新方面，杨柳积极推动了宏杉科技产品创新的制度化、规范化。目前，宏杉科技有公司战略管理委员会、研发管理委员会、产品管理委员会，前者负责制定公司大的发展战略，后两者则负责从研发、产品两个角度看清技术路线选择，并将之落实到具体的产品中。正是因为这一项制度的创立与坚持，宏杉在两年前就看到了NVMe技术的发展趋势，果断在国内第一家推出NVMe系列产品Mach，开启了国内更高速、更安全的存储新时代。

任何时候都要倾听来自一线的声音，这是宏杉的企业文化，也是杨柳多年来对自己的要求。杨柳紧抓市场，坚持与客户面对面，并根据客户需求，推进公司管理的正规化、规范化。

目前，宏杉科技在全国有30个办事机构，几乎覆盖全国每个省。杨柳与高管形成制度，每周都坚持出差，与客户、合作伙伴进行充分的交流，既将宏杉科技的文化高效、准确地传递出去，更将外部的意见和声音带回来，并提升公司的管理水平，将之固化、优化。

以渠道管理为例，根据当年市场情况、合作伙伴需求，以及自身产品和技术，宏杉科技每年都会推出针对渠道的新产品，针对渠道的管理政策，全方位、实时性地支持渠道建设。今天，合作伙伴为宏杉科技业务发展贡献度超过60%，大量合作伙伴已经成为宏杉科技了解市场、开拓业务最强有力的触角。

充分依托内外部环境，坚持创新人才导向

21世纪最缺的是什么？人才。

这虽然是电影台词的一句玩笑话，但却是创业企业永远的痛。品牌知名度不高，企业规模不大，薪资不够高等等外在条件都限制了创业企业的发展。

杨柳作为CEO（首席执行官），头等大事就是找到合适的人，提供发挥的舞台，让他们在宏杉科技大放异彩。

宏杉科技的发展得到了杭州高新区（滨江）的大力支持，在政府扶持、人才引进方面，高新区提供了优良的环境。杨柳带领团队，创新了人才管理机制，从岗位定位、人才寻找、绩效考核、任职资格评定等等方面，完善了人才引进、内部人才提拔与晋升的制度，大胆启用有开拓能力的人才和团队。今天，宏杉科技各个关键岗位，都是由历经市场一线考验，具有技术能力、销售能力以及管理能力的复合型人才担当重任。

杨柳将女性的坚韧和柔和在工作和生活中得到了完美的平衡。在公司，杨柳是一个雷厉风行的决策者，利用坚持与创新，带领团队不断创新，精益求精，追求完美；在家庭中，杨柳是一个好妈妈，坚持与孩子共同成长，培养了出色的儿子。

"多年创业让我坚信，用制度去规范和保障是坚持、创新的关键，是带领企业不断挑战、不断提升的关键。我们作为一个坚持了10年的存储创业企业，对过去倍感自豪，更重要的是，我们会用坚持和创新诠释下一个辉煌的10年。"杨柳很自信，在她带领下的宏杉科技也会迎来更精彩的广阔未来。

汤琳宏：
拥抱变化，创造价值

◎杭州紫驰网络科技有限公司董事长汤琳宏

2010年，汤琳宏在滨江创办了杭州紫驰网络科技有限公司（简称紫驰），那年她24岁。随着逐梦滨江的脚步继续迈进，而今，紫驰已经成为行业中的佼佼者。

汤琳宏，杭州紫驰网络科技有限公司CEO，出生于杭州高新区（滨江），作为"85后"创业大军中的一员，她的创业故事不仅仅是大时代下的一个缩影。

与阿里的缘分

不管是从地缘角度还是业缘角度，紫驰的成长壮大与阿里巴巴都有着密不可分的关系。

走进位于阿里巴巴二期阿里中心的杭州紫驰网络，3000平方米的开阔空间里，"致力于成为中国最佳服务商"的公司愿景映入眼帘。

紫驰网络是阿里巴巴紧密合作的生态伙伴公司，阿里巴巴商学院杭州分校，阿里巴巴1688Callcenter中心，阿里巴巴钻石服务商，蚂蚁金服收钱码旗舰店官方服务商，蚂蚁金服万里汇国内独家合作伙伴，阿里巴巴全球拍档，这些都是紫驰网络身上的标签。深入了解就会发现，CEO汤琳宏和她的核心管理层，也均来自阿里巴巴，这是一家有着浓厚阿里文化、阿里基因的一家公司，也是阿里巴巴电商帝国中，不可或缺的重要部分。这是一家有价值观、有愿景的企业，那一张张年轻的脸庞充分展示着满满的活力与能量。

汤琳宏是85后，在2004年，18岁的汤琳宏已经读大学。那一年，被称为中国电子商务发展年，国内媒体亦称2004年是世界电子商务的"拐点"年、振兴年。

也是在那一年，汤琳宏第一次接触到了网购。校园的时光散淡烂漫，她并不满足于单纯读书度日，就从一名淘宝买家变成了淘宝卖家。找源头货源，商品测款，买家定位，粉丝运营，从那一刻起，汤琳宏开始踏上了电商的风口。

2006年，除了依托于淘宝、拍拍、有啊等平台，汤琳宏自建了一家网站，起名"枫琳眼镜堂"，把平台用户沉淀到自建网站，创建属于自身的粉丝群体和私域流量，在十几年后的今天看来，这些方式仍然是互联网主流的运营方式。大学创业期间，汤琳宏的网站不仅获得了来自新加坡等地的一些海外批发商的青睐，甚至得到了投资商的投资意向。

当时，汤琳宏的淘宝店生意做得风生水起。而她并不只愿重复眼前的一成不变，当周围的一切都在积极地变化时，不变就意味着退步。对她而言，未来还有无限的可能性。

汤琳宏毅然走出了这一步，去到全中国最具活力之一的互联网公司上班，成为阿里巴巴的一名业务经理。

带着一股闯劲，短短一年的时间里，汤琳宏就拿下"阿里巴巴百年之星"，"阿里巴巴年度新人"等奖项。她的能力毋庸置疑，但对汤琳宏来说更重要的，是对阿里巴巴电商业务模式的深刻认知，她走的每一步，都在为未来做打算。

奔驰的紫驰

带着从未忘却的创业梦想，2010年，24岁的汤琳宏从阿里巴巴辞职，创办了杭州紫驰网络科技有限公司。

紫驰网络从帮助商家打理网店开始发展起步，凭借出色的服务能力，以及和阿里巴巴一致的价值观，在阿里巴巴第三方合作伙伴中，频频崭露头角。

从2016年开始，紫驰网络从阿里巴巴的第三方服务商，发展成为阿里巴巴的战略合作伙伴，从一条海外业务线作为切入口，不断衍生，如今和阿里巴巴已有多个BU深度合作。

而和阿里巴巴的深度合作中，经过不断学习和成长，紫驰网络的业务也从电商服务，衍生到了SaaS软件开发等新领域，成为一家多元化发展的创新企业。

十年磨一剑，紫驰网络凭借自身电商运营和营销的优势，在第三方运营市场和外包市场，拥有良好的口碑。未来10年，紫驰也将深耕在这万亿的服务市场中，作为新商业基础设施的重要环节，为企业、为社会提供优质的服务，帮助企业实现商业转型，提升社会经济效能。

回想起早年的创业经历，作为企业掌门人的汤琳宏觉得，那严格算来不是创业，只是生意，"生意和创业不同，生意是买卖，创业是懂战略，懂经营，懂管理，有社会价值，我想做企业家，不想做生意人"。

在创业成功的背后，离不开这10年来电商经济的蓬勃发展，离不开滨江这方热土的滋养灌溉。汤琳宏说，从获得"初创企业扶持"到现在拿"成长型企业补助"，"政府没有一刀切，真的在思考企业需要什么"。

滨江是汤琳宏的家，也是她稳扎稳打开始创业的福地。

她感谢这个时代，让后浪有机会站在这个时代的台前，感谢稳定的营商环境，让年轻一代可以尽情在这片土地上挥洒汗水，铸建梦想。

创新创业还在继续，风口还在不断涌现。汤琳宏深知，唯一不变的，是时刻拥抱变化，创造市场价值，做有价值的个人，造就有价值的企业。

陆洋：
只争朝夕，不负韶华

◎杭州天和高科技产业园有限公司董事长陆洋

　　钱塘之滨岸，在杭州高新区（滨江）这片创新创业热土之上，杭州天和高科技产业园（简称天和高科）苗壮成长着，它是中国首家以体外诊断产品（IVD）为特色的生物医药与智慧健康产业科技园，国内首批纯民营生物医药专业型国家级孵化器，同时也是集众创空间、孵化器、加速器、产业园为一体的高精产业集聚园区。

天和高科独树一帜，没有光鲜亮丽的外表，但朴实无华的它却展现出了不一般的风采。不妨走进天和高科，聆听园区总经理陆洋的成长历程。

回国发展，对标高新区

从18岁出国求学，陆洋在海外待了整整六年，"我的六个生日全都是在国外过的"。陆洋自小培养出的独立严谨个性，让他在异国他乡独立生活起来并不艰难，做起选择来也相对从容。2013年毕业前夕，陆洋面临两个选择，留在海外继续深造，抑或是回国发展。陆洋父亲只问了他一个问题："机会一定是留给准备好的人，你准备好了吗？"

"大众创业、万众创新"的浪潮如火如荼，在这个大背景下，杭州高新区（滨江）提出要加快从"天堂硅谷"向"智慧e谷"迈进，全力打造产业、创新、新城三大功能。看到通知的陆洋，决定要把握这次机会，做一个"准备好的人"。

任何人的成功都不是一蹴而就，每一阶段的抵达，都离不开一步一个脚印的积累。这是陆洋一直坚持的信念。

刚回国的陆洋，在其父亲——天和集团董事长陆关林的安排下，进入天陆医药学习，那是一家创业公司，陆洋的第一个岗位是综合管理办公室主任。这个岗位涉及公司全方位业务版块，需具备良好的沟通技能，并掌握如何选人、用人、留人的精髓。

所有的经历都是值得的，正是因为前期这份工作的积累，为他之后的团队管理与创业打下了扎实的基础。

2015年，杭州高新区（滨江）出台支持创新创业"黄金12条"打造"豪华"创业生态圈，意在"以黄金政策，发挥黄金效应"。

当时已然作为浙江省级科技企业孵化器的天和高科，在孵化链上缺少源头创新项目孵化的重要一环——众创空间，陆洋看准时机，主动请缨，开始了他的创业之路。2015年12月，"天和众创空间"成立了。

这一年，他在园区里找了一间办公室，铺盖一放，安了一个简陋的"家"，将全部心思放在创业上，他笑称，"那时候为了更深刻地了解园区情况以及能精准地把握项目方向，事事亲为，连地毯都是我们自己设计裁剪"。

当时，听闻有一位专家带着研发项目来发展，陆洋了解到情况后，带着园区导师、基金负责人、服务人员，"五顾茅庐"，为项目解决从场地需求、工商注册、政策落地申报、投融资对接等一系列一整套服务。最终，陆洋的诚意和服务热情打动了对方，这个项目成功落地天和众创。

努力就会有收获，天和众创在陆洋和他的团队不懈努力下，成功孵化出50多家大健康生物医药相关产业项目及企业，行业囊括精准医疗，移动医疗，食品安全检测，医学物联网，医学教育，基因检测等生物医药不同领域，一时间，天和众创出现了百花齐放、百家争鸣的创新创业生态。

华丽转身，快速成长

经过两年的发展，天和众创经历了从无到有，从综合到专业，从市级到省级优秀的历程，陆洋认识到，作为孵化行业，服务是基础，是生命线，也决定着平台发展上限。虽然当时天和园区已是国家级科技企业孵化器，硬件设施专业齐备，平台服务也都面面俱到，但陆洋发现，管理虽有，却不成体系，从长远看，不利于园区的可持续发展。于是他再次主动向时任园区董事长的父亲提出，希望能作为助手，和当时的总经理一起建立一整套规范化标准化的管理体系。

2017年，陆洋进入天和高科管理团队。从日常考勤、组织架构、部门及具体岗位职责，到团队建设、公司文化，再到物业管理、企业服务，陆洋每一样都参与其中，力求建立完整的体系。从在园区一层层巡查、企业走访、外出学习，到一遍遍拟定修改方案，事无巨细，他笑言："这让我从一个理科生练成了文案高手。"

新的管理体系很快发挥了作用，各项工作有序进行，也极大地提升了团队的凝聚力。

2018年，陆洋被任命为天和高科技产业园总经理，为了更好地提升园区服务品质，他推陈出新启动企业特派员服务模式，上至他本人，下至各部门成员，每人负责五到八家重点企业，形成责任包干，提供政策服务及政府对接的上传下达，更好地服务企业；将每年的9月定为"天和服务月"，将物业、创业服务进行罗列，清楚告诉企业在天和高科创业有哪些服务可以享受，此举一来让企业对园区的服务更加明晰，另一方面也使企业对各职能部门的工作起到了监督促进作用；意识到企业从着手创业、海归回国、新企业入园，对于创业流程和园区熟悉要有一个过程，设计制作了《入园手册》，对一站式入驻流程、服务流程做了明晰，帮助企业更快速地融入园区。

截至目前，园区有入驻企业300余家，其中就有来自美国、加拿大、挪威、荷兰等国家的近200个从事检测试剂、新药和医疗器械开发的企业和项目。园区有60余名海内外高层次人才，200余位博士，通过70余项"5050计划"。

经过几年的积累和沉淀，天和高科整合行业优秀资源，成功打造了集生物医药研发生产销售为一体的创新孵化平台，形成生物医药高层次人才、专项资金、全产业链和优质项目四大集聚，成就了天和高科强大的行业竞争优势。

"在高新区是幸福的，不管是就业还是创业，这里创业氛围浓厚，政策好，服务到位"，陆洋说，"未来，不管是我还是天和，都要与杭州高新区（滨江）共成长，共辉煌。"朝日初生，未来可期，不负韶华。

王军一：
"我命由我不由天"

根据《2019年全国癌症报告》，恶性肿瘤（癌症）已经成为严重威胁中国人群健康的主要公共卫生问题之一。最新的统计数据显示，恶性肿瘤死亡占居民全部死因的23.91%，且近十几年来恶性肿瘤的发病死亡数量均呈持续上升态势，每年恶性肿瘤所致的医疗花费超

◎杭州和壹基因科技有限公司董事长王军一

过2200亿元。

"没有一个人愿意得癌症。"杭州和壹基因科技有限公司（简称壹基因）董事长王军一博士说，"但绝大多数人又都没有防癌意识和行动。其关键原因在于，缺乏科学有效地提前排查患病风险和指导精准防病的手段，而基因检测恰好为大家提供了既高科技又简单易用的新工具。"

所有的疾病都与基因有关，癌症更是百分百由基因变异引起。王军一成立壹基因的初衷，就是利用世界先进的基因检测技术和基因大数据计算技术，为大众提供癌症早期筛查、提前预防和精准治疗指导的基因检测服务。通过"风险早知道，疾病早预防，问题早干预"的全新健康模式，最终实现"我命由我不由天，我的健康我做主"。

应时势而入局

2014年，是基因科技由实验室研究向临床应用转化的元年。随着基因检测技术的日趋完善，顶尖的基因科技逐渐走进大众的日常。

当时，王军一便预测，基因科技将成为下一个千亿美元的科技产业，成为医疗健康革命性发展的核心驱动力。其释放的巨大生产力会彻底重构当前的医疗健康模式，向高效率和高效益飞跃。

觉察到基因检测市场化动能的王军一，决定开启创业征途。在本科、硕士、博士期间，王军一一直从事基因科学研究，在《自然》《自然遗传学》等国际顶级学术期刊发表论文20多篇。"如何利用研究成果给老百姓带来健康的提升，对社会产生更大和更直接的价值，是我一直在思考的问题。我想把实验室的成果进行应用转化，让高新技术成果及时给广泛的大众用户带来福利。"

经过一段时间的考察和沟通，2014年5月，王军一带领核心团队在杭州高新区（滨江）成立了壹基因，开启了防癌基因检测领域不平凡的旅程。谈及选择在杭州高新区（滨江）创业的原因，王军一说："高新区（滨江）有三好，'基因好、政策好、政府好'。这是一个充满创新创业精神的地方，有阿里巴巴、网易、华为等国际知名企业做标杆，我们也希望能做成基因领域的领军者。各种创新创业的扶持政策也让我们受益匪浅，不仅仅是在资金方面的支持，品牌背书也很重要。"

壹基因成立后，受到了杭州高新区（滨江）政府的高度重视和支持。创业团队入选海内外高层次人才引进计划——"5050计划"，并获得政府创业资金1000万元。随后，壹基因先后入选雏鹰计划、瞪羚计划、杭州市高新技术企业、省级研发中心、浙江省信用示范企业、国家高新技术企业等，受到杭州各级政府的关注和支持。

王军一感慨，区委、区政府让他感受到了家人般的温暖。一个温暖的地方，适合任何梦想的生长。

癌症防御战的中国力量

如果说"人类基因组计划"过于陌生，那么"乔布斯通过基因检测获得精准治疗而延命七年；安吉丽娜·朱莉通过基因检测提前预防乳腺癌卵巢癌"的明星案例，相信不少人耳熟能详。

基因检测，已被纳入国家政策和众多疾病诊治指南的重点应用。在前景一片光明的形势下，"我们必须夯实研发技术基石，用最科学、准确的技术为客户提供坚实可靠的检测结果"。王军一说。

因此，对于壹基因的技术实力，王军一提出了近乎苛刻的要求。在壹基因连续获得的近亿元融资和资金支持中，王军一将绝大部分投入医学检验实验室的建设和核心技术研发中，打造了总投资超过5000万元、面积达到1500平方米的实验室，并配备了国际上最先进的设备。

此外，壹基因还建设了一个行业一流的高性能计算中心，仅用于计算的CPU数量就高达5000多个，基因数据存储容量更是高达10PB。在此基础上，壹基因建设了一个庞大的中国人基因数据库，存储了数10万人的基因。

"世界上不同区域和种族人群的基因还是存在很大差异的。早期的基因研究成果大多数是建立在欧美人群的基因样品上，如果没有中国人自己的基因库，就只能以欧美人群的基因组对标参考，这样的检测结果和中国人相比就会有很多偏差。而壹基因在大量中国人基因数据的基础上进行了参考序列的修正和完善，我们采用中国人的基因库来检测中国人的基因变化，来判断中国人的疾病风险，这也是客户普遍高度评价我们的检测结果准确的原因之一。"王军一自豪地说。

经过六年的快速成长，壹基因已成长为国内著名基因检测机构。通过自主研发，采用国际最前沿的高通量测序技术和基因组分析技术，壹基因在基因应用和转化领域开辟出一条独具特色的道路。在国家卫健委临检中心每年例行的室间质量评价中，壹基因每年都是满分通过。截至目前，壹基因已经获得了50多项国家发明专利和软著等知识产权。

王军一表示："我相信在中国的新时代，在不远的未来，每一个中国人都可以拿到自己的基因组序图谱。壹基因的使命就是要努力让每一个中国人都做得起基因检测，我最大的期望是让基因科技为每一个人的健康服务。"

石锋：
笨鸟终翱翔

在绿地环绕、环境优美的白马湖生态创意园里，错落排列着四栋带着明亮橙色线条的建筑，这是浙江笨鸟科技有限公司（简称笨鸟科技）的基地。这一朝气蓬勃的建筑群充满着巧思，惹人注目，而更有趣的是，它有一个别称，叫作"笨鸟的第一个园区"。

◎浙江笨鸟科技有限公司董事长石锋

"笨鸟"究竟从何飞来？又是怎么飞上蓝天的？笨鸟科技创始人兼董事长石锋讲起了他白手起家的创业历程。

让呼吸成为营养

谈到初创的时机，石锋说其实他是"被坑了的"。

年轻的他被合伙人描述的美好前景说得热血沸腾，便带着自己所有的资金入股公司，准备大干一场——众人计划着在室内空气净化服务领域大显身手。然而，在合作不久之后，因种种原因，合伙人先后退出了项目，只留下石锋一人，以及50万的债务。

对于这一打击，石锋没有轻言放弃。过往的吃苦经历培养了他面对困难时锲而不舍的精神和强大的意志力。与中途退出的合伙人不同，石锋反而觉得，虽然公司的经营遇到了困难，但这只是公司内部问题，完全可以靠着自己的管理和经营能力去改变现状。加之外部环境对行业的发展十分有利，空净行业还属于新兴行业。人们对健康的意识也越来越强，在装修建材环保标准相对滞后的大环境中，正需要这样的助力。

在石锋看来，杭州，特别是高新区（滨江）有很多机遇，各部门也为小微企业生存创造了开放、简单、便捷的营商环境。这一切都能让当时还很弱小的"笨鸟"快速长大，飞向广阔的蓝天。

在石锋坚持不懈的努力下，笨鸟科技有了起色。

随着室内空气环境的日益恶化，环保行业也越来越受国家的重视。石锋抓住机遇，慢慢地把笨鸟科技打磨成为一家专业致力于打造健康室内空气环境的创新型高科技环保企业。他深知，只有不断和相关科研机构进行交流合作，才能进一步提升企业的科技研发、产品生产、检测治理技术等水平。于是，笨鸟科技与浙江大学国家重点实验室、中国科学院实验室等达成了合作关系，不断地丰满着自己的"羽翼"。

功夫不负有心人，笨鸟科技渐渐受到了市场以及各合作单位的信任，相继成为诸如G20峰会、国际互联网大会、世界地理信息大会、世界工业设计大会、金砖五国等高级别国际会议的空气服务商，立足杭州高新区（滨江），迅速拓展了浙江和全国市场。五年里，笨鸟科技连续保持着每年300%的增长速度，实现了跳跃式的发展，旗下多家企业也被评为杭州高新区（滨江）的瞪羚企业。

风雨中起飞的"笨鸟"

业务上取得的好成绩，并没有让石锋沾沾自喜。反观与同在高新的几家龙头企业的差距，石锋敏锐地意识到，笨鸟科技要成为高新的代表企业、成为行业最具竞争力的企业，还需要在核心技术上狠下功夫。

石锋决定把资金投入空净核心产品光触媒及复合光触媒研究领域，重点攻克产品功能的技术瓶颈，再加上设备研发、流程规范、服务提升等综合手段，研发了制造针对装修污染的空气净化制剂和空气净化系统及新风系统，获得了多项国家发明专利。

期间也不乏挫折与困难，但无论多大的风雨，都没有使这只"笨鸟"停止飞翔。譬如，在2020年的疫情期间，笨鸟科技的主营业务受到了较为严重的影响，业绩也呈现断崖式下跌。在如此困难的情况下，石锋迎难而上，及时调整经营策略，针对产品和服务转型升级。笨鸟科技全体保持高度共识，拼尽全力保生存，求发展，奇迹般地在1-4月实现了营业额逆势增长。石锋认为，这类挫折磨炼了团队的战斗力和执行力，是企业成长的必修课。

慢慢地，笨鸟科技从七八人的小团队，拓展到了总部600多人、全国5000多人的大团队。中间经历了数次搬迁，一直是被快速发展倒逼着扩大经营面积。经过多次努力和尝试，终于在2019年对接到了位于白马湖区块的一片楼宇。石锋带着团队考察后，即决定拍下该地块。就这样，笨鸟科技的研发中心经历多次重建，从小小的几个房间逐步升级到了整层楼，办公面积从开始合租的80平方米的小办公室到现在的将近45000平方米。

如今，这只"笨鸟"早已稳健地起飞在蓝天之上了。现在的笨鸟科技，已成为省级和市级空气净化研发中心，旗下多家公司荣获市高新企业和国家高新企业称号，拥有19个发明专利、27个实用新型专利和13个外观专利的不错成绩。正是凭借在光触媒基础研究上扎实的功底，笨鸟科技的产品性能位于行业前列，部分产品在应用场景中的表现甚至超越了作为光触媒发源地的海外产品。

走进笨鸟科技的园区，会发现每一位员工手里都有一本早读资料。翻开第一页，上面写着笨鸟科技的企业愿景：为了不断努力的家人能不再辛苦！为了全体笨鸟人物质精神双丰收！为了能给社会做力所能及的贡献！这三行字简单质朴，却凝结着石锋一路走来的创业感悟。笨鸟终翱翔，只因志向高，石锋他终于做到了。

王真震：
深耕大数据，产业再升级

"杭州高新区（滨江）是与众不同的，政府细致入微的服务和一系列引才政策让我们的科创路走得更加安心。"作为杭州高新区（滨江）"5050计划"引进的企业之一，在董事长王真震的带领下，浙江信网真科技股份有限公司已经在杭州高新区（滨江）生根发芽，茁壮

◎杭州华量软件有限公司董事长王真震

成长。

初生牛犊，热土发芽

时光倒回至2011年6月，浙江信网真科技股份有限公司（简称信网真）注册成立，是一家基于大数据、云计算、信息安全等新技术，为政企客户提供IT+DT融合解决方案的国家高新技术企业。公司取名"信网真"，"信"，代表信息与公司所属的行业，也代表信任；"网真"，是一种前沿的技术，能使远隔千山万水的人们获得"面对面"的交流体验，合起来意为"相信前沿的技术"。那一年，23岁的王真震和五个小伙伴一起，开始闯荡在这片互联网热土。

公司刚成立时，外部质疑声不绝于耳。"公司太小，随时会倒闭""团队太年轻，没项目经验""80后做事情不靠谱"……面对质疑，王真震不急不躁，反而有了更强的斗志。他说："我们要用行动证明，要用成绩说话。"

因为团队年轻有活力，善于学习，往往能把最新的技术转化落地，2011年11月，成立才五个月的信网真举办了首届企业网络峰会，这次峰会，助力信网真在业内打响了名气。第二年，公司开疆拓土，在金华、绍兴、嘉兴成立了办事处，销售业绩破千万。2013年，信网真顺势而为，销售业绩破两千万，以每年100%的增长趋势发展。

看似不可能的事，被一群初出茅庐的年轻人变成了可能。

瞄准行业风口，深耕大数据

2013年是中国大数据元年，王真震接触到这个概念后，马上学习、调研，发现国家政策支持大数据研发及应用，市场空间巨大，是互联网进程中千载难逢的机会。

"人类正从IT时代走向DT（数据处理技术）时代。" 2014年3月初，马云在北京一场大数据产业推介会上提出这句预言。

当预言悬在空间里，人们对大数据带来的可能性尚不明确时，信网真已早早把它落地成真。

2014年，公司瞄准行业风口，成立研发部，业务范围拓展至大数据领域。2015年3月成立了专注于大数据研究及开发的子公司"华量软件"。同年夏天，王真震带着小伙伴们做了一件事：热热闹闹举办了四周年庆典，然后把公司从江北搬到了江南，新址离阿里巴巴滨江园区只有三分钟车程。搬家的时候，王真震想到了曾经轰动杭州的阿里巴巴"阿牛过江"。

那天，一群年轻人穿着胸前印有蚂蚁形象的T恤衫，意气风发过了江。他们觉得自己就像蚂蚁，看似微不足道，却能一点点撼动大山。

"整个转型升级看似一帆风顺，其实也经历过一段阵痛期。"王真震坦言，从网络解决方案到大数据自主研发，战略重心的调整、新老团队的磨合等，都耗费他不少时间和精力，特别是2015年年初跨江发展的决定，遭到很多同事的不解，一部分同事认为公司还小，应该以求稳为主；另一部分同事家住城西，来杭州高新区（滨江）上班会很不方便。

跨江而来，阵痛期过后，公司迎来了快速发展。在年轻CEO的带领下，公司已成为在大数据价值创新领域的深耕者。2019年4月，信网真获得上市公司先锋电子（002767.sz）A轮数千万级战略投资；公司入选首批"浙江数字经济新锐企业样本"及长三角数字经济"创新案例企业奖"；公司项目入选浙江省科技厅重点研发计划项目、杭州市决策咨询项目，荣登浙江科创潜力榜；在中国地理信息产业大会上荣获本年度"中国地理信息产业优秀工程金奖"；王真震还被中国首席数据官联盟列为"影响中国大数据产业进程100人"、荣获"杭州市十佳创业者"、十佳"青年科技创新能手"等荣誉称号。

精准着力，开花结果

在王真震看来，大数据可以让有限的资源得到充分、有效的利用。

以智慧文旅为例，华量软件深耕文旅行业，从西湖综合管控平台到爱游湘湖App的发布，从普陀山综合管控平台到桐乡全域旅游，甚至在彩云之南公司以古城丽江为中心点辐射周边景区（玉龙雪山、程海湖、老君山、大理）提升智慧综合管理，以及到达天府之土四川武胜县去做全域旅游，九州大地上的星星点点，无不显现华量人的身影。

以城市大脑为例，公司通过旗下"华量智多星"大数据分析系统，把水雨情遥测、人工报汛、气象、卫星云图等数据进行采集、处理、分析，可以更及时、更准确地预测洪涝灾害情况，辅助城市防汛决策，最大限度减少损失；华量软件开发的城市大脑建德平台应用场景之一"应急指挥联动一张图"，在2020年新安江防汛九孔全开中发挥了重大作用。

2020年疫情后复工复产以来，华量软件调配研发精英，夜以继日地开发城市大脑亲清在线平台，默默地为打造亲清政商环境尽一份自己的绵薄之力。

王真震说，"杭州高新区（滨江）让企业感受到的是政府服务意识强、工作人员好找、企业事务好办，在这片热土上创业很安心"。多年来，信网真科技（华量软件）的成长与杭州高新区（滨江）密不可分。杭州高新区（滨江）政府珍惜人才，给企业提供"1+X"等相关扶持政策，与企业结对，帮助其解决困难，让企业能更加放心地走下去。

作为在杭州高新区（滨江）成长起来的企业，信网真科技愿意一如既往地努力奋斗，在杭州高新区（滨江）续写企业的华丽篇章。

陈宇：
最懂跨境电商的服务者

将自己的创业梦想落地杭州，是陈宇深思熟虑的结果。

"我希望能寻找到一个同时具备良好的商业环境生态、更强大的人才体系支撑以及国际化能力强的地方落地企业。"为此，从海外归国创业的陈宇和团队跑遍了全国多个城市，经过多方考

◎杭州呼嘭智能技术有限公司董事长陈宇

察评估，最终将公司总部设在了"电商之都""新零售之城"——杭州。

2015年6月，乘着全球跨境电子交易蓬勃发展的浪潮，中国首个提供跨境收款服务的跨境电商技术设施服商——呼嘭智能技术有限公司（简称PingPong），在杭州高新区（滨江）正式落地生根。

一个梦想：创立一家最懂跨境电商的服务企业

2009年至2014年期间，中国的跨境电子商务进出口总额从9000亿元增至四万亿元，年复合增长率达34.8%。在贸易全球化的大背景下，国内越来越多中小企业将目光投向海外市场，跨境电商呈现出一派热火朝天的景象。

陈宇在海外求学工作多年，曾就职于国际知名企业德勤。在一次为一位从事跨境电商行业的客户进行评估的过程中，陈宇了解到，如果想要完成跨境收款的全路径，海外服务平台会收取约3%—5%的高昂服务费，这对于卖家来说是一笔不小的支出。

"通常普通卖家的净利润也只有5%～20%，如果有一家服务商可以帮助卖家节省这部分的服务费，那就可以帮助卖家节省一笔不小的开支了，如果国内没有一家服务商可以提供跨境收款服务，无法打破海外支付巨头垄断的局面，中国卖家就只能干吃亏了。"

陈宇意识到跨境电商正逐渐成为国际贸易的新业态和新模式，于是，深耕跨境电商服务领域的想法由此萌生。

为了帮助卖家把优质的中国制造推广到全世界，陈宇决定要去创立一家最懂跨境电商的服务企业。2015年6月，秉持着"越世界·为中国"创始初心的PingPong，正式在杭州高新区（滨江）成立。

经过前期对市场的充分调研和对产品的不断开发，2016年1月，PingPong以"了不起的1%"策略直击国际支付公司3%以上高费率的软肋，并以快于对手到账时效的优势快速积累起了第一批客户。2017年9月，通过对合规体系的高标准建设，PingPong获得了卢森堡颁发的欧洲PI支付牌照，成为欧盟成立

24年以来，第一家获批此牌照的中国科技公司。

因深谙跨境卖家的心理，同时不断围绕卖家的需求提供优质服务，为客户创造了更大的价值，由陈宇带领的这支横跨电商、金融、技术的国际化团队，通过短短几年，便赢得了客户的认可和市场的口碑。

截至目前，PingPong推出的跨境收款服务、超前收款产品"光年"、一站式出口退税产品"福贸"、全流程VAT服务及独立站收单产品PingPongPay等全方位一体化产品矩阵，为跨境商户提供了更多的选择，也推动了跨境电商行业的快速增长。

来自广州的亚马逊卖家刘小姐，其公司平均每月进账100万美元，按照以往出口退税的流程，需要花费大量的时间和精力。但当她使用了PingPong 推出的"福贸"产品后，30多笔出口订单实时拿到了70万人民币的退税金额。后续刘小姐开始尝试PingPong的更多产品，直呼"还是PingPong最懂卖家，我的店铺只用PingPong就够了"。

据不完全统计，PingPong的出现，打破了海外支付巨头的垄断，已为全国的出口数字贸易节省了至少16亿美元的成本。同时PingPong在帮助中国企业获得公平的海外贸易保护的同时，也在将卓越的技术和优质的产品推广到全球，为海外中小卖家的经营提供更多便利，为更多的出海企业搭建畅通全球的支付桥梁。

下一个五年：一个重要的决定

经过五年的成长，如今，PingPong已在全球设立16个办事处和本地服务团队，取得全球70余张业务牌照，服务超过75万商户，成为全球最大的跨境电商技术设施服务商之一。

同时，陈宇带领团队开创的众多"PingPong标准"，对整个行业也产生了深远的影响，引领了中国跨境服务科技的革新。

2020年是PingPong成立的五周年，也是杭州高新区成立的第30年。在创业的第五年，陈宇做出了一个重要的决定：在杭州高新区（滨江）互联网区块，投资超过2.5亿元，建设占地面积约20亩的全球金融科技产业基地，继续在这片熟悉的创业热土上生根发芽，为杭州高新区（滨江）建设具有全球影响力的金融科技创新中心和集聚跨境生态高科技企业贡献价值。

陈宇说："通过杭州综试办良好的政策支持和引领，我希望可以帮助越来越多的中国跨境电商进行数字化转型，助力它们叩开海外市场的大门走向全球。PingPong一直在不断创新和求变，未来我们将继续输出更多的金融科技基础设施服务，服务更为广泛的领域，让PingPong成为跨境服务行业的中国骄傲。"

倪建水：
在"双创"浪潮中乘风破浪

钢筋水泥浇筑间，从"西湖时代"迈向"钱塘江时代"的步伐不断向前，"沿江开发、跨江发展"的城市发展思路不断延伸。钱塘江畔由昔日的荒田、滩涂围垦到区域现代化高速发展，一幢幢具有现代化气息的高楼大厦在此拔地而起。

◎杭州创立方科技有限公司CEO倪建水

杭州创立方科技有限公司（简称创立方）CEO倪建水见证着大批"新杭州人"争先涌入杭州高新区（滨江），年轻的创业活力群体迅速在此聚集的历程，杭州高新区（滨江）以"破茧化蝶"、蓬勃发展的姿态在他的心中留下深深的印迹。

"做众创空间是深思熟虑的结果。" 倪建水内心有一股对创新热潮的向往，"而且还是在我的专业领域——空间设计做文章。"对喜欢的事情，倪建水总是怀有一份热爱。

创立方

"创立方要做的不仅是提供一个高效的空间，更要提供一个高效的服务体系。"倪建水说。

2015年，"大众创业，万众创新"的浪潮掀起，从事开发与投资管理近20年的倪建水受"双创"氛围的影响不禁思考，有这么庞大的创新产业、创业群体，势必也需要相配套的空间与服务。他认为，科技发展与软服务的能力将是社会及国家实力的集中体现，于是他逐渐研究起产业空间孵化及内容运营。

作为杭州地产界资深人士，倪建水对私募基金投资管理、产业园投资运营具有丰富的经验，曾就职于多家老牌地产公司并担任核心高管。时机成熟时，他选择再次创业，既做合伙人，也是CEO，在创新的道路上，他期待着，让创立方陪伴众多创业者们开拓前行。

倪建水对于创立方进行了系统的设想与构建。"房地产投资会形成资产，但产业园及众创空间运营则充满了风险，这也是'双创'充满活力和挑战的重要原因。"面对跨行业的短板、众创空间的行业瓶颈，倪建水明确目标，再找准切入点。在创立方运营上，做好项目的整体规划。

从产业运营、办公空间服务运营这样的出发点来看，创立方更想做一个高效平台。梳理创业方向、链接投资人和行业人脉、引进更专业的服务机构，帮助创业者们做好主业以外的服务，降低创业风险。在产业布局方面，创立方对企业做了层层递进的安排，从最上面的龙头企业，到中小型企业按次序纳入其中。如此布局的优势在于，大企业稳定性好，小企业活力大，稳定点和创新点结合，同时弥补了双方的短板。在服务上，创立方尽量增加大企业和小企业之间碰撞的可能性，促进双方项目合作。

2017年，创立方在杭州主城区完成一系列城市存量项目有机更新，在延续城市记忆情怀、提升建筑使用功能、优化商业办公环境的同时，助力城市产业的转型与升级。多形式、超高性价比提供产业办公空间，减轻创业者负担，用高效的"双创"服务体系助力园区入驻企业成长壮大。

回滨江

从电商到互联网、从互联网到共享经济、再从共享经济到如今的智能制造，创立方不仅见证了双创产业园从无到有，从联合办公到垂直产业空间生态的发展历程，也见证了杭州这座城市产业转型升级的发展轨迹。创立方根据这种模式，目前已经发展了10大园区，其中就包括以中国网络作家村为核心的孔家里·创立方。

倪建水说，在杭州高新区（滨江），每一天都能看到令人惊喜的变化。当得知滨江白马湖生态创意城管委会正在寻找区域内园区运营商时，倪建水携创立方团队积极参与了竞争，并最终如愿得到了回滨江服务的机会。

中国网络作家村（孔家里·创立方）以提升SOHO园区环境品质、加快文创产业集聚为目标，以影视创作、数字出版、网络作家（编剧）、互联网文化平台和文创类投资基金等产业为导向，依托白马湖生态创意城管委会产业规划理念，利用创立方运营管理能力及产业办公空间更新能力，旨在将白马湖孔家里·创立方打造成以"中国网络作家村"为核心的文创产业基地。

与此前的城市旧建筑改造不同，孔家里坐落在白马湖的自然村落中，2018年，针对客户的诉求，倪建水带领专业设计师与其进行多轮交流，以专业的角度、详细的分析为客户答疑解惑，消除其对于建筑改造的顾虑。另一方面，为了给园区入驻企业创造良好办公环境，带动区域经济发展，创立方多次上门拜访隔壁住户，用心交流，最终取得了邻居对改造的理解和支持，尽最大的努力促进现代村落融合发展、和谐发展。

现代田园牧歌的谱写与升级，离不开政府的帮助。为实现"政策""环境"与"服务"的结合，创立方携手白马湖管委会从投资、创业培训、品牌推广、技术研发等多层次、多维度为企业提供创新创业服务，在园区内举行多场路演活动、创业培训，为园区企业与投资方架起沟通的桥梁，加强企业对于财税法方面的认知。此外，在园区走访中倪建水发现企业间招聘需求与资源存在不平衡，就帮助企业搭建园区内人力资源共享平台，从而推动企业团队搭建与日常经营的平稳发展。

立足滨江，创立方提供的"双创"服务还在继续。随着供给侧和需求侧的双重推动，5G、低功耗广域网等基础设施加速构建，人工智能、区块链等新技术加速与物联网结合，应用热点迭起，物联网迎来跨界融合、集成创新和规模化发展的新阶段。

在此背景下，2018年，西兴·创立方在杭州高新区（滨江）物联网小镇启动运营，园区导入产业资源并构建产业生态，充分利用信息通信技术形成全方位、立体式、高覆盖的物联网络，智能、高效地整合信息资源，优化资源配置，打造出一个具有自我推动和群体创新的整合服务协同平台。

几年来，越来越多的创新因子聚集在杭州高新区（滨江）的土地上，望着钱塘江畔上演的速度与激情，倪建水也践行在为"双创"服务的道路上，与杭州高新区（滨江）的创业者们共成长。未来，倪建水仍将与创立方一同深耕于创新领域，紧抓杭州高新区（滨江）日新月异的发展机会，服务好这里的创业群体，始终如一。

倪建水相信，一个企业家，一个创业者，必须以创新和包容的姿态来面对市场。喜欢皮划艇的他，正伴着滚滚而来的双创浪潮，乘风破浪，奋勇向前。

陈一友：
开创癌症早筛新里程

◎杭州诺辉健康科技有限公司董事长陈一友

　　"杭州高新区（滨江）是一个非常好的大平台。无论是产业的发展态势，还是政府的服务，都非常给力，能够给予我们优良的创业环境。"诺辉健康科技有限公司（简称诺辉健康）董事长兼首席科学家陈一友说。

　　与杭州高新区（滨江）结缘，是机缘巧合，也是命中注定——杭州高新区带有创新基因，诺辉健康作为中国高发癌症早筛领域的拓荒者，具有新思路、新产品。

2020年7月10日，诺辉健康正式完成了3000万美元E轮融资。至此，这家孵化在杭州高新区（滨江）的企业多次获得全球知名风险投资、顶级生物医疗基金和长线投资机构的持续关注，投资总金额逾1.6亿美元，是癌症筛查领域备受投资人青睐的公司。

创立于2013年，作为癌症早筛的引领者和居家检测的开创者，诺辉健康率先提出"高发癌症居家早期筛查"的服务理念，其自主研发的"非侵入性，多靶点粪便FIT-DNA联合检测"产品——常卫清，是中国第一个且目前唯一的肠癌早筛产品。

随着"健康中国2030"规划的逐步推进，国家科技投入向民生领域倾斜，癌症防治成为各地方政府重点关注的生命健康新方向。杭州高新区（滨江）顺应国家战略的指导方向，为新健康产业开辟了优质的发展空间。

作为行业领军企业，诺辉健康将做好癌症居家早期筛查为目标，与《健康中国2030规划纲要》中提出的"重视早筛理念，扩大早筛范围，优化早筛方法"的要求高度吻合。诺辉健康通过无痛、无创、非侵入、可居家操作的新型癌症早筛技术，切实有效推进了我国预防筛查、早诊早治和科研攻关进程，着力缓解了民生痛点，成为杭州高新区（滨江）生命健康产业的佼佼者。

2013年诺辉健康创立之时，我国新发恶性肿瘤病例约368.2万例，肠癌在城市高发癌症当中位居第二。随着癌症发病率的连年上升，社会疾病负担加重，医疗保障体系负重前行。次年，世界上首个针对粪便DNA的检测方法获得美国食品和药物管理局（FDA）的认可，批准其用于结直肠癌的筛查。在中国，诺辉健康针对中国人基因组特征开发研制的多靶点粪便FIT-DNA联合检测技术蓄势待发。

"我是学生命科学专业的，这么多年来一直在和恶性疾病较劲。做了很多年的新药研发，2013年和我的两位北大的同班同学一起创立了诺辉健康，做癌症早筛。初心其实非常朴素，就是学以致用。"陈一友表示。

陈一友非常清楚，癌症从来不是突然发生的，只是突然发现的。从起初上皮细胞的增生，到最后变成四期的癌症，要10年以上的时间。遗憾的是，绝大多数人在第九年半的时候才发现。面对已经发生的恶性疾病，我们不得不承认，各类创新药物历经千辛万苦问世，帮助患者延长了宝贵的生命时光。但这个阶段的干预，终究作用有限，需要付出的代价也非常高。

以我国高发癌症之一的肠癌为例，在2018年的城市癌症早诊早治项目中，肠镜接受率仅为15.3%。无明显症状的高危人群依从性不够，很多人都遗憾地错过早期筛查。实际上，身体暂无明显症状的癌症高危人群，筛查依从性最差，往往因忽视检查而耽误病情。另一方面，肠镜检查及其配套医疗资源也存在缺口。

陈一友认为，提升国人的癌症"早筛、早诊、早治"水平，可以从两方面入手：一是对于无症状高危人群，提供精准高效的居家早期筛查产品，改善依从性；二是把有限的院内肠镜检查资源优化出来，留给已有症状的病人，更科学有效地做好肠癌的早诊早治。

为了让更多人能够在恶性疾病尚未形成阶段就能够早知早治，诺辉健康针对中国人高发的癌症，研发出了更为方便的居家癌症早筛解决方案。

诺辉健康的主要产品"常卫清"于2015年推出，这是一款基于多靶点粪便FIT-DNA联合检测技术的无创肠癌早筛产品，利用六个靶基因、24个突变位点和三种检测手段形成一个判断指标，可以检测出直径一厘米以上进展期腺瘤和肠癌病灶，对于及时发现早期肠癌基因突变，具有较高的检测敏感性和特异性。"常卫清"只需四个简单步骤，即可在家里轻松完成粪便取样，无任何侵入感检查，在杜绝了交叉感染的同时，极大地照顾了使用者的隐私。

"预防做到位了，小到家庭的就医支出，大到地方政府乃至国家的财政卫生投入，都会获益。"陈一友表示，"希望通过创新技术，在癌症筛查依从性方面发挥作用，显著提高高危人群筛查依从性，广泛推行有利于医疗资源的合理配置，切实缓解医疗筛查资源紧缺现状，提升政府早诊早治筛查项目的成功率。"

他认为，2020年全球新冠疫情的爆发，使国人对健康管理的态度发生了转变，人们对疾病预防有了新的认识：无症状也有健康风险。同时，疫情让我们充分认识到，很多与健康有关的事情，是可以在居家场景下完成的。

据了解，在国家药品监督管理局的监督下，诺辉健康于2020年年初完成了中国首个癌症早筛领域大规模前瞻性多中心临床试验。随着这项临床研究的提前完成，我国的癌症早筛领域即将开启新的里程。继美国癌症早筛标杆性公司Exact Sciences之后，全球出现了第二家拥有癌症早筛科技硬实力的公司——诺辉健康。

乘势而起，顺势而为。诺辉健康的使命是做好中国高发癌症的居家早筛，使癌症防治关口前移，重心下沉，改变中国癌症高危人群的生命轨迹。为着这样的使命和愿景，陈一友和所有诺辉人，将扎根杭州高新区（滨江），拼搏努力，执着前行。

朱宸慧：
在创造"奇迹"的地方扎根生长

对朱宸慧（雪梨）和她的团队来说，2015年是难忘的。

站在2015年这个时间节点回望：2011年，电商行业方兴未艾，雪梨拿着3000元奖学金率先淘宝开店；2013年，她投入微博运营，引流淘宝店铺，销量飙升。

◎杭州宸帆电子商务有限责任公司董事长朱宸慧

2015年，雪梨带着团队来到了杭州高新区（滨江）。"我们也说不出来为什么，但来到杭州高新区（滨江）后确实取得了飞速的成长与发展，这里真的是一个能创造奇迹的地方。"宸帆联合创始人曾在一次会议中表示。

2016年，杭州宸帆电子商务有限责任公司（简称宸帆）正式成立，并开始做红人孵化，GMV（成交总额）突破10亿元，完成A轮融资；2017年至2018年，宸帆启动品牌化战略，并将成熟的六大AI技术产品投入业务中使用，2018年GMV超20亿元；2019年，GMV超过33亿元。

而今，是雪梨带领宸帆扎根杭州高新区（滨江）的第五年。她说："我一直希望宸帆可以做成一家好公司，而非一家成功的公司。做好的公司就要有担当、有责任、要善良。随着宸帆的发展，我希望能与公司一起承担更多社会责任，创造更高价值。"

一件有意义的事

回忆起以前，许多画面仍历历在目。比如顶着烈日推着手推车去和工厂谈判，又或是和几个一起创业的"小姐妹"扛包裹，累到倒头就睡。

然而这些辛酸，并没有阻止雪梨前进的脚步。

现在，雪梨直播的频次保持在一周四次左右。白天除了本人品牌的选款、设计以及下单排期等工作，还要和团队为晚上的直播选品、开会。直播一结束，便是紧锣密鼓地复盘，调整接下来的直播方向和节奏。

"太累的时候也会闪现想放弃的念头，但我知道我不是一个人在坚持。我们在做一件非常有意义的事情。"雪梨认为，直播购物渐渐地从粉丝消费者的选择变成普通消费者的习惯，她希望通过电商直播，品牌在用户心中建立的是值得信赖、有温度的形象。

截至目前，雪梨的单场直播最高观看量超过4000万，单场销售额破1.1亿元，在5月24日的直播中，雪梨的品牌和10多个国际IP合作的Chin unique系列销售量超过了69万件，销售额超3000万元。

雪梨所说的意义，不仅仅是线上销售渠道的拓宽，更是与社会大爱息息相关。

疫情期间，宸帆向湖北、浙江的医院及公益组织平台捐赠现金及物资累计超过300万元。2月10日，雪梨和宸帆红人林珊珊参与由阿里巴巴、爱德基金会与饿了么共同执行的"守护天使"公益直播活动，共12000余位粉丝筹集超50万元善款为战"疫"前线工作人员送餐，宸帆的爱国青年定制公益T恤销售额超22万元。

2020年1月，雪梨参与了eWTP（电子世界贸易平台）项目，与非洲卢旺达共和国大使詹姆斯·基莫尼奥先生一道直播带货，10分钟内售出1000公斤咖啡。除了eWTP公益直播，雪梨一直在和阿里巴巴合作参与"兴农扶贫"项目，帮助"淘乡甜"品牌农产品带货，解决贫困地区农产品滞销的问题。

做公益，是雪梨从大学时期就在践行的一件事。从个人的绵薄之力，到现在公司成立后捐助建设流浪狗基地，每个月定期捐赠以维持基地的运转，她希望随着宸帆的壮大，能为社会、为需要帮助的群体做更多有意义的事情。她说："表达爱的方式有很多种。公益与直播相结合的方式，也是其中一种。"

AI赋能红人经济

宸帆的定位，是以AI技术+红人为驱动的多品牌快时尚集团。

"我是一个喜欢和大家分享的人。从2011年创立自己的品牌CHIN到2015年，我的店铺'钱夫人家雪梨定制'已经是淘宝女装销售额排名靠前的红人店铺。"雪梨发现，自己多年的经验和供应链资源可以输出给更多像她一样热爱分享的红人，让更多人看到她们的闪光点，为粉丝带来更多优质的产品。

"做红人孵化这件事情，其实做的不仅仅是人的孵化，实质上是红人背后'品牌'的孵化。"通过复制"雪梨模式"，宸帆成功打造了林珊珊、樊樊等年销售额过亿元的红人品牌。目前，宸帆签约了150多位各领域的红人，孵化了30多个快速增长的自主品牌。

杭州高新区（滨江）的"高"与"新"，赋予了宸帆源源不断的养料。这里有着浓厚的"大众创业、万众创新"氛围；有着阿里巴巴、网易等电商巨擘平台构成的产业生态；有雄厚的高新技术人才储备及技术底蕴。"直播电商是高度依赖人工智能、大数据技术的行业。宸帆在这里发展得越来越快，规模越来越大，这已经证明了一切。"雪梨向记者强调。

宸帆自主研发魔方AI技术中台为技术开发中心，下接大数据平台，上接产品前端，形成了独有的技术体系。宸帆已研发包括智能营销、智能采购、智能客服、智能财务等六款具有高度商业价值的产品，积累数据超过2000GB。

宸帆的AI部门由60多名AI技术工程师组成。通过对行业和竞品的动态实时监测，分析数以10亿计的海量红人与粉丝互动的数据，抓取红人被转贴数、点赞数以及互动评论的相关内容预判流行趋势，判断目标客户对时尚产品不断变化的需求，优化公司的产品设计和造型，及时更新公司的产品，并对公司的产品进一步精准定价。

此外，红人快速反应供应链是宸帆的另一大优势。宸帆将红人营销、预售模式加入电商运营之中，利用数据分析和AI解决方案，将传统供应链重新设计为高度灵活和可扩展的柔性供应链，开发专有技术算法来预测销售额并优化库存水平，以销定产，直击传统制造业库存及呆死率的痛点。宸帆庞大的上游供应商和优质的智能化运作有效地缩短了上新时间，从设计、营销到销售，仅需 20 天左右。

宸帆的"高"与"新"孕育着未来电商行业的新风向。在新电商和红人经济的浪潮中，它将继续"宸"风破浪，扬"帆"远航。

王孝峰：
在滨江"疯狂"成长

◎杭州雅格纳科技有限公司董事长王孝峰

随着"高质量发展新制造业，形成韧性十足活力强大的产业结构"口号的提出，杭州高新区（滨江）发展新制造业的号角再次吹响。先进制造业是数字经济产业链中不可或缺的组成部分，要打造相对完整的数字经济产业链，离不开制造业。

智慧时代，传统制造业不可避免地向数字化转型，这是传统制造业得以继续生存的必要条件。杭州雅格纳科技有限公司（简称雅格纳）董事长王孝峰从事船舶设备行业20余年，深知行业痛点需求与未来发展趋势。2017年6月，他创立了杭州雅格纳科技有限公司，落户杭州高新区（滨江），开始研究智能船舶大数据平台的开发与研究。

王孝峰说："我们愿在此生根，成长，希望有一天能成为参天大树，为社会贡献更多自己的力量。"

在这里，枝繁叶茂

作为一家初创企业，雅格纳在新制造业大军里"锋芒尽现"。做实业，靠的是创新技术，是过硬产品。王孝峰每年都要花费大量资金进行产品研发，70余人的公司规模下，技术开发人员占总体75%以上，拥有专利、软件著作权等多项独有技术，被评为浙江省创新企业百强、国家科技型中小企业、国家高新技术企业、雏鹰计划、蹬羚企业。

这些成绩的背后是王孝峰高瞻远瞩、果敢决断的结果。2018年，某海事局的船舶信息化系统建设预算有限，王孝峰果断决定以超出合同的价格来部署这套系统，并大胆提出在近海实施超宽带设想，公司团队亲自去找电信运营商开通专网来建设超宽带。

凡事都有两面性，要透过现象看本质，王孝锋认为："这一单生意亏损是巨大的，但效果是显著的。"系统建成后用户的船舶信息化系统现代化得到高度提升。正是因为雅格纳人在王孝峰董事长的带领下勇于创新、敢拼敢闯，针对行业痛点拿下技术难关赢得客户口碑，雅格纳才有订单生存下去。

2020年年初，很多企业受疫情冲击较大，雅格纳却逆流而上，至今已赢得7000万订单。王孝峰表示："公司能有这样的成绩，离不开杭州高新区（滨江）庞大的产业集群与完备的上下游产业链。在这里，我们拥有了更多机遇与可能。"

一直以来，杭州高新区（滨江）都在用好数字技术嵌入制造业这把"金钥匙"，推动数字技术在制造业研发设计、生产制造、经营管理、市场服务等环节的全流程应用，推动制造业质量变革、效率变革、动力变革，促进工业互联网与区块链、人工智能、大数据、云计算等新技术的推广应用，向全球制造业输出数字技术应用方案。

得益杭州高新区（滨江）肥沃的创业土壤，三年多来，雅格纳从一颗种子历经发芽、成苗到茁壮成长，逐渐开始枝繁叶茂，为各海事局、海警局、海洋局、港务局、航海保障中心、水上消防支队等30余地提供多达50多条船舶的信息化建设、改造项目，成为不可小觑的一支新制造业力量。

在这里，温暖相随

杭州高新区（滨江）不仅有一大批行业领军企业，也有大大小小的初创企业。这些企业"初出茅庐"，最需要政府的关怀与扶持。

为了解决初创企业在发展中遇到的"疑难杂症"，杭州高新区（滨江）竭尽全力为初创企业搭平台、降成本、找资源。比如，对于初创企业中的好苗子，鼓励其技术研发创新，给予其特别支持；为企业提供众创空间、孵化器和产业园区等各类孵化平台，以形成领域丰富、孵化深入、专业性强的孵化导向。

"安家"不久的雅格纳也碰到了不少"成长的烦恼"。王孝峰回忆："那时，尽管公司接到了不少订单，但一时之间由于资金等问题无法一下子消化这些订单，这让我们非常苦恼。这时杭州高新区（滨江）向我们伸出援助之手，在产业政策上给予指导，在金融资源上给予支持，帮助雅格纳渡过了难关。协助雅格纳在2019年成功申请了瞪羚企业。"

"普通生"变"优等生"后，雅格纳成长速度更快了，经济效益更好了，发展潜力更大了，在众多优质企业中脱颖而出，逐渐成为高新技术产业的生力军。一直以来，杭州高新区（滨江）紧盯企业成长目标，给予瞪羚企业金融资本、土地空间等要素支持，也不断鼓励瞪羚企业对接资本市场，成为上市公司。

这里有最佳的成长环境，这里有最优的营商氛围，这里有最好的宜居环境。在杭州高新区（滨江）发展起来的企业，是最幸福的。

金霞：
加速医健创新创业

从2015年与高新区（滨江）结缘至今，肩负着"加速医健创新创业，人人享有健康生活"的使命，火石创造科技有限公司（简称火石创造）即将迎来第五个周年。

扎根生命健康产业蓬勃发展的杭州高新区（滨江），火石创造全球首发

◎杭州火石创造科技有限公司创始人金霞

"产业大脑"项目，创始人金霞提出构建数据驱动的产业发展模式。她坚信，数据驱动的产业发展模式是中国产业的未来，产业大脑则是落地的最好路径。

此心安处是吾乡，与杭州高新共成长

每一次新技术浪潮的到来，就是一次社会和人的进化。如何运用大数据、人工智能等技术，去解决生命健康产业发展中的难题？

如果让生命健康产业发展更合理、协同更高效，能缩短全球企业和科学家们的创新周期、降低成本，那么一定会有越来越多的成果能够面世，就像现在做一颗新药需要10年、10万人、10亿美金，或许可以变成5年、5万人、10亿人民币。

基于这份初心，2015年8月18日，金霞在杭州高新区（滨江）创立火石创造，带领团队率先切入生命健康产业，希望用数据智能和协同网络的方式，让生命健康领域每个角色从中受益：中小企业在供应链获取、体系建设、临床资源获得等方面更便捷；政府做出的决策更准确；资源配置更高效……

"发展高科技、实现产业化"是杭州高新区（滨江）的天然使命，企业的创新意识则是其与生俱来的先天基因。

年轻的火石创造正是在这片沃土中，感受到了满满的创业热情与良好的政企互动。从创立初期的办公场地补助，到"5050计划"人才政策，以及双方共办"中国医健创业者大会"，见证火石创造"生命健康产业大脑"发布，一步步接近产业发展的本质及未来。火石创造还承建了高新区生命健康产业规划和区大健康产业地图项目，为其打造政策发布、精准招商、资源精准对接的动态可视化窗口……

从初创企业到国家高新技术企业，从优秀雏鹰企业到瞪羚企业，从市级研发中心到"产业大脑"省级研发中心，火石创造不负厚望。金霞组建了一支由生命科学、经济学、IT等复合人才构成的技术驱动型队伍，入选2018年

度杭州市领军型青年创业团队、科技部"2019年创新人才推进计划";还构建了专注于中国生物经济发展的研究院。如今,火石创造完成生物产业数字化和标准化建设,形成覆盖全球1000+官方数据源、10万个数据采集点的超级数据工厂,建成生命健康领域全球最大的产业大数据平台。

金霞介绍,从创业Map到产业地图,再到产业大脑,火石创造已蜕变成国家和地方政府、园区以及国际国内产业公司共同信赖的产业数字化专家。公司连续三年为国务院、国家发改委提供生命健康产业经济运行监测平台,以及基于数据的产业简报和专项研究报告,同时产业大脑服务了北京、上海、广州等20多个核心城市,以及100多个生命健康产业园区和数万家企业。

成长在杭州高新区(滨江)的年轻的火石创造,携"生命健康产业大脑",蓬勃向上、底气十足。

产业大脑升级,开启新的长征

2020年7月,国家发展改革委等13部门发布政策文件,要求加快数字产业化、产业数字化发展,推动经济社会数字化转型,发挥数字化创新对实体经济提质增效的带动作用。明确指出要打造跨越物理便捷的虚拟产业园和产业集群,实现产业供需调配和精准对接,推进产业基础高级化和产业链现代化——与火石创造"产业大脑"项目不谋而合。

"产业治理和城市治理是一座城倚赖的两条腿。"在发展产业的实践中,各地应顺应产业管理从宏观到微观、过程管理从事后到事前、运行监测从规上到规下、产业资源从分散到集聚的趋势,加快"人力密集向人机交互、经验判断向数据分析、被动处理向主动发现"三大转变。火石创造坚信数据驱动的产业发展模式是中国产业的未来,产业大脑则是落地的最好路径。通过变革常规、粗放式发展模式,将大数据、人工智能、区块链等新技术与产业深度垂直融合,打破"信息孤岛",从海量产业数据资源中释放出治理效能,为产业治理带来更加持久的推动力。

产业大脑作为基于产业大数据的产业治理和创新服务基础设施，打造了产业链的数字底座。在此基础上，构建产业评价指标体系，为政府决策和产业转型升级提供量化依据。同时基于活数据的图谱化+指标化监测，构建动态化的产业运行监测平台，从而助力区域产业链治理，以及产业链服务。

"2020年火石创造独家中标了北京市产业大脑项目（北京'5+1+X'高精尖产业监测大数据平台），为公司战略升级迈出了非常重要的一步。"金霞说。就这样，从深耕生命健康，向多产业发展，产业大脑开始了新的长征。

面对新冠肺炎疫情影响和全球经济下行压力，新型基础设施建设作为抗疫情、稳增长的有力手段，被社会各方寄予厚望。

"火石创造是一家数据智能公司，走过五年产业数字化的历程，构建了新型产业数字化项目——产业大脑，可以真正把数字新基建与产业结构调整结合起来。"金霞说，希望用火石创造的产业大脑服务100个城市、1000个园区、100000家企业，实现数据驱动的产业发展模式在中国大地上的闭环落地，解决结构性失衡、产业链现代化等问题，使得中国经济建立起持续的影响力，让中国有机会长久地屹立在世界舞台的中央。这条路至少要走20年，火石创造已经做好了准备。

谦寻：
因为被需要，所以步履不停

◎谦寻（杭州）文化传媒有限公司签约主播薇娅

　　"倒计时开始，5、4、3、2、1！"话音刚落，薇娅直播间里刚上的爆款商品就被秒抢一空。一货难求的现象，在薇娅的直播间里早已司空见惯。

　　谦寻（杭州）文化传媒有限公司（简称谦寻）进入直播行业，看似只有短短四年，但薇娅和董海锋的创业之路，已经走过17余载。从北京动物园批发市场的一家小服装店，到如今线上的直播间，他们不断刷新着自身纪录。

以薇娅为例，其单场直播最高观看数超过1.1亿人次，2019年双十一期间引导成交额30多亿元。自2016年以来，薇娅连续四年在330盛典上获得淘宝直播官方嘉奖，被宝洁、飞利浦、上海家化、复兴、立白等多家全球知名品牌授予"全球好物推荐官"称号。

光鲜亮丽的成绩背后，是鲜为人知的努力。谦寻背后成功的逻辑是什么？为什么他们能成为淘宝直播Top1？翻开薇娅与董海锋创业历程的篇章，或许能找到答案。

抓住时代的机遇

2003年，薇娅与丈夫董海锋相识。同年两人开始创业，在北京动物园批发市场开了第一家服装店。薇娅做模特搭配服装，董海锋则负责服装的采购和摊位经营，将小店做得有声有色。2008年，两人转战西安，经过四年的经营，拥有了七家线下服装店。

时代的洪流滚滚向前。在夫妻二人苦心经营线下服装店的同时，互联网大潮已汹涌而来。截至2011年年底，淘宝网单日交易额峰值达到43.8亿元，网上购物已成为大多数中国人的生活方式。

2012年，发现电商潜力的薇娅与董海锋毅然决然地关掉了所有线下店，直奔服装产业发达的广州，开起了自己的淘宝店。

然而，让他们始料未及的却是此后四年的人生低谷。因为缺乏线上卖货经验，线上商品无人问津、商品短缺、商品售后服务不及时等诸多问题接踵而至。一路跌跌撞撞，但俩人始终不离不弃。

光阴流转至2016年。此时的中国，移动手机、4G网络等不断普及，网络直播一时风靡各处。中国的直播元年也定格在了2016年。

同年3月，淘宝直播应运而生。平台成立，大势形成，风云人物呼之欲出。此时，薇娅与董海锋共同经营的淘宝店已经有很大起色，并渐入佳境。淘宝直播带货这一新型的电商形式，为商家导入更多流量提供了可能性。于是，看准这一契机的薇娅与董海锋在接到淘宝小二电的话邀请后，欣然答应加入淘宝直播——2016年5月，薇娅正式成为一名淘宝主播。

经历了十几年磨炼的薇娅与董海锋夫妇，此时已经拥有了丰富的电商经验。而薇娅之前的销售经历，使得她在手机屏幕前如鱼得水。2016年双十一，薇娅小试牛刀，通过直播引导店铺实现600多万元的成交额。

此时，淘宝直播已经入驻了200多家机构，并开始大力招募和培养主播。2017年年初，"主播背靠机构才能更好发展"渐渐成为共识，董海锋已然意识到了危机所在。

"不能让薇娅一个人孤军奋战"，这样的呐喊声不止一次在董海锋的心底响起。终于，他决定成立属于自己的MCN（多频道网络产品形态）机构。

创造价值

一开始，成立机构至少需要10个主播的最低门槛，把董海锋给难住了。"也不是没有主播，是不想随便招主播，既然有了机构就必须对主播负责。"本着这样的想法，董海锋没有迅速地成立机构，而是在2017年3月开始寻找外部资源，两个月后从杭州谦与文化创意有限公司的老板手里承接了当时还处在萌芽阶段的谦寻。当时，董海锋自带的主播包括薇娅仅有三人。

在这样小而精的节奏下，谦寻开始搭建自己的直播团队，组建供应链体系，也迅速地从淘宝直播的机构中脱颖而出。

2017年10月的一天，薇娅四小时引导成交7000万元；2018年9月26日，薇娅五小时的直播引导成交金额突破1亿元；2018年天猫双十一，薇娅两小时引导成交2.67亿元；2018年全年，仅薇娅直播间，便创造了27亿元的引导销售纪录……时至今日，谦寻始终排名淘宝直播机构Top1的位置。

2019年7月，董海锋意识到不断发展壮大的谦寻迫切需要一个更加良好的外部办公环境。恰逢此刻，杭州高新区（滨江）伸出了橄榄枝。

在了解到谦寻有关诉求后，杭州高新区（滨江）想企业之所想，急企业之所急，贯彻落实党中央"六稳"政策，迅速协调了阿里中心的一处宽敞办公楼给谦寻。同年10月份，谦寻总部迁址到杭州高新区（滨江），谦寻也由此步入了一个新的发展阶段。

入驻后，谦寻开始打造自己的超级供应链，将占地约一万平方米的两层办公室改造成了一个"大型选品场地"。商品类目包括美妆、美食、服饰、配饰、鞋包等上千个品牌，数万个SKU。谦寻对积累多年的货品进行梳理，把他们认为适合KOL（关键意见领袖）、适合MCN机构的品牌服务商的货品进行集中呈现，让更多的主播可以到这个"大型选品场地"零成本地选择货品。

"公司规模越来越大，人员越来越多，原来的办公地点已经无法满足公司的需要。而且阿里中心大多都是电商企业，电商氛围更浓。"杭州高新区（滨江）集聚了上游的供应链、中游的直播机构、下游的电商平台。完整的直播生态链和强大的数字经济是谦寻选择杭州高新区（滨江）最主要的原因。

在薇娅名声愈发响亮的同时，谦寻也意识到了肩上的社会责任。近一年来，薇娅与董海锋带领的谦寻以直播电商扶贫、助力复工复产等多种形式发起或参与35场公益活动，累计引导成交额达到4.87亿元，同时援建了18所希望小学。

在"薇娅感恩节公益日"当天，共青团云南省委副书记贺靖等做客直播间，一大波来自湖北、云南、甘肃、山东、安徽等地区的特产好物上线。当日扶贫引导成交额达2130余万元。2020年6月，洪涝在全国多地泛滥，谦寻向安徽庐江捐赠了200多万元款物，随后又向江西余干捐赠116万元抗洪物资。

畅销书作家张萌曾说：受欢迎还是被需要，关键看价值。显然，谦寻是被消费者、被产业、被社会所需要的。因为被需要，所以步履不停。

后 序

风雨兼程三十载，砥砺前行谱华章。

三十年来，杭州高新区伴江而生，先行先试，创新探索，锐意进取，向世界一流稳步迈进。值杭州高新区成立三十周年之际，经区委、区政府统一安排，由区委统战部、区工商联主办，区文联协办，《杭商传媒》提供采编支持，浙江大学出版社编辑出版的《高新浪潮》一书，在全国公开发行。

本书旨在回顾杭州高新区三十年的发展历程和华丽蝶变，收集杭州高新区企业家们创新创业的感人故事，进一步激发广大企业为全区建设世界一流高科技园区不懈奋斗的精神。

在本书的编写过程中，得到了区委办、区府办、区委组织部（人才办）、区委宣传部（文创办），发改局、经信局、科技局、商务局、人社局，创意城、智慧新天地、物联网产业园、互联网产业园、江北科技园，西兴街道、长河街道、浦沿街道等大力支持，以及80余家企业和创新创业服务平台的积极配合。在此一并致谢。

由于篇幅有限、时间有限，本书仅收录区内具有代表性的部分企业和创新服务平台的发展故事，有不当之处，欢迎各位读者批评指正。

《高新浪潮》编委会
二〇二〇年八月

图书在版编目（CIP）数据

高新浪潮：杭州高新区三十年，我们的创业故事 /
杭州高新区（滨江）《高新浪潮》编辑委员会著. —杭州：
浙江大学出版社，2020.10
　　ISBN 978-7-308-20601-3

　　Ⅰ.① 高… Ⅱ.①杭… Ⅲ.①高技术产业区
—企业发展—成就—杭州 Ⅳ.①F127.551

　　中国版本图书馆 CIP 数据核字（2020）第 176497 号

高新浪潮：杭州高新区三十年，我们的创业故事

杭州高新区（滨江）《高新浪潮》编辑委员会　著

责任编辑	卢　川	
责任校对	陈　欣	
封面设计	杭商传媒	
出版发行	浙江大学出版社	
	（杭州市天目山路 148 号　邮政编码 310007）	
	（网址：http://www.zjupress.com）	
排　　版	杭商传媒	
印　　刷	杭州强顺印刷有限公司	
开　　本	710mm×1000mm　1/16	
印　　张	22	
字　　数	290 千	
版 印 次	2020 年 10 月第 1 版　2020 年 10 月第 1 次印刷	
书　　号	ISBN 978-7-308-20601-3	
定　　价	98.00 元	